Netzwerk neu

A1 | Lehrerhandbuch

Anna Pilaski
Katja Wirth

Ernst Klett Sprachen
Stuttgart

Autoren: Anna Pilaski und Katja Wirth
Redaktion: Sabine Franke
Herstellung: Alexandra Veigel
Gestaltungskonzept: Petra Zimmerer, Nürnberg; Alexandra Veigel
Layoutkonzeption: Alexandra Veigel
Umschlaggestaltung: Anna Wanner
Illustrationen: Florence Dailleux, Frankfurt; Barbara Jung, Frankfurt
Satz: Holger Müller, Satzkasten, Stuttgart
Reproduktion: Meyle + Müller GmbH + Co. KG, Pforzheim
Titelbild: Dieter Mayr, München

Informationen und zu diesem Titel passende Produkte finden Sie auf www.klett-sprachen.de/netzwerk-neu

Quellenverzeichnis
Cover Dieter Mayr, München; **100.1** Klett-Archiv (Stefanie Dengler), Stuttgart; **100.2** Shutterstock (mtmphoto), New York; **100.3** Alamy, Abingdon, Oxfordshire; **100.4** Shutterstock (mama_mia), New York; **100.5** stock.adobe.com (Marzia Giacobbe), Dublin; **100.6** Shutterstock (MariaKovaleva), New York; **100.7** Shutterstock (Iam_Anupong), New York; **100.8** Shutterstock (Min C. Chiu), New York; **100.9** Shutterstock (Irina Kozorog), New York; **100.10** Shutterstock (somchaij), New York; **100.11** stock.adobe.com (Kzenon), Dublin; **100.12** Shutterstock (Sabphoto), New York; **100.13** Getty Images (John Foxx), München; **100.14** Shutterstock (Africa Studio), New York; **100.15** Shutterstock (Oksana Mizina), New York; **100.16** stock.adobe.com (VanderWolf Images), Dublin; **100.17** Shutterstock (Aaron Twa), New York; **100.18** Shutterstock (vandame), New York; **105** Klett-Archiv, Stuttgart; **108.1** Getty Images (fotokostic), München; **108.2** Shutterstock (Nitikorn Poonsiri), New York; **108.3** Shutterstock (Igrapop), New York; **108.4** Dieter Mayr (Dieter Mayr), München; **109.1** Getty Images (mustafahacalaki), München; **109.2** Shutterstock (PixMarket), New York; **112.1** Shutterstock (place-to-be), New York; **112.2** Getty Images (franckreporter), München; **112.3** Shutterstock (Radiokafka), New York; **112.4** Shutterstock (Lightix), New York; **104**; **122** stock.adobe.com (PixMarket), Dublin

1. Auflage 1 ⁷ ⁶ ⁵ | 2026 25 24

© Ernst Klett Sprachen GmbH, Rotebühlstraße 77, 70178 Stuttgart, 2019. Alle Rechte vorbehalten.
Die Nutzung der Inhalte für Text- und Data-Mining ist ausdrücklich vorbehalten und daher untersagt.
www.klett-sprachen.de

Das Werk und seine Teile sind urheberrechtlich geschützt. Jede Nutzung in anderen als den gesetzlich zugelassenen Fällen bedarf der vorherigen schriftlichen Einwilligung des Verlags.

Druck und Bindung: Elanders Waiblingen GmbH

ISBN 978-3-12-607160-4

Inhalt

Einführung

Netzwerk neu – ein Lernpaket	4
Der Aufbau von **Netzwerk neu** A1	5
Die Komponenten des Lehrwerks	6
Netzwerk neu im Netz	9
Didaktische Schwerpunkte	9
Netzwerk neu in zeitlich eingeschränkten Kursen und in Blended-Learning-Kursen	11
Hinweise zur Arbeit mit dem Lehrerhandbuch	12

Erläuterungen zum Unterricht

1 Guten Tag!	13
2 Freunde, Kollegen und ich	19
3 In Hamburg	24
Plattform 1	31
4 Guten Appetit!	33
5 Alltag und Familie	39
6 Zeit mit Freunden	46
Plattform 2	53
7 Arbeitsalltag	55
8 Fit und gesund	61
9 Meine Wohnung	68
Plattform 3	75
10 Studium und Beruf	77
11 Die Jacke gefällt mir!	84
12 Ab in den Urlaub!	91
Plattform 4	98

Anhang

Kopiervorlagen	100
Didaktisches Glossar	128

Abkürzungsverzeichnis

KB – Kursbuch
ÜB – Übungsbuch
GR – Grammatik
KV – Kopiervorlage
WS – Wortschatz
TN – (Kurs-)Teilnehmer/-in bzw. Teilnehmer/-innen
KG – Kleingruppe(n)
PL – Plenum (Kurs)

Einführung

Netzwerk neu – ein Lernpaket

Netzwerk neu richtet sich an Erwachsene und Jugendliche ab 16 Jahren ohne Vorkenntnisse, die Deutsch für Freizeit, Beruf, Studium oder Schule lernen wollen. Das Lehrwerk führt in 6 Halbbänden bzw. 3 Gesamtbänden zu den Niveaustufen A1, A2 und B1 und bereitet auf die Prüfungen von Goethe-Institut, telc und ÖSD vor. Die Lernziele, die Sprachhandlungen und die Progression von **Netzwerk neu** entsprechen dem ergänzten Gemeinsamen Europäischen Referenzrahmen von 2018 (GER). Band 1 bietet Material für die Niveaustufe A1. Die Anzahl der Unterrichtseinheiten ist abhängig von den Voraussetzungen der lernenden Gruppe sowie vom Kursformat, d. h. ob der Kurs mit hoher oder geringer wöchentlicher Stundenzahl durchgeführt wird. Zusätzlich spielt es eine Rolle, wie viele weitere Komponenten neben Kurs- und Übungsbuch in den Unterricht miteinbezogen werden. (Zum Vorgehen in Kursen mit geringer Stundenzahl siehe Seite 11.)

Das **Konzept** von **Netzwerk neu** ist vielfältig und lerneraktivierend:
- Die Lernwege und die Spracharbeit sind kontextbezogen, handlungsorientiert und für Lehrende und Lernende transparent.
- Die Lernenden werden als individuelle Personen mit ihrer Muttersprache, ihrer Mehrsprachigkeit, ihrem kulturellen Hintergrund und ihren eigenen Lebenserfahrungen in die Lernwege integriert (z. B. durch Interviews, in denen sie als sie selbst handeln, durch die Präsentation der eigenen Stadt, durch Vergleiche mit der Muttersprache). Dadurch entsteht eine Verzahnung von kognitivem und emotionalem Lernen.
- Die Textsorten sind modern und aktuell, die Texte authentisch und aus dem Alltag der Lernenden gegriffen.
- Die Aufgabenformen sind motivierend, abwechslungsreich und lerneraktivierend, sodass die Lernenden bereits von Beginn an zum sprachlichen Handeln angeregt werden.
- Die Kapitel sind in einzelne Sequenzen unterteilt, in denen die Lernenden von der Präsentation der Themen über gestützte, erfolgsorientierte Aufgaben und Übungen zur aktiven Anwendung geführt werden.
- Die Lernenden können von Anfang an erfolgreich kommunizieren: Redemittel, Wortschatz und Strukturen werden kontextbezogen und frühzeitig im Überblick angeboten und geübt.
- Die Grammatik ist gebrauchsfertig und kommunikationsrelevant in den Kapitelablauf integriert.
- Wichtige Aspekte der gesprochenen Sprache werden von Anfang an niveaugerecht thematisiert.
- Die digitalen Medien sind im Kurs- und Übungsbuch durch Textsorten, Aufgabenformen, Layout sowie das Angebot an zusätzlichen Komponenten integraler Bestandteil des Lehrwerks.

Darüber hinaus bietet **Netzwerk neu** neben den herkömmlichen Materialien auch eine enge **Vernetzung von Buch und digitalen Medien**:
- „Die Netzwerk-WG" – Der Film zum Buch: Die Lernenden bekommen einen Einblick in den deutschsprachigen Alltag und trainieren das Hör-Seh-Verstehen. Die Filmszenen passen inhaltlich und strukturell zu konkreten Kursbuch-Aufgaben.
- Grammatik-, Redemittel- und Phonetik-Clips erklären Inhalte aus den Kapiteln anschaulich und können zur Unterstützung im Unterricht sowie zur Nachbereitung zu Hause verwendet werden.
- Das Digitale UnterrichtsPlus ermöglicht ein flexibles multimediales Vorbereiten und Unterrichten. Als Erweiterung zur Digitalen Ausgabe auf allango bietet es zusätzliche Inhalte seitengenau aufbereitet, darunter das Lehrerhandbuch, die interaktiven Tafelbilder, Kopiervorlagen, Vokabelkarten, Lösungsanzeige auf einen Klick und Kapiteltests.
- Der Online-Auftritt hält viele zusätzliche Materialien für Sie und Ihre Lernenden bereit wie z. B. Audios und Videos zum direkten Abspielen, alle Transkripte, die Lösungen zum Kurs- und Übungsbuch, interaktive Online-Übungen, Lernfortschritttests, Vokabelspiele, Einstufungstests, Glossare, Kahoot und Quizlet-Übungen und vieles mehr.
- Interaktive Tafelbilder: Mit zusätzlichen Sprechanlässen und über spielerische Vertiefung der Themen aus dem Kursbuch ermöglichen sie einen abwechslungsreichen und kommunikativen Unterricht.
- Das Facebook-Profil von Bea Kretschmar: Die Lernenden können mit einer der Hauptfiguren des Films authentisch auf Deutsch kommunizieren und „erleben" Landeskunde. www.facebook.com/beakretschmar
- Das Instagram-Profil der Netzwerk-WG: Hier können die Lernenden dem Alltag der Hauptfiguren des Films folgen und authentisch auf Deutsch mit ihnen kommunizieren. www.instagram.com/netzwerk.wg
- Das Facebook-Profil für Lehrende: Hier erfahren Sie mehr über aktuelle Veranstaltungen, den Werdegang von **Netzwerk neu** und vieles mehr. www.facebook.com/netzwerk.lehrwerk

Einführung

- Learning Management System (LMS): Die auch BlinkLearning genannte Lernplattform bietet **Netzwerk neu** über eine Lizenz als digitale Ausgabe für Lehrende und Lernende an, über die Lehrkräfte online und offline Zugriff auf alle Inhalte haben, über ein Nachrichtenboard mit dem Kurs kommunizieren, Hausaufgaben verschicken sowie den Lernfortschritt einzelner Lernenden oder des gesamten Kurses verfolgen, verwalten und evaluieren können. Die Notengebung und Dokumentation erfolgt in einem objektiven und transparenten System. Zudem ermöglicht BlinkLearning eine effektive Binnendifferenzierung durch Zuweisung von individuell passenden Übungen. Die Lernenden erhalten direkt bei der Bearbeitung der interaktiven Übungen eine Korrektur.

Der Aufbau von Netzwerk neu A1

Kursbuch
- 12 Kapitel
- 4 Plattformen

Übungsbuch
- 12 Kapitel mit Lernwortschatz
- 4 Plattformen mit Prüfungstraining

Audios
- zum Download über Code, über Allango oder auf 4 Audio-CDs im LHB

Video „Die Netzwerk-WG"
- der Film zum Buch
- 2–4 Szenen pro Kapitel mit Aufgaben
- zum Download über Code, über Allango oder auf Video-DVD im LHB

Redemittel-, Phonetik- und Grammatik-Clips
- zum Download über Code, über Allango oder auf Video-DVD im LHB

Lehrerhandbuch
- Unterrichtsvorschläge
- Kopiervorlagen
- didaktisches Glossar
- mit 4 Audio-CDs und 1 Video-DVD

Allango
- Audios und Videos zum direkten Abspielen
- zusätzliche Übungen und Vokabelspiele
- Anregungen für die Lehrenden im Unterricht

Intensivtrainer
- Übungen zu Wortschatz, Grammatik, Redemitteln und Rechtschreibung

Moodle
- Materialien für Moodle-Kursräume

Testheft mit Audios
- Lernfortschrittstests
- Prüfungsvorbereitung

Facebook-Profil Netzwerk neu
- Neues vom Lehrwerk
- Kontakt mit anderen Lehrenden

Interaktive Tafelbilder
- 1 Tafelbild pro Kapitel
- im Digitalen UnterrichtsPlus

Facebook- und Instagram-Profil der Netzwerk-WG
- Infos aus dem Leben der WG in Deutschland
- Kommunikation mit Bea, Luca, Max und Anna

Digitales UnterrichtsPlus
- multimediales Vorbereiten und Unterrichten

Glossare
- auf der Webseite, auf Allango und über Phase6

LMS
- digitale Ausgabe für Lehrende und Lernende mit interaktiven Übungen
- Lernfortschritt verfolgen, verwalten und evaluieren

Website
- zusätzliche Materialien für Lehrende und Lernende

Hinweis: A1 ist auch in 2 Teilbänden erhältlich:
Integriertes Kurs- und Übungsbuch A1.1 mit Audio und Video
Integriertes Kurs- und Übungsbuch A1.2 mit Audio und Video

Einführung

Die Komponenten des Lehrwerks

Das Kursbuch

Das Kursbuch (KB) enthält 12 Kapitel und vier Plattformen. Die Kapitel haben je zehn Seiten. Nach jeweils drei Kapiteln gibt es eine sechsseitige Plattform mit Lesetexten und spielerischen Angeboten zum Wiederholen von Strukturen, Wortschatz und Redemitteln der vorangegangenen drei Kapitel sowie zu Landeskunde, Literatur, Musik und anderen Themenbereichen.
Die Lösungen bzw. Lösungsvorschläge zum Kursbuch befinden sich im Lehrerhandbuch sowie online und im Digitalen UnterrichtsPlus.

Der Kapitelaufbau
Jedes Kapitel beginnt mit einer **Doppelseite**, die vor allem über Bildmaterial das Kapitelthema präsentiert und deren Schwerpunkt die Wortschatzarbeit ist. Der visuelle Einstieg lädt die Lernenden ein, sich erstmals mit dem Thema zu befassen und dabei an ihr Vorwissen anzuknüpfen. Er motiviert zur konkreteren Auseinandersetzung mit dem Kapitelthema über abwechslungsreiche Aufgabentypen und Aktivitäten; es gibt immer auch eine Aufgabe zum Hörverstehen. Außerdem befindet sich zur Information der Lernenden in der Kopfzeile eine Übersicht über die Lernziele des Kapitels (Sprachhandlungen).

Die **Kapitelseiten 3–6** stellen den Progressionsteil dar. Auf diesen Seiten erarbeiten und üben die Lernenden Wortschatz, Redemittel und grammatische Strukturen niveaugerecht in interessanten authentischen Kontexten. Dabei werden alle Fertigkeiten (Hören, Sprechen, Lesen, Schreiben) über die Kapitel hinweg gleichermaßen trainiert. Auch Ausspracheübungen sind in den Kapitelablauf integriert. Die Lernziele (Sprachhandlungen) sind oben auf der Seite sichtbar, sodass der Lernende jederzeit weiß, worauf die Aufgaben abzielen. Die Kapitelseiten 3–6 sind in überschaubare thematische Sequenzen mit jeweils eigenen thematischen Überschriften unterteilt, in denen die Lernenden über mehrere Aufgaben zur aktiven Anwendung der neuen Themen hingeführt werden.

Die grau unterlegten **Kapitelseiten 7 und 8** vermitteln einerseits landeskundliche Inhalte, andererseits bieten sie Fertigkeiten- und Strategietraining und erarbeiten Lerntechniken. Auch diese Doppelseite ist mit konkreten Sprachhandlungen und Lernzielen verknüpft, die oben auf der Seite sichtbar sind.

Filmseite (Kapitelseite 9)
Auf der Filmseite finden Sie Aufgaben zu den Filmszenen, die das Kapitel thematisch und inhaltlich aufgreifen. Die Aufgabenstellungen sind so gestaltet, dass sie sich für die Arbeit im Kurs eignen, die Lernenden sie aber auch zu Hause bearbeiten können. Aufgaben im Kapitel, an die der Film anknüpft, sind mit ▶ gekennzeichnet.

***kurz und klar* (Kapitelseite 10)**
Jedes Kapitel schließt mit einer Übersicht ab, auf der die wichtigsten Lerninhalte des Kapitels noch einmal zusammengefasst dargestellt werden. Hier findet man einen klaren systematischen Überblick über die Redemittel und eine lernerfreundlich visualisierte Darstellung der Grammatik aus dem jeweiligen Kapitel.

Die Plattformen
Immer nach drei Kapiteln gibt es eine Plattform. Sie besteht aus drei Doppelseiten: Auf der 1. Doppelseite gibt es ein Spiel zur Wiederholung von Strukturen, Wortschatz und Redemitteln der vorangegangenen drei Kapitel. Auf der 2. Doppelseite befinden sich Aufgaben zum Sprech- und Flüssigkeitstraining sowie zum spielerischen und strategischen Umgang mit Wortschatz und Redemitteln. Auf der 3. Doppelseite setzen sich die Lernenden kreativ mit landeskundlichen Themen, mit Literatur, Liedern oder anderen interessanten Materialien auseinander.

Anhang
- **Grammatikübersicht:** eine systematische Übersicht über die im Kursbuch vermittelte Grammatik mit Verweis auf das Kapitel, in dem das Phänomen behandelt wird. Der Grammatik-Anhang nimmt von Band zu Band zu, d. h. in A1.2 findet man auch die Grammatikinhalte aus Band A1.1 usw.
- **Alphabetische Wortliste:** alle Wörter aus den Kursbuch-Kapiteln sowie alle Wörter aus den mit ▨ gekennzeichneten Übungen im Übungsbuch.
- **Thematische Wortgruppen:** Hier finden die Lernenden wichtiges Vokabular nach Themen gruppiert.
- **Kurssprache:** Wortschatz, Redemittel und wichtige Wendungen zur Kurssprache.

Einführung

Das Übungsbuch

Im Übungsbuch finden die Lernenden eine große Vielfalt an Übungen zur Festigung und Vertiefung der Lerninhalte des Kursbuchs. Die Übungen sind im Allgemeinen für die Arbeit zu Hause vorgesehen. Die mit 📄 gekennzeichneten Aufgaben, die den Wortschatz aus dem Kursbuch erweitern bzw. Wortschatz-Themen komplettieren, sowie Aufgaben mit Interaktion sollten Sie in der Regel im Unterricht bearbeiten. Ebenso kann es sinnvoll sein, Übungen zur Vorentlastung oder Binnendifferenzierung in den Unterricht einzubeziehen. Auf die entsprechenden Übungen wird in den Erläuterungen des Lehrerhandbuchs hingewiesen.

Der Kapitelaufbau

Die Aufgabennummern von Kurs- und Übungsbuch sind parallel angeordnet, d. h. zu einer Aufgabe 5 im Kursbuch gibt es eine passende Übung 5 im Übungsbuch. Zur Filmseite gibt es keine Übungen im Übungsbuch. Die Lösungen zum Übungsbuch befinden sich auf www.klett-sprachen.de/netzwerk-neu sowie im Digitalen Unterrichtspaket. Dort sind alle Übungen so aufbereitet, dass sich auf einen Klick die Lösungen einblenden lassen.
Am Ende eines Kapitels können die Lernenden auf der *Rückschau*-Seite *Das kann ich nach Kapitel …* ihren Lernerfolg mithilfe von drei unterschiedlichen Aufgaben und der zu den Lernzielen des Kapitels passenden Selbsteinschätzung (Kann-Beschreibungen) kontrollieren. Hinter der Selbsteinschätzung sieht der Lernende auf einen Blick, wo im Kurs- und Übungsbuch ggf. Aufgaben zur Wiederholung stehen.
Im Anschluss finden die Lernenden eine Doppelseite mit dem Lernwortschatz des Kapitels mit Schreibzeilen zum Eintragen der muttersprachlichen Entsprechung. Darüber hinaus gibt es auch Übungen zu den wichtigsten Wortschatz-Themen des Kapitels. Der Lernwortschatz gibt den Lernenden die Möglichkeit, die Wörter aus dem Kapitel zu erarbeiten, zu wiederholen und auch zu erweitern.

Plattform mit Prüfungstraining

In den Übungsbuch-Plattformen können sich die Lernenden mit Prüfungstrainings für die Prüfung *Start Deutsch 1* fit machen. Sie befassen sich mit Aufgabenformaten der A1-Prüfungen und lernen Strategien und Tipps für die Prüfung kennen. Eine Übersicht zu den vier Prüfungsteilen von *Start Deutsch 1* und den dazugehörigen Aufgaben in **Netzwerk neu A1** finden Sie auf der ersten Seite der Plattform 1. Auch im Kurs- und Übungsbuch sind Aufgabenformate aller Prüfungen (Goethe-Institut, telc und ÖSD) ohne explizite Kennzeichnung enthalten, sodass die Lernenden am Ende von **Netzwerk neu A1** mit allen Prüfungsformaten vertraut sind.

Symbole im Kursbuch und im Übungsbuch

1 Aufgabe im Kursbuch
1 zur Kursbuch-Aufgabe passende Übung im Übungsbuch

🔊 Hören Sie den Hörtext mit der genannten Tracknummer. Sie finden die Hörtexte zum Download über Code, auf Allango oder auf den 4 Audio-CDs im LHB.

🔊💬 Hören Sie den Hörtext mit der genannten Tracknummer, um die Übung zur Aussprache zu machen.

▶1 Sehen Sie den Film mit der angegebenen Szenennummer und machen Sie die Aufgaben auf der vorletzten Seite des Kapitels dazu.

▶G1 Sehen Sie den Clip mit Erklärungen zu **G**rammatik, **R**edemitteln oder **P**honetik.

✏️ In der Schreibaufgabe wird niveaugerecht freies Schreiben ausprobiert und geübt.

G Hier lernen Sie Grammatik.

💬 Hier lernen Sie wichtige Ausdrücke und Sätze.

💬 Vergleichen Sie Deutsch mit anderen Sprachen.

👥⁺ Projekte regen die Lernenden an, über das Buch und den Unterrichtskontext hinauszugehen und zu recherchieren.

⬜ Zu dieser Aufgabe gibt es ein interaktives Tafelbild im Digitalen UnterrichtsPlus. Eine kurze Erläuterung dazu finden Sie im LHB und im Tafelbild.

📄 Im Übungsbuch gibt es eine Aufgabe, in der mehr Wortschatz zu diesem Thema erarbeitet wird. Diese Übungen sind im Übungsbuch ebenfalls mit 📄 gekennzeichnet und sind die einzigen Übungen im Übungsbuch, in denen neuer Wortschatz eingeführt wird. Die Wörter dieser Aufgaben befinden sich auch in der alphabetischen Wortliste im Anhang des Kursbuchs.

→•← Übung mit Binnendifferenzierung im Übungsbuch. Aufgabe A ist in der Regel leichter zu lösen als Aufgabe B.

❗ Hier werden Informationen, Strategien oder Lerntipps präsentiert.

„" Hier werden Aspekte der gesprochenen Sprache und regionale Varianten vorgestellt. In der Regel gibt es dazu Hörbeispiele.

Einführung

Audiomaterialien

Zum Kursbuch und zum Übungsbuch gibt es jeweils zwei Audio-CDs mit Hörtexten und Aussprachübungen. Diese sind ins Lehrerhandbuch eingelegt. Zudem gibt es alle Audiomaterialien zum Download über Code und auf Allango zum direkten Abspielen. Die Transkripte der Audiomaterialien stehen online.

Der Film – Die Netzwerk-WG

Der Film zeigt in 2–4 Einzelszenen pro Kapitel das Leben von Anna, die neu in München ist und dort ein Praktikum macht. Sie zieht in die Netzwerk-WG, in der sie mit Max, Bea und Luca zusammenwohnt. Die Filmszenen sind thematisch und situativ eng mit dem Kursbuch verzahnt. Es werden sowohl Sprachhandlungen als auch Wortschatz und Redemittel aus dem jeweiligen Kapitel aufgegriffen und dargestellt. Der Film bietet immer eine neue Variante des im Kapitel Präsentierten. Jede Filmszene knüpft an eine Aufgabe im Kapitel an; sie ist dort mit ▶ gekennzeichnet.
Eine andere Möglichkeit ist es, den Film am Ende eines Kapitels einzusetzen. Auf der vorletzten Seite jedes Kursbuchkapitels finden Sie Aufgaben zu den Filmszenen des Kapitels, von denen einige auch ohne Film lösbar sind (als Vorentlastung, zur Aktivierung des Vorwissens, eigene Sprachproduktion o. Ä.). Die Aufgaben sind so gestaltet, dass sie sich für den Unterricht eignen, können von den Lernenden aber auch allein zu Hause bearbeitet werden. Der WG-Film ist als Download über Code, auf Allango oder auf der im Lehrerhandbuch eingelegten Video-DVD erhältlich. Die Transkripte zum Film finden Sie online.

Die Clips zu Grammatik, Redemitteln und Phonetik

Es gibt kurze Grammatik-, Redemittel- und Phonetik-Clips zu jedem Kapitel. Die Redemittel-Clips sind immer an Redemittel-Kästen im Kapitel angedockt und zeigen die konkrete Anwendung der dort eingeführten Redemittel. Sie sind auch hilfreich für die Wahl des passenden Registers.
Die kurzen, situativ eingebetteten Erklärvideos zu Phonetik-Phänomenen entlasten den Unterricht. Sie können von den Lernenden zum Wiederholen und Üben eingesetzt werden. Oft ist auch ein kleines Quiz/Spiel mit dabei, das man im Unterricht nachmachen kann.

In den Grammatik-Clips werden grammatische Phänomene visuell verdeutlicht und klargemacht. Die Grammatik-Clips sind immer an Grammatik-Kästen angedockt. Sie können zur Bewusstmachung im Unterricht eingesetzt werden oder zur Wiederholung und zum Eigenstudium zu Hause.

Interaktive Tafelbilder

Die interaktiven Tafelbilder eröffnen eine weitere Möglichkeit, den Unterricht abwechslungsreich und kommunikativ zu gestalten. Sie bieten zu den Kapiteln passende Sprechanlässe und vertiefen die Themen spielerisch und kurzweilig. Im Kapitel sind die Tafelbilder mit ▭ gekennzeichnet. Die interaktiven Tafelbilder sowie didaktische Hinweise dazu sind im Digitalen UnterrichtsPlus enthalten.

Lehrerhandbuch

Das Lehrerhandbuch bietet Ihnen zu jeder Kursbuch-Aufgabe Erläuterungen, wie Sie damit im Unterricht verfahren können, die Lösungen der Aufgabe sowie ggf. Varianten/Alternativen oder Erweiterungen sowie Hinweise zur Landeskunde. Auf Übungsbuch-Übungen, die in den Kurs einbezogen werden sollten (Wortschatz, interaktive Übungen, zur Vorentlastung, zur Binnendifferenzierung o. Ä.), wird ebenfalls hingewiesen. Außerdem finden sich kurze Erläuterungen zu den interaktiven Tafelbildern. Im Anhang gibt es zu jedem Kapitel zwei Kopiervorlagen. Wiederkehrende Verfahren, Spiele und didaktische Tipps werden im didaktischen Glossar am Ende des Lehrerhandbuchs erläutert. Ins Lehrerhandbuch sind vier Audio-CDs eingelegt, zwei zum Kursbuch und zwei zum Übungsbuch, sowie eine Video-DVD mit den Netzwerk-WG-Filmen und allen Grammatik-, Redemittel- und Phonetik-Clips.

Digitales UnterrichtsPlus

Das Digitale UnterrichtsPlus bietet als Erweiterung zur Digitalen Ausgabe auf allango zusätzliche Inhalte seitengenau aufbereitet, darunter das Lehrerhandbuch, die interaktiven Tafelbilder, Kopiervorlagen, Vokabelkarten, Lösungsanzeige auf einen Klick und Kapiteltests. Es ermöglicht, den Unterricht flexibel und effizient vorzubereiten. Alle Audios, Filme und Clips können Sie per Klick abspielen und die Untertitel dazu einblenden. Sie können alle o. g. Medien über Beamer projizieren bzw. abspielen und für die Arbeit mit dem Interactive Whiteboard einsetzen.

Einführung

Intensivtrainer

Im Intensivtrainer finden die Lernenden zu jedem Kapitel auf 5 Seiten zusätzliche Übungen zu Wortschatz, Redemitteln und Grammatik. Die Übungen sind zu den Aufgaben und Übungen im Kurs- und im Übungsbuch gespiegelt; statt Phonetikübungen werden Übungen zu Rechtschreibung und Zeichensetzung angeboten. Der Intensivtrainer eignet sich insbesondere zur Wiederholung und zur Vertiefung zu Hause. Den Lösungsschlüssel finden die Lernenden direkt im Anhang.

Testheft

Im Testheft sind zu jedem Kapitel Lernfortschrittstests enthalten, die Wortschatz, Grammatik, Redemittel und alle vier Fertigkeiten prüfen. Darüber hinaus werden die Lernenden auf die gängigen Prüfungen von Goethe-Institut, telc und ÖSD vorbereitet.

Netzwerk neu im Netz

Das Netz ist beweglich: Wir laden Sie daher ein, **Netzwerk neu** immer wieder im Netz zu besuchen. Möglicherweise gibt es neue interessante Angebote für Sie und die Lernenden, die Sie noch nicht kennen!

www.klett-sprachen.de/netzwerk-neu

Das Angebot umfasst u. a. interaktive Online-Übungen, die Transkripte aller Hörtexte und Videos, Lösungen zum Kurs- und Übungsbuch, Kapiteltests, den Kapitelwortschatz, Glossare, Kopiervorlagen und Arbeitsblätter sowie eine Vorlage des Sprachenportfolios zum Ausfüllen und Bearbeiten und einen Einstufungstest.

Facebook- und Instagram-Profile

Die Facebook- und Instagram-Profile der WG sind ein attraktives Angebot für die Lernenden. Sie bieten ihnen einen zusätzlichen Lernort, an dem sie die Fremdsprache in entspannter Atmosphäre ausprobieren können. Sie können mit einer der Hauptfiguren aus dem Film in Kontakt treten, mit Deutschen und Deutschlernenden auf der ganzen Welt kommunizieren – und das ganz ohne die „Kontrolle" durch den Lehrenden. Die WG-Bewohner posten zahlreiche, manchmal auch kuriose Informationen aus dem deutschsprachigen Alltag, landeskundliche Infos, z. B. zu typischem Essen, lustige Videos mit deutschsprachiger Werbung, Kühlschrank-Rätsel usw. Darüber hinaus laden sie zu Aktivitäten ein, an denen sich die Lernenden aktiv beteiligen können, wie z. B. eine Befragung zu den beliebtesten deutschen Mädchennamen o. Ä. Die Lernenden werden immer wieder direkt angesprochen und motiviert, sich mit der WG auszutauschen; sie werden gefragt, wie etwas in ihrem Land ist, welche Meinung sie zu einem bestimmten Thema haben usw.
www.facebook.com/beakretschmar
www.instagram.com/netzwerk.wg
Auch für Sie als Lehrkraft gibt es ein Facebook-Profil. Dort können Sie sich zum Beispiel über aktuelle Veranstaltungen oder den Werdegang von **Netzwerk neu** informieren. Sie können mit dem **Netzwerk neu**-Team Kontakt aufnehmen, etwas posten oder auch mit anderen Lehrenden Erfahrungen austauschen und Ihre Meinungen äußern. www.facebook.de/netzwerk.lehrwerk

Moodle

Für die Arbeit mit **Netzwerk neu** stehen Ihnen und Ihren Kursen auf der Lernplattform Moodle kursbegleitende Materialien zur Verfügung. Neben Wortschatzübersichten, Online-Übungen, Tests usw. finden Sie auch einen Leitfaden, wie Sie kommunikative, interaktive Aufgaben aus dem Buch im veränderten und Moodle-angepassten Aufgabenformat verwenden können. So werden manche Partner-Dialog-Übungen aus dem Buch zum Chat, Diskussionsaufgaben zum Forum oder Aktivitäten, bei denen der Kurs gemeinsam Ideen sammelt oder Texte schreibt, zum Wiki. Außerdem bietet sich die Möglichkeit zur Binnendifferenzierung. **Netzwerk neu** auf Moodle bietet den Lernenden die Möglichkeit, auch von zu Hause miteinander in Kontakt zu treten, gemeinsam zu lernen und sich auszutauschen.

Didaktische Schwerpunkte

Vernetzung der Komponenten

Alle Komponenten des Lehrwerks sind miteinander in einem Lernpaket vernetzt. Die Materialien zu **Netzwerk neu** sind keine Zusatzmaterialien im herkömmlichen Sinne, sondern bilden ein mit dem Kursbuch eng verbundenes Netzwerk. Ihr Einsatz ist aber nicht obligatorisch, auch allein mit dem Kurs- und Übungsbuch sowie den Audioaufnahmen ist ein gelungener und an den Lernenden orientierter Unterricht gewährleistet.

Handlungsorientierung – Lerneraktivierung

In **Netzwerk neu** handeln die Lernenden von Anfang an auf Deutsch. Die Grundlage hierfür bildet die Auswahl von modernen, aktuellen Textsorten (Handy-Nachrichten, Blogs usw.) und lernerzentrierten Themen (Alltag, Hobbys, Arbeit, Gesundheit usw.) sowie die damit verbundene hohe Authentizität. Alle Aktivitäten sind auf reale Sprachhandlungen bezogen, die in Kurs- und Übungsbuch sichtbar über jeder Seite stehen.

Einführung

- Vom ersten Kapitel an werden die Lernenden in den Dialogen, den Hörtexten und den Filmszenen sowie in Lesetexten wie Forumsbeiträgen, Nachrichten usw. für die Alltagssprache sensibilisiert. Darüber hinaus werden ebenfalls von Anfang an Aspekte der gesprochenen Sprache und regionale Varianten in der Rubrik *Gut gesagt* (mit Hörbeispielen) an die Oberfläche des Lehrwerks geholt.
- Die Lernenden können sofort erfolgreich kommunizieren, da sie passend zu ihrem Niveau Anregungen zum Sprechen bzw. sprachlichen Handeln in verschiedenen Schwierigkeitsgraden erhalten: In Variationsdialogen tauschen die Lernenden nur die farbig hervorgehobenen Satzteile aus – oder erstellen frei eigene Dialoge. Ein sorgfältig ausgewähltes und niveaugerechtes Chunk-Angebot sowie die dargestellten Redemittel helfen, schnell und effektiv Sicherheit im sprachlichen Handeln zu erlangen.
- Die Filmszenen und Redemittel-Clips greifen Sprachmaterial, Themen und Lernziele aus dem Kursbuch auf und geben den Lernenden ein Beispiel für das sprachliche Handeln in der Realität.
- **Netzwerk neu** bietet viele Sprech- und Schreibanlässe, bei denen die Lernenden als sie selbst handeln bzw. in denen sie in Kooperation und Interaktion mit anderen aktiv sind; das sichert auch ihr Interesse an den Lerninhalten.
- Mithilfe der *Rückschau*-Seite im Übungsbuch können sich die Lernenden ihre Fähigkeit, konkret sprachlich zu handeln, bewusst machen und diese reflektieren.

Grammatik – kontextgebunden und kommunikationsrelevant

Die Grammatik wird in **Netzwerk neu** kontextgebunden und kommunikationsrelevant eingeführt. Sie ist in den Kapitelablauf integriert und an der Stelle gebrauchsfertig in einem Grammatik-Kasten präsentiert, wo sie von den Lernenden angewendet wird. Nur die Aspekte werden dargestellt, die für die Lösung der Aufgabe nötig sind. Das Neue wird sofort im Kursbuch geübt. Somit beginnt das Grammatiklernen mit leichter Anwendung und Erfolgserlebnissen. Im Übungsbuch wird die Grammatik kleinschrittig sowohl über induktive als auch deduktive Aufgaben vertieft. Bei Bedarf wird das komplette Paradigma erarbeitet. Auf der Übersichtsseite *kurz und klar* befindet sich in der Regel eine gesamte Darstellung des Paradigmas.

Wortschatz

Netzwerk neu hält Wortschatz und Redemittel immer im Kontext bereit. Beides wird im Lehrwerk mit der Lebenswelt und den Interessen der Lernenden verknüpft. Dadurch lernen sie schnell und effektiv, ihre ersten Schritte in der deutschen Sprache zu machen. Der Lernwortschatz wird im Kursbuch eingeführt, im Übungsbuch wird kein neuer Wortschatz vorausgesetzt. Nur größere Wortfelder werden im Kursbuch begonnen und im Übungsbuch komplettiert. Diese Aufgaben sind im Kurs- und Übungsbuch deutlich mit 📄 gekennzeichnet. Die neuen Wörter aus diesen Übungen sind in den Lernwortschatz und die alphabetische Wortliste aufgenommen. Auf der zweiten Doppelseite in den Kursbuch-Plattformen wird der Wortschatz spielerisch weiter eingeübt und verflüssigt.

Berücksichtigung von Mehrsprachigkeit und Muttersprache

In **Netzwerk neu** – sowohl im Kursbuch als auch im Übungsbuch – werden die Lernenden regelmäßig dazu angeregt, über Internationalismen bzw. Ähnlichkeiten mit anderen Fremdsprachen nachzudenken. Darüber hinaus stellen eine Vielzahl von Aufgaben einen Vergleich mit der Muttersprache oder anderen Fremdsprachen an (in Wortschatz und Grammatik). So wird eine Verknüpfung von neuem mit bereits vorhandenem Wissen erreicht und das neue Wissen besser im Gehirn verankert.

Binnendifferenzierung

Das Kursbuch bietet eine große Aufgabenvielfalt, die Binnendifferenzierung ermöglicht. So gibt es z. B. einfache Variationsdialoge, in denen die Lernenden nur einzelne (farbig gesetzte) Wörter austauschen müssen, und freie Dialoge, in denen ihrer Kreativität keine Grenzen gesetzt sind. Im Übungsbuch gibt es gekennzeichnete Übungen →•←, die die Lernenden mittels Lösungshilfen oder auch selbstständig bearbeiten können. Die Binnendifferenzierung in **Netzwerk neu** findet aber nicht nur im Bereich der Fertigkeiten statt, sondern auch auf anderen Ebenen, z. B. bei den Sozialformen oder in der Phonetik. Projekte bieten die Möglichkeit, dass die Lernenden sich nach ihren Stärken und Interessen einbringen können. Darüber hinaus finden Sie im Lehrerhandbuch eine große Auswahl an Varianten, Erweiterungen und Alternativen zu den Aufgaben des Kursbuches sowie Kopiervorlagen für sprachlich stärkere und sprachlich schwächere Gruppen oder Lernende. Auch die weiteren Komponenten wie z. B. die interaktiven Tafelbilder, die Online-Übungen oder der Intensivtrainer eröffnen eine Vielzahl an Möglichkeiten zur Binnendifferenzierung. Auch der Online-Bereich bietet Übungen und Vokabelspiele und Anregungen zur Binnendifferenzierung für Lehrende.

Einführung

Netzwerk neu in zeitlich eingeschränkten Kursen und in Blended-Learning-Kursen

Grundsätzlich lässt sich **Netzwerk neu** auch in Kursen mit wenigen Unterrichtseinheiten (80–100 UE für Niveaustufe A1) einsetzen. Bestimmte Teile aus dem Kursbuch können nur kurz im Unterricht oder von den Lernenden zu Hause bearbeitet werden – sei es als Hausaufgabe im Buch oder Heft oder aber online über das Blended-Learning-Programm – und manches kann ganz wegfallen. Das gesamte Übungsbuch kann von den Lernenden eigenständig zu Hause bearbeitet werden. In der LMS-Ausgabe des Übungsbuchs auf BlinkLearning sind alle Übungen so angelegt, dass die Lernenden eine direkte und schnelle Rückmeldung auf ihre Antworten bekommen und die Lehrenden gleichzeitig einen Überblick über die Leistungen Ihres Kurses behalten können.

Allerdings dient die Gesamtheit des Angebots im Kurs- und Übungsbuch einem vielseitigen und methodisch-didaktisch durchdachten Unterrichtsaufbau. Ein Weniger an Zeit bedeutet also ein Minimum oder auch Verlust an Übung und Transfer von Gelerntem, Handlungs- und Aufgabenorientierung, Fertigkeiten- und Strategietraining. Meist fordert die Reduzierung eine höhere Konzentration der Lernenden, mehr Spracharbeit außerhalb des Unterrichts und eine höhere Unterstützung des Lernprozesses durch andere Formen des (ungesteuerten oder gesteuerten) Lernens. **Netzwerk neu** ermöglicht dies in Form von vielen Zusatzangeboten, insbesondere auch im digitalen Bereich, etwa per LMS und Blended Learning. Die nach dem neuen Gemeinsamen Europäischen Referenzrahmen geforderten Inhalte und prüfungsrelevante Aufgaben werden in **Netzwerk neu** auch nach den vorgeschlagenen Streichungen vermittelt. Die Lehrkraft sollte dann aber darauf achten, dass die Sprachhandlungen und Inhalte auch erfolgreich angewendet werden können.

Prinzipiell kann die *erste Doppelseite* jedes Kursbuch-Kapitels (Sprechanlass und themenhinführende Kommunikation) im Unterricht nur kurz bearbeitet werden. Alle *grau unterlegten Doppelseiten* enthalten weder Grammatik noch Aussprache, in der Regel auch keine für A1 prüfungsrelevanten Redemittel, und können somit ebenfalls meist weggelassen werden (verloren gehen dabei Fertigkeiten-, Strategietraining und Landeskunde). Werden sie in der folgenden Übersicht nicht als Kürzungsmöglichkeit aufgeführt, dann enthalten sie prüfungsrelevante Fertigkeiten oder Redemittel (z. B. Durchsagen verstehen, eine Präsentation machen). Die *Filmseiten* können die Lernenden prinzipiell auch eigenständig zu Hause bearbeiten.
Wichtig ist, wenn Seiten ersatzlos gestrichen werden, dass die Vokabeln auf den *Lernwortschatzseiten* im Übungsbuch trotzdem komplett gelernt werden.

Kürzungsmöglichkeiten* im Kursbuch Netzwerk neu A1

Kapitel	1	2	3	P1	4	5	6	P2
kann entfallen	1, 8d, 9–12	4b, 6c, 13–14	1d, 3, 5b, 10d, 11–13	alles	2c, 4, 6c, 10–13	3b, 15, 16–18	1c, 2b, 3b, 4b, 14, 15b–d, 16–18	alles
zu Hause zu erledigen	kurz und klar	8c, 9a, 9c, 10, 11a, kurz und klar	9, kurz und klar		9c, kurz und klar	kurz und klar	15a+b, kurz und klar	

Kapitel	7	8	9	P3	10	11	12	P4
kann entfallen	1e, 7b, 10–11	2, 12, 13c, 14–16	1, 2, 9c, 11–12, 13–14	alles	2, 6, 8d, 13, 14–15	8d, 12–14	2d, 12–16	alles
zu Hause zu erledigen	2d, 5e, 6a, 6c, 7a, 8c, kurz und klar	13a+b, kurz und klar	5c, kurz und klar		7, 11c	3, 7, 11b, kurz und klar	9, 11, kurz und klar	

* bzw. mögliche Teile für die Online-Phase eines Blended-Learning-Kurses

Einführung

Hinweise zur Arbeit mit dem Lehrerhandbuch

Das Lehrerhandbuch enthält Unterrichtsvorschläge, die Sie bei der Planung und Durchführung des Unterrichts mit **Netzwerk neu** unterstützen. Sie verdeutlichen, wie die einzelnen Aufgaben miteinander verzahnt sind, geben Hinweise zur möglichen didaktischen Umsetzung im Unterricht und bieten Varianten, Erweiterungen und Alternativen an. Zu jedem Kapitel gibt es zwei Kopiervorlagen, zu jeder Plattform eine. Den Schlusspunkt setzt das *didaktische Glossar*: eine alphabetische Zusammenstellung aller → Verweise aus den *Erläuterungen zum Unterricht*. Die einzelnen Begriffe werden erklärt und mit praktischen Beispielen für den Einsatz im Unterricht ergänzt. Sie können das Glossar auch als Sammlung verstehen, die Sie jederzeit als Inspiration für Ihre Unterrichtsplanung zu Rate ziehen können.

Jedes Kursbuchkapitel wird in **Aufgabensequenzen** beschrieben. Eine Aufgabensequenz ist durch eine eigene Zwischenüberschrift gekennzeichnet und umfasst jeweils 1–2 zusammenhängende Sprachhandlungen und die dazugehörigen Lerninhalte (Wortschatz und Redemittel, Grammatik, Aussprache, Landeskunde, Strategie-/Fertigkeitentraining); diese sind einleitend über der zugehörigen Sequenz aufgeführt. Die Beschreibung gliedert sich in drei Spalten:

Die **1. Spalte** gibt die Nummer der Aufgabe im Kurs- oder Übungsbuch an. Zudem finden Sie hier bei Aufgaben oder Übungen zum Schreiben, zur Mehrsprachigkeit, mit zusätzlichem Wortschatz oder Projektaufgaben das entsprechende Pikto.

In der **2. Spalte** finden Sie zu jeder Kursbuchaufgabe einen Vorschlag, wie Sie und die Lernenden im Unterricht vorgehen können, und – wo nötig – die Lösung der Aufgabe. Zusätzlich erhalten Sie Ideen, wie Sie die Aufgabe verändern und/oder erweitern können.
Auch der Einsatz der **Kopiervorlagen** ist hier vermerkt. Verweise in den Erläuterungen wie z. B. → **ABC** weisen auf besondere und oft wiederkehrende Aktivitäten und Methoden hin, zum Beispiel zur spielerischen Aneignung von Wortschatz oder zu Möglichkeiten der Auswertung von Schreibaufgaben. Sie sind im *didaktischen Glossar* am Ende des Lehrerhandbuchs alphabetisch aufgelistet und erklärt. Außerdem gibt es Vorschläge zum Einsatz der **Videos**: Ein Grammatik-, Redemittel- oder Phonetik-Clip oder eine bestimmte Filmszene (mit passender Aufgabe) ist nach einer konkreten Kursbuchaufgabe geeignet. (Die Erläuterungen und Lösungen zu den Film-Aufgaben befinden sich am Ende eines jeden Lehrerhandbuchkapitels.)

Schließlich finden Sie in den *Erläuterungen zum Unterricht* Hinweise auf diejenigen Übungen aus dem Übungsbuch, die Sie möglichst im Kurs bearbeiten sollten (v. a. zur Vorentlastung und Binnendifferenzierung, zur Wortschatzerweiterung, zum interaktiven Üben, zur Aussprache und Übungen mit Tipps zu Strategien o. Ä.).
Zu einigen Aufgaben liefert das Lehrerhandbuch unter dem Hinweis *Info* auch landeskundliche Hintergrundinformationen, die Sie Ihren Lernenden weitergeben können, um ihnen das Verständnis einer Aufgabe oder eines Textes zu erleichtern.

In der **3. Spalte** stehen parallel zu den Erläuterungen diejenigen Materialien, die für den Unterricht benötigt werden: Audio-Pikto mit Trackangabe, Video-Pikto mit Szenenangabe, Papier, Kärtchen, Stifte, Kopien von Teilen des Kursbuchs, Kopiervorlagen usw. Ebenso stehen hier die Tafelbild-Piktos an der Stelle, an der sie im Kursbuch eingesetzt werden können.

Die *Erläuterungen zum Unterricht* gehen bei der Nennung konkreter Fragen oder sonstiger Beispiele davon aus, dass die Lernenden im Kurs von Ihnen gesiezt werden. Die *Sie*-Anrede ist jedoch nicht zwingend, in vielen Kursen ist es auch üblich, dass alle Lernenden und oft auch die Lehrenden einander duzen. Die Fragen und Beispiele müssen dann an die *Du*-Form angepasst werden.

Das **Netzwerk neu**-Team wünscht Ihnen und den Lernenden viel Erfolg und viel Vergnügen beim Lernen und Unterrichten mit **Netzwerk neu**!

Guten Tag! 1

Los geht's!

Lerninhalte WS: deutsche Wörter – internationale Wörter

1 a Sehen Sie sich gemeinsam die Fotos an und lesen Sie die Bildunterschriften. Je 2 TN ordnen die Fotos mit den fremdsprachigen Wörtern denen mit den deutschen Wörtern zu. Lesen Sie den TN die deutschen Wörter vor, die TN sprechen nach.
Lösung 2G, 3H, 4A, 5D, 6I, 7E, 8C, 9B
Vergleichen Sie in sprachlich homogenen Gruppen mit den TN, ob und, wenn ja, wie sich die Bedeutung von einer Sprache in die andere verändert hat, z. B. bei *Nudeln* oder *Butterbrot*.
Variante Kopieren Sie die Fotos und schneiden Sie so viele aus, wie Sie TN haben. Geben Sie allen TN ein Fotokärtchen. Die TN gehen durch den Raum und suchen ihr Pendant. Bei einer ungeraden TN-Zahl kopieren Sie ein Foto doppelt, so können Sie eine 3er-Gruppe bilden. Falls Sie nicht so viele TN wie Fotos haben, kopieren Sie die restlichen Fotos trotzdem und stellen Sie sie den TN nach der Gruppenbildung zum Zuordnen zur Verfügung. Anschließend weiter wie oben beschrieben.
Alternative Verteilen Sie an jede/-n TN eine **Kopiervorlage**. Die TN verbinden die Fotos, die zusammengehören. Vergleichen Sie im Kurs. Lesen Sie die Wörter vor, die TN sprechen sie nach. — KV

1 b In sprachlich homogenen Gruppen übersetzen die TN die Wörter in ihre Muttersprache und schreiben sie direkt zum Foto. In sprachlich heterogenen Gruppen arbeiten alle TN gleicher Muttersprache zusammen. Sie übersetzen die Wörter und stellen sie dann im Kurs vor.
Alternative Die TN ergänzen auf der **Kopiervorlage** die Wörter in ihrer Sprache. — KV

1 c Teilen Sie den Kurs in 4 Gruppen. Jede Gruppe macht auf einem DIN-A3-Papier ein → **ABC** der deutschen Wörter, die sie kennen, z. B. *A: das Auto, B: das Boot, C: die Cola, …, K: das Kino …* Hängen Sie die ABCs anschließend im Kurs auf. Regen Sie die TN an, die Wörter auch zu illustrieren. — DIN-A3-Papier, dicke Stifte
Variante Jede Gruppe macht ihr ABC zu einem Teilbereich des Alphabets (A–F, G–L, M–R, S–Z). Nach ca. 5 Minuten werden die Plakate weitergegeben, bis jede Gruppe jedes Plakat bearbeitet hat.
Alternative Jede Gruppe erstellt über die Internetseite http://www.wordle.net/create eine Wortwolke (ein sogenanntes *Wordle*) zu einem Teilbereich des Alphabet und präsentiert sie.

Hallo! Tschüs!

Sprachhandlungen grüßen, sich vorstellen, verabschieden; nach dem Befinden fragen und darauf reagieren
Lerninhalte WS: Begrüßung; Vorstellung und Verabschiedung; Befinden

2 a Die TN sehen die Fotos an und hören dabei die Dialoge einmal alle nacheinander, um sich an den Klang der Sprache zu gewöhnen. Beim zweiten Hören lesen sie mit und markieren die Namen der Personen. Spielen Sie dann die Dialoge noch einmal einzeln, mit einer kurzen Pause nach jedem Dialog, vor, die TN schreiben die Namen zu den Fotos. Anschließend lesen je 3 TN die Dialoge mit verteilten Rollen. Lassen Sie auch laut vorlesen. Korrigieren Sie, wenn nötig, die Aussprache. Erklären Sie die Sätze nicht grammatikalisch, die TN sollen die Sätze als Ganzes lernen. Überlegen Sie zum Schluss gemeinsam, welches Bild welche Situation beschreibt (A *begrüßen*, B Foto links: *sich begrüßen*, Foto rechts: *sich vorstellen*, C *sich verabschieden*). — 1.1–3
Lösung Situation A: *links Niklas, rechts Nina*; Situation B: *rechts Julia*
Zu dieser Aufgabe gibt es ein interaktives Tafelbild. Die TN hören zwei Dialoge und lesen sie mit (Schritt a = alles). Dann werden in den Schritten 3-1 zunehmend mehr Buchstaben ausgeblendet. Die TN sprechen die Dialoge immer wieder nach und hören sie je nach Bedarf zwischendurch noch einmal an. Bei Schritt 0 ist kein Text mehr zu sehen. Die TN können die Dialoge nun auswendig und flüssig nachsprechen und mit dem Stift ergänzen.
Variante Kopieren Sie die Fotos und die Dialoge für je 3–4 TN. Schneiden Sie Fotos aus und zerschneiden Sie die Dialoge so, dass die TN Fotos und Dialoge später zuordnen können. Die TN sehen die Fotos an, lesen die Dialoge und ordnen die Dialoge den Fotos zu. Die TN überlegen dabei, wer an welcher Situation beteiligt ist (*2 oder 3 Personen*) und welches Bild welche Situation beschreibt (*Begrüßung, Vorstellung, Verabschiedung*). Danach weiter wie oben beschrieben. — zerschnittene Kopien von KB2a

1 Guten Tag!

2 b Als Einstieg in 2b können Sie den Redemittel-Clip einsetzen. Fragen Sie: *Was passiert in beiden Situationen? (sich kurz treffen, kurz reden: sich begrüßen, nach dem Befinden fragen und sich verabschieden).* Spielen Sie dann nur die erste Hälfte des Clips nochmals vor, in dem die kurze Begrüßung und Verabschiedung unter Personen, die sich duzen, gezeigt wird. Machen Sie ein Beispiel mit einer/-m TN. Begrüßen Sie ihn/sie, fragen Sie ihn/sie, wie er/sie heißt, wie es ihr oder ihm geht, und verabschieden Sie sich. Der/Die TN antwortet wie in der Redemittel-Sprechblase vorgegeben. Dann stellen sich die TN wie in der Zeichnung im KB in der → **Sprechmühle** auf und befragen sich.

▶ R1

2 c Die TN nennen die Namen, die sie kennen. Schreiben Sie die Namen auf Zuruf in 2 Gruppen an die Tafel: links deutsche Vornamen/Namen, rechts bekannte deutsche Personen.
Erweiterung In sprachlich homogenen Gruppen erklären die TN, was die bekannten deutschen Personen machen (*Robin Schulz ist ein deutscher DJ und Musikproduzent.*).
Info Frauennamen sind z. B. *Emma, Mia, Hannah, Emilia, Sofia, Lina, Anne, Mila, Josefine, Ella, Henriette*; Männernamen sind z. B. *Ben, Paul, Leon, Finna, Elias, Jonas, Luis, Noah, Felix, Lukas*. Hitlisten mit den häufigsten Vornamen gibt es unter www.beliebte-vornamen.de. Dort finden Sie auch Vornamen aus Österreich und der Schweiz bzw. vielen anderen Ländern (www.beliebte-vornamen.de/602-international.htm).
Bekannte deutsche Personen: *Johann Sebastian Bach, Johann Wolfgang von Goethe, Willy Brandt, Helmut Kohl, Daniel Brühl, Sebastian Vettel, Clueso, …; Hildegard von Bingen, Rosa Luxemburg, Marlene Dietrich, Angelique Kerber, Angela Merkel, Diane Kruger, Cornelia Funke, …* Weitere bekannte deutsche Personen aus Geschichte, Politik, Kultur, Sport und Musik finden Sie unter http://de.wikipedia.org/wiki/Unsere_Besten.

Guten Tag! Auf Wiedersehen!
Sprachhandlungen grüßen und verabschieden; sich und andere vorstellen, nach dem Befinden fragen
Lerninhalte GR: Verben und Personalpronomen

3 a Die TN sehen die Fotos an und hören die Dialoge einmal alle nacheinander. Beim zweiten Hören lesen sie mit und markieren die Namen der Personen. Spielen Sie dann die Dialoge noch einmal einzeln, mit einer kurzen Pause nach jedem Dialog, vor. Die TN schreiben die Namen zu den Fotos.
Lösung Situation A: *links Nina Weber, rechts Oliver Hansen*; Situation B: *links Frau Kowalski*
Überlegen Sie gemeinsam, welcher Dialog welche Situation beschreibt (*A begrüßen und sich vorstellen; B1 begrüßen und nach dem Befinden fragen; B2 begrüßen und andere/sich vorstellen; C verabschieden*). Die TN markieren in den Dialogen die Begrüßungen. Sehen Sie sich gemeinsam den Tipp-Kasten zu den Begrüßungen/der Verabschiedung an und besprechen Sie, was man wann sagt.
Info *Guten Morgen!* sagt man direkt nach dem Aufstehen und am Morgen bis ca. 10 Uhr. *Guten Tag!* sagt man ab ca. 10 Uhr bis ca. 18 Uhr. *Guten Abend!* sagt man ab ca. 18 Uhr. *Gute Nacht!* sagt man nur, um sich vor dem Zubettgehen zu verabschieden. *Guten Tag!* und *Guten Abend!* werden überwiegend in formellen Situationen verwendet, ebenso *Auf Wiedersehen!* Bei vertrauten Personen verwendet man *Hallo!* und *Tschüs!* (oder das aus dem Italienischen übernommene *Ciao!*)

1.4–6

ÜB 3 a Im Kurs statt der Besprechung des Tipp-Kastens. Die TN ordnen den Zeichnungen die Begrüßungsformeln zu. Geben Sie den TN die Hinweise aus der **Info** zu den ungefähren Tageszeiten, wann man was sagt, und erklären Sie, dass statt *Tschüs!* häufig auch *Ciao!* gesagt wird.

3 b Die TN spielen ähnliche Dialoge wie in KB3a. Sie gehen zu Musik durch den Raum; wenn die Musik stoppt, gehen je 2–3 TN zusammen und spielen ähnliche Dialoge wie im KB. Sind sie mit ihrem Dialog fertig, verabschieden sie sich; Sie stellen die Musik wieder an und die TN gehen weiter zur Musik durch den Raum, bis die Musik wieder stoppt. Wiederholen Sie diese Aktivität je nach TN-Zahl mehrfach. Vergleichen Sie dann mit den TN die Dialoge aus KB2a und KB3a. Was ist anders? (*2a: „du", Vornamen, „Hallo"/„Tschüs"; junge Leute; 3b: „Sie", Nachnamen, „Guten Morgen"/„Guten Tag"/„Auf Wiedersehen", Erwachsene am Arbeitsplatz*) Lesen Sie gemeinsam den Tippkasten zu *Du und Sie* und den Grammatik-Kasten zur Konjugation von *sein* und *heißen*. Machen Sie abschließend eine Mini-Fragerunde zur Unterscheidung von *Du und Sie*. Fragen Sie z. B. *Wie heißt du?* Werfen Sie einer/-m TN einen Ball zu. Diese/r antwortet, fragt z. B. *Wie ist Ihr Name?* und wirft den Ball weiter. Usw.

deutsche Musik

Guten Tag! 1

Erweiterung Kopieren Sie einen Dialog von KB2a mit *du* und einen Dialog von KB3a mit *Sie* für je 3–4 TN (jeweils gleiche Situation: Begrüßung, Begrüßung und Vorstellung oder Verabschiedung). Zerschneiden Sie die Dialoge nach Sätzen. Geben Sie dann je 3–4 TN die Dialogstreifen. Die TN ordnen die beiden Dialoge. Dann kontrollieren sie mit den Dialogen im Buch. Für sprachlich stärkere TN können Sie je 2 Dialoge mit *du* bzw. *Sie* mischen.

Dialogkopien aus KB2a + 3a

Info In D-A-CH benutzen Erwachsene und Kinder das formelle *Sie* im Gespräch mit Personen, die sie nicht näher kennen bzw. die nicht zur Familie oder dem Freundeskreis gehören, z. B. in Geschäften, beim Arzt, bei der Arbeit, gegenüber dem Professor an der Universität oder dem Lehrer an der Schule usw. Meist wird *Sie* in Verbindung mit *Herr/Frau* + Nachname verwendet. Die TN sollten ihr Gegenüber so lange siezen, bis ihnen das Du angeboten wird.
Die informelle Anrede *du* verwenden Erwachsene untereinander, wenn sie sich persönlich gut kennen. Kinder, Freunde, Familienangehörige und Studenten duzen sich in der Regel untereinander. Auch bei der Arbeit können die TN Kolleginnen und Kollegen duzen, wenn ihnen das Du angeboten wurde. Bei der Anrede mit *du* benutzt man den Vornamen.

Woher kommen Sie?
Sprachhandlungen über sich und andere sprechen
Lerninhalte GR: W-Fragen; Aussagesatz; Verben und Personalpronomen

4 a Die TN sehen sich zu zweit die Visitenkarte an und versuchen, die Fragen und Antworten einander zuzuordnen. Spielen Sie dann den Hörtext vor, die TN überprüfen ihre Ergebnisse mit dem Hörtext. Je 2 TN lesen die Fragen und Antworten laut vor.
Lösung 1B, 2A, 3C.

1.7

4 b 2 TN lesen den Dialog laut vor. Dann markieren die TN die Namen und Städte im Text, die sie durch ihre persönlichen Informationen ersetzen müssen. Je 2 TN spielen nun einen informellen und einen formellen Dialog wie im Beispiel. Damit die Antworten etwas abwechslungsreicher werden, können TN in ortshomogenen Gruppen auch sagen, in welchem Stadtteil sie wohnen. Gehen Sie abschließend auf die Satzstellung der W-Fragen mit Hilfe des Grammatik-Kastens ein (*Verb auf Position 2 nach dem W-Wort*). Zeigen Sie zum Vergleich die Verbposition im Aussagesatz (*Verb auf Position 2 nach dem Subjekt/Pronomen*).
Erweiterung Spielen Sie → **Lebendige Sätze** zur Bewusstmachung der Verbposition. Schreiben Sie die einzelnen Wörter und die Satzzeichen einer W-Frage und einer Antwort auf einzelne DIN-A5-Karten, z. B. / Woher / kommst / du / ? / Ich / komme / aus / Helsinki / . / Verteilen Sie die Karten an 9 TN. Die TN halten ihre Karten hoch. Die anderen TN stellen die TN mit den Karten in der richtigen Satzstellung auf. Sie fragen die TN, wo das Verb steht (*Verb auf Position 2 nach W-Wort und im Aussagesatz immer Position 2 nach Subjekt*).

DIN-A5-Karten

4 c Lesen Sie gemeinsam die Verbformen von *wohnen*, *kommen* und *sein* in Verbindung mit den Pronomen im Grammatik-Kasten. Dann liest ein TN die ersten beiden Sätze vor. Zeigen Sie auf den Verlauf der Pfeile, um den Bezug deutlich zu machen. Je 2 TN versuchen nun die Verben zu ergänzen. Lassen Sie dann die Sätze im Kurs laut vorlesen.
Lösung wohnt; kommt, wohnt

ÜB 5 a–c Im Kurs, falls Verbkonjugation und Satzstellung vor der Sprechaufgabe noch einmal gefestigt werden sollen.

5 a Nach KB4c eignen sich die Filmszenen 1–2, Sie können bereits hier KB9–10 machen.
Die TN machen mit mindestens 2 anderen TN ein Interview in der Sie-Form und ein Interview in der Du-Form und notieren die Antworten. Falls nötig, erarbeiten Sie zuvor die Fragen im Kurs (*Wie heißen Sie?/ Wie heißt du? Woher kommen Sie?/Woher kommst du? Wo wohnen Sie/Wo wohnst du?*).
Alternative Kopieren Sie die **Kopiervorlage** und schneiden Sie so viele Visitenkarten aus, wie Sie TN haben. Geben Sie allen TN eine Visitenkarte. Die TN nehmen für 5a die Rolle von ihrer Visitenkarte an.

1–2

KV

15

1 Guten Tag!

5 b Die TN stellen eine/-n ihrer Interviewpartner/-innen im Kurs vor. Die übrigen TN raten den Namen.
Alternative Projizieren Sie die **Kopiervorlage** an die Wand. Die TN stellen einen ihrer Interviewpartner/-innen im Kurs vor, ohne den Namen zu nennen, die anderen raten, wer es ist. Sie können dabei auf die Visitenkarten an der Wand sehen. Wer die meisten Personen erraten hat, gewinnt.

KV

Zahlen und Buchstaben
Sprachhandlungen Zahlen bis 20; Telefonnummer und Mail-Adresse nennen; buchstabieren
Lerninhalte WS: Zahlen von 1–20 | Aussprache: Alphabet

6 a Die TN hören die Zahlen und lesen leise mit. Beim zweiten Hören sprechen sie laut mit. Die TN schließen das Buch, stehen auf und sprechen noch einmal laut mit. Sprechen Sie auch mit, das animiert die TN. Schreiben Sie dann einzelne Zahlen an die Tafel. Die TN nennen die Zahl. Wenn Sie eine Zahl über 12 anschreiben, weisen Sie die TN auf den Tipp Zahlen *lesen und sprechen* hin.
Erweiterung Spielen Sie im Kurs eines der → **Zahlenspiele**, z. B. **Rechenspiel mit 3 Würfeln** oder **Bingo**.

1.8

ÜB 6 ÜB6a zur Wiederholung und Vertiefung im Kurs oder als HA.

6 b Die TN hören die Telefongespräche und notieren die Handynummer. Je 2 TN vergleichen ihre Notizen. Spielen Sie die Gespräche noch einmal vor, die TN kontrollieren und korrigieren ggf.
Lösung *Herr Klein: 0159 / 8234607; Frau Groß: 0157 / 8316924*

1.9–10

6 c Vorgehen wie beschrieben. Zur Überleitung nach KB6b bzw. als Einstieg für 6c eignet sich Filmszene 3. Sie können bereits hier mit den TN KB 11 bearbeiten.
Erweiterung Die TN spielen im Kurs das Telefonspiel. Teilen Sie dafür die Visitenkarten der **Kopiervorlage** von KB5a erneut aus. Machen Sie auch für jede/-n TN eine Kopie der gesamten Kopiervorlage. Beginnen Sie nun mit einem Beispiel: Wählen Sie eine Person von der Kopiervorlage und rufen Sie sie an, sagen Sie dafür laut die Telefonnummer der Person. Die Person, die angerufen wird, nimmt symbolisch den Telefonhörer ab und meldet sich mit dem Namen, der auf der Visitenkarte steht. Sie sagen z. B. folgende Nummer: *0049/431/980819*, die/der TN mit der Visitenkarte von Eva Grünke meldet sich: *Eva Grünke, hallo?* Dann ruft diese/-r TN den/die nächste/-n TN an.

▶ 3

KV

ÜB 6 e Im Kurs. Je 2 TN spielen ein Wechselspiel zu Telefonnummern. A hat die Informationen, die B nicht hat, und umgekehrt. A und B befragen sich abwechselnd wie im Beispiel und ergänzen die fehlenden Informationen. Abschließend vergleichen sie, ob die Telefonnummern übereinstimmen.

7 a Die TN hören das Alphabet zuerst bei geschlossenem Buch. Beim zweiten Hören lesen Sie laut mit.
Erweiterung Die TN markieren in 3 Farben alle Buchstaben, die in ihrer Sprache ähnlich ausgesprochen werden, alle, die anders als in ihrer Sprache sind, und alle, die es in ihrer Sprache nicht gibt. Lesen Sie mit den TN zuerst die ähnlichen Buchstaben laut, dann die Buchstaben, die anders ausgesprochen werden. Schreiben Sie an die Tafel, wie der Buchstabe ausgesprochen wird, z. B. *J: Jot, y: Ypsilon, z: Tsett.* Schließlich sprechen Sie die ganz neuen Buchstaben vor und schreiben auch diese an die Tafel, z. B. *ß: Esszett.* Lesen Sie dann alles noch einmal gemeinsam.
Erweiterung Bilden Sie mit den TN einen Kreis und machen Sie →**Wortschatz in Kreisläufen**.

1.11

1–2 Bälle

ÜB 7 a Diese Aufgabe eignet sich zur Auflockerung und Vertiefung des Alphabets. Erklären Sie den TN, dass sie einen Alphabet-Rap hören werden und dass sie aufstehen sollen. Führen Sie beim ersten Vorspielen des Raps Folgendes vor: Wenn Sie einen Vokal hören, dann gehen Sie einen Schritt vor; wenn Sie einen Konsonanten hören, machen Sie einen Schritt zurück. Dann hören die TN den Rap noch einmal und rappen und bewegen sich, wie Sie es vorgeführt haben.

7 b Lesen Sie mit den TN den Tipp-Kasten zur E-Mail-Adresse. Dann hören die TN das Telefongespräch und notieren die E-Mail-Adressen. Je 2 TN vergleichen ihre Notizen. Spielen Sie den Hörtext noch einmal vor, die TN kontrollieren und korrigieren ggf. Falls nötig, stoppen Sie die Wiedergabe nach der ersten E-Mail-Adresse.
Lösung *ruben-gonzalez@esweb.net; maria_1811@inet.com*

1.12

Guten Tag! 1

7 c Hören und lesen Sie gemeinsam die Sätze im Kasten *Gut gesagt: Wie bitte?* Fragen Sie, wann man *Wie bitte?* sagt (*wenn man etwas nicht verstanden hat*), und erklären Sie, dass man die anderen Sätze auch in dieser Situation verwenden kann. Die TN lernen die Sätze auswendig und sprechen sie mit unterschiedlicher Betonung vor sich hin. Dann hören sie noch einmal und sprechen nach. 2 TN lesen den Dialog laut vor. Fragen Sie, was man variieren kann (*Name, E-Mail-Adresse, Wie bitte?*). Die TN arbeiten zu zweit. Lassen Sie einige Dialoge vorspielen.
🔊 1.13

Variante Die TN gehen durch den Kursraum, variieren den Dialog mit so vielen TN wie möglich und machen sich dabei Notizen. Der TN, der die meisten E-Mail-Adressen notiert hat, gewinnt.

Erweiterung Beginnen Sie mit dem Führen einer Kursliste, wenn alle TN damit einverstanden sind und das Führen von öffentlichen TN-Listen in Ihrer Institution erlaubt ist. Bereiten Sie dafür eine Tabelle am PC vor, bei der Sie 2 Spalten für KB8d frei halten (Sprachen, Land).

Name	E-Mail	Handynummer
____	_____	_____

Ein/-e TN kommt an den PC, fragt jemand anderen aus dem Kurs nach ihren/seinen Daten und schreibt diese in die Kursliste. Die anderen TN kontrollieren, ob die/der TN alles richtig übertragen hat. Dann kommt die/der befragte TN nach vorn usw. Stellen Sie den TN später die Kursliste per E-Mail oder Kopie zur Verfügung. Bei Kursen mit mehr als 10 TN kann es sinnvoll sein, den Kurs in 2 Gruppen zu teilen und die Listen später zusammenzuführen.

ÜB 7 d Im Kurs. Ein/-e TN buchstabiert den Namen eines Stars, ohne ihn zu nennen, die anderen TN im Kurs raten. Wer einen Namen erraten hat, buchstabiert als Nächster. Wer am meisten errät, gewinnt.
Erweiterung für sprachlich stärkere TN: Die TN buchstabieren die Namen rückwärts. Das ist komplizierter und fördert auch die Konzentration.

Länder und Sprachen

Sprachhandlungen über Länder und Sprachen sprechen
Lerninhalte WS: Länder und Sprachen | Landeskunde: Länder und Sprachen

8 a Schreiben Sie die Fragen (*Woher kommen die Personen? Wo wohnen sie? Welche Sprachen sprechen sie? Welche Sprachen lernen sie?*) an die Tafel. Ein TN kommt an die Tafel und markiert die Verben. Nehmen Sie nun den Text von *Olivia Miller* als Beispiel. Ein TN liest den Text einmal laut vor. Fragen Sie die TN und notieren Sie die Antworten zu den Fragen. Dann lesen die TN die Texte und ergänzen die Tabelle im KB. Machen Sie zum Abschluss eine Mini-Fragerunde mit Ball im Kurs.
Ball

Variante für sprachlich stärkere TN: Je 5 TN arbeiten zusammen. Jede/-r TN liest einen Text. Dann befragen sie sich gegenseitig nach den Informationen, die ihnen in der Tabelle fehlen.

8 b Je 2 TN ergänzen die Länder und Sprachen. Sie lesen die Länder und Sprachen vor, die TN sprechen sie nach. Weisen Sie darauf hin, dass es Länder mit Artikel gibt (z. B. *die Schweiz, die Türkei, die USA, der Irak*). Bei diesen Ländern sollten die TN den Artikel immer direkt mitlernen. Lesen Sie dann gemeinsam den Tipp. Sie können thematisieren, dass sich der Artikel bei der Antwort auf die Frage *Woher?* durch die Präposition *aus* verändert und dass die TN den Artikel mit der Präposition und dem Land als feste Wendung lernen sollen. Thematisieren Sie hier aber noch nicht den Dativ.

Info zu Ländern mit Artikeln: <u>der</u>: der Iran, der Irak, der Jemen, der Kongo, der Libanon, der Niger, der Oman, der Senegal, der Sudan, der Tschad, der Vatikan <u>die (Sg.)</u>: die Dominikanische Republik, die Demokratische Republik Kongo (aber: der Kongo), die Elfenbeinküste, die Mongolei, die Schweiz, die Slowakei, die Ukraine, die Türkei, die Zentralafrikanische Republik <u>die (Pl.)</u>: die Bahamas, die Färöer Inseln, die Kapverdischen Inseln, die Komoren, die Malediven, die Niederlande, die Philippinen, die Salomonen, die Seychellen, die USA (= die Vereinigten Staaten [von Amerika]), die Vereinigten Arabischen Emirate (VAE)

ÜB 8 a–c Im Kurs. Die TN erlernen hier weiteren Wortschatz. Projizieren Sie die Weltkarte aus dem ÜB an die Wand. Die TN kommen nacheinander nach vorn und ordnen die Länder aus KB8b und ÜB8a den Landeskürzeln in der Weltkarte zu. Außerdem ergänzen sie ihre eigenen Länder. Dann ordnen sie in ÜB8b die Sprachen den Ländern zu.

1 Guten Tag!

Erweiterung für sprachlich stärkere Gruppen: Machen Sie eine Mini-Fragerunde zu den Ländern und Sprachen. Machen Sie gemeinsam ein Beispiel und schreiben Sie es an die Tafel, z. B. *Welche Sprache spricht man in England? – In England spricht man Englisch*. Erklären Sie, dass *in* + Land genauso funktioniert wie *aus* + Land (siehe Tipp zu KB8c).

Erweiterung für sprachlich schwächere Gruppen: Je 4 TN arbeiten zusammen. Sie erstellen ein Länder- und Sprachen-Kartenspiel: Auf je ein Kärtchen schreiben sie ein Land aus KB8a und illustrieren es, wenn sie mögen, z. B. *die Schweiz*. Auf ein anderes Kärtchen schreiben sie die dazugehörige/-n Sprache/-n, z. B. *Deutsch, Französisch, Italienisch, Rätoromanisch*. Außerdem erstellen sie noch Kartenpaare mit ihrem eigenen Land und der/den eigenen Sprache/-n. Dann spielen sie → **Paare finden**.

ca. 20 Kärtchen pro Gruppe

8 c Vorgehen wie beschrieben. Falls Sie die Erweiterung von KB7c nicht gemacht haben, können Sie nun, wenn alle TN einverstanden sind, mit einer Kursliste beginnen. Sonst ergänzen Sie gemeinsam mit den TN die Kursliste aus KB7c um die Sprachen und Länder.

Variante Bei größeren Gruppen können Sie 3 Schreibstationen mit jeweils einer/-m Verantwortlichen bilden. Jede/-r TN erhält eine Nummer. Die TN gehen zu jeder/-m Verantwortlichen und geben ihm/ihr unter Angabe ihrer Nummer die nötigen Informationen. Station 1: Name und E-Mail-Adresse; Station 2: Handynummer; Station 3: Land und Sprache/-n. Die drei Verantwortlichen tragen als HA die Kursliste zusammen und schicken sie per E-Mail an alle TN.

Erweiterung Lassen Sie jede/-n TN selbst eine Fantasie-Visitenkarte (wie z. B. in KB4a) erstellen. Sammeln Sie die Visitenkarten ein, mischen Sie sie und verteilen Sie sie wieder an die TN. Die TN machen einen → **Kursspaziergang**. Sie gehen durch den Raum und befragen sich gegenseitig nach den Informationen auf ihren Visitenkarten. Wenn sie alle Informationen ausgetauscht haben, tauschen sie die Visitenkarten und gehen zum/zur nächsten TN.

8 d Die TN sprechen in KG darüber, wie die Länder in ihrer eigenen Sprache heißen. Sie achten auf Ähnlichkeiten und Unterschiede in Schreibung und Aussprache.

8 e Diese Aufgabe eignet sich als HA. Tipps für die Kontrolle finden Sie unter → **Schreibaufgaben auswerten**.

Die Netzwerk-WG
Ich bin Anna | Willkommen, Anna! | Und deine Nummer?

9 Die TN sehen Szene 1 und kreuzen die Namen der Personen an, die in der Netzwerk-WG wohnen. ▶ 1
Info Eine *WG* (*Wohngemeinschaft*) ist ein in D-A-CH beliebtes Wohnkonzept, bei dem sich mehrere meist junge Menschen (Studierende, Auszubildende usw.) eine Wohnung teilen und so billiger wohnen können. In Städten gibt es häufig auch sogenannte *Berufstätigen-WGs*. Ein erfolgreiche Kinokomödie aus dem 2014 zu diesem Thema ist „Wir sind die Neuen". Drei Freunde, die als junge Leute bereits in einer WG zusammen gewohnt haben, ziehen mit Anfang 60 wieder zusammen, weil sie sich die Mieten in München nicht mehr leisten können, und geraten mit der benachbarten Studenten-WG in Konflikt. Sie können Ihren TN mit dem Trailer einen Eindruck von zwei ganz unterschiedlichen WGs vermitteln: https://www.youtube.com/watch?v=sU425vjda1U.
Lösung *Luca, Anna, Max, Bea*

10 Die TN sehen Filmszene 2 und ordnen zu, was sie über die einzelnen Personen wissen. ▶ 2
Lösung *1E, 2C, 3B, 4D, 5A*

11 Die TN sehen Filmszene 3 und notieren die Telefonnummern und Beas Nachnamen. ▶ 3
Lösung *Max: 0151/ 89944583; Anna: 0171/ 341226691; Bea Kretschmar*

12 Die TN sehen sich die Fotos an und lesen die Sprechblasen. Mit ihrem Vorwissen aus den Szenen 1 bis 3 entscheiden je 2 TN gemeinsam, welche Sprechblase zu welchem Foto passt. Dann sehen sie die gesamte Filmszene noch einmal an und überprüfen ihr Ergebnis. ▶ 1–3
Lösung *A2, B4, C1, D3, E5*

Freunde, Kollegen und ich 2

Los geht's!
Sprachhandlungen über Hobbys sprechen
Lerninhalte WS: Hobbys

1 Die TN sehen sich 3 Minuten die Fotos und die Verben an. Dann schließen die TN das Buch und notieren alle Verben, an die sie sich erinnern. Anschließend vergleichen sie in KG und am Ende mit dem Buch. Nun hören die TN die 3 Hörtexte einmal alle nacheinander und notieren die passenden Hobbys zu den Personen. Sie vergleichen in PA. Spielen Sie dann die Hörtexte noch einmal einzeln, mit Pausen nach jedem Sprecher, vor; die TN kontrollieren ihre Antworten und ergänzen ggf.
Lösung A Emily: *schwimmen, joggen*; B Boris: *lesen, reisen*; C Eva: *fotografieren, tanzen*

🔊 1.14–16

2 a Jede/-r TN kreuzt an, was er/sie gern bzw. nicht gern macht.

2 b Die TN machen ein Kursinterview. Sehen Sie sich gemeinsam die Du-Form der Verben im Grammatik-Kasten bei KB3b an. Machen Sie einige regelmäßige Beispiele und zeigen Sie die Ausnahmen: *du liest, du tanzt, du reist*. Die TN bereiten auf einem Zettel Fragen wie in den Beispielen vor und befragen sich gegenseitig.
Erweiterung Die TN suchen ihre tatsächlichen Hobbys im → **Wörterbuch**. Dann arbeiten sie jeweils zu dritt und erstellen ein → **Dreieck der Gemeinsamkeiten** für ihre Gruppe. Danach gestalten die TN um das Dreieck der Gemeinsamkeiten eine Collage, die die gemeinsamen Hobbys der Gruppe visualisiert. Die TN hängen sie im Kursraum auf.

Wörterbuch

Material für Collage

Meine Hobbys, meine Freunde
Sprachhandlungen über Hobbys sprechen
Lerninhalte WS: Hobbys | GR: unregelmäßige Verben und Personalpronomen

3 a Die TN sehen sich die Fotos an, lesen die Sätze und ergänzen die Verben.
Lösung *reisen, liest, singt, joggen, spielen*

3 b Sehen Sie sich gemeinsam mit den TN den Grammatik-Kasten zu den Personalpronomen und Verben an. Zeigen Sie den Zusammenhang zwischen Person (Pronomen) und Verb-Endung. Jede/-r TN ergänzt allein die Verbformen, anschließend vergleicht er/sie mit einer/-m Partner/-in. Dann ordnen sie zu zweit die Sätze den Fotos zu.
Lösung A4: *Singst*; B2: *Sprichst*; C6: *Spielen*; D1: *Kochen*; E3: *Lese*; F5: *Joggt*
Erweiterung Zur systematischen Erarbeitung der Personalpronomen und Verb-Endungen bearbeiten die TN die **Kopiervorlage**.

KV

3 c Je 3 TN bearbeiten die Aufgabe wie beschrieben.

3 d Die TN machen einen → **Kursspaziergang**: Jede/-r TN fragt 5 andere TN nach ihren Hobbys und notiert diese. Machen Sie zum Abschluss eine Mini-Fragerunde mit Ball im Kurs, fragen Sie: *Was macht Olaf gern?* Ein TN, der das weiß, hebt die Hand, werfen Sie ihm den Ball zu, dieser TN gibt die Antwort und fragt nach TN 2 usw.
Variante Die TN schreiben 5 Hobbys, die sie gern machen, auf einen Zettel. Dann gehen sie durch den Raum. Sie fragen die anderen TN, was sie gerne machen. Haben sie ein Hobby gemeinsam, notieren sie jeweils den Namen daneben. Wer zuerst zu allen 5 Hobbys eine/-n andere/-n TN gefunden hat, ruft *Stopp!* und gewinnt. Er/Sie stellt vor, welches Hobby er/sie mit wem gemeinsam hat.
Erweiterung Wählen Sie einige Hobbys aus. Nennen Sie laut das erste Hobby, alle TN, die dieses Hobby haben stellen sich zusammen. Nennen Sie ein zweites Hobby usw.

Ball

Gehen wir ins Kino?
Sprachhandlungen sich verabreden; Wochentage benennen
Lerninhalte WS: Wochentage | GR: Ja-/Nein-Frage | Aussprache: Satzmelodie: Fragen und Antworten

4 a Lesen Sie die Wochentage vor. Fragen Sie die TN, was sie im KB sehen (*Kalender*). Die TN hören das Gespräch einmal und markieren den Wochentag im Kalender.
Lösung *Am Mittwoch.*

🔊 1.17

2 Freunde, Kollegen und ich

4 b In sprachhomogenen Gruppen notieren je 2 TN die Wochentage in ihrer Sprache zu den deutschen Wochentagen. In sprachheterogenen Gruppen tauschen sich die TN über die unterschiedlichen Bezeichnungen der Wochentage in ihrer Sprache aus und notieren die Bezeichnung aus der eigenen Sprache und ggf. aus ihnen bekannten Fremdsprachen zu den deutschen Wochentagen. Sammeln Sie abschließend Ähnlichkeiten zwischen den verschiedenen Sprachen.

4 c Lesen Sie das erste Satzpaar mit deutlicher Satzmelodie vor. Erklären Sie, wann die Stimme nach oben geht (*Ja-/Nein-Frage*), und wann nach unten (*W-Frage/Aussagesatz*). Spielen Sie dann die Fragen und Antworten vor. Die TN hören und sprechen nach. Spielen Sie die Fragen und Antworten noch einmal vor, stoppen Sie nach jeder Antwort. Die TN sprechen nach. Dann lesen sie die Sätze zu zweit: Einer liest die Frage, der andere die Antwort; danach wechseln sie. Regen Sie an, im Stehen/im Gehen zu üben und beim Sprechen zu übertreiben. → **Lernen mit Bewegung**   1.18

ÜB 4 ÜB4c–e zum weiteren Üben der Satzmelodie im Kurs oder als HA.

5 a Spielen Sie noch einmal das Gespräch aus KB4a vor. Weisen Sie wieder explizit auf die Satzmelodie hin und thematisieren Sie den Grammatik-Kasten zu den Ja/Nein-Fragen: Fragen Sie die TN zuerst, wo das Verb im Grammatik-Kasten steht, und dann, wo es im Gespräch steht. Anschließend vergleichen Sie mit den TN noch mal die Fragen in 4c mit den Fragen in 5a: Wo steht das Verb in den Sätzen 1+2 und 3+4? Fragen Sie: *Auf welche Fragen antwortet man mit Ja oder Nein?* (1+2). Bitten Sie die TN, die Satzmelodie mit Hilfe der Pfeile einzuzeichnen (Pfeil nach oben: Fragesatz; Pfeil nach unten: Aussagesatz).
Je 2 TN lesen den Dialog gemeinsam. Regen Sie die TN wie in KB4c an, im Stehen zu üben und beim Sprechen zu übertreiben und auch die Rollen zu wechseln. → **Lernen mit Bewegung.**
Machen Sie mit dem Kasten *Gut gesagt: Nein!* weiter. Die TN hören verschiedene Möglichkeiten, wie *Nein* in Deutschland klingen kann. Die TN sprechen die unterschiedlichen Formen nach. Sie sagen, welche ihnen am besten gefällt. Vergleichen Sie mit den TN: Welche Möglichkeiten haben sie in ihrer Muttersprache, *Nein* zu sagen?   1.17   1.19
Variante Je 2 TN lernen den Dialog auswendig. → **Auswendiglernen.** Jedes Paar bekommt einen Ball oder ein zusammengeknotetes Tuch. Die Paare stellen sich jeweils gegenüber. Sie werfen beim Sprechen des Dialogs den Ball hin und her. Die TN sprechen den Dialog mehrmals hintereinander. Um sicherzustellen, dass sowohl die Satzmelodie der Fragen als auch der Antworten geübt wird, tauschen die TN nach einigen Wiederholungen die Rollen. → **Lernen mit Bewegung**.   **Bälle**

5 b Die TN erstellen auf einem Blatt ihren individuellen Terminkalender für die nächste Woche mit Wochentagen. Ggf. lesen sie anschließend zur Vorbereitung noch einmal den Dialog in KB5a. Dann gehen sie im Kurs umher, sprechen mit anderen TN und machen für jeden Tag einen Termin. Die TN notieren ihre Termine im Kalender. Als Auswertung im Kurs können Sie eine Mini-Fragerunde machen. Fragen Sie z. B. *Was machen Sie am Mittwoch?* Werfen Sie einer/-m TN einen Ball zu. Diese/-r antwortet, stellt die nächste Frage und wirft den Ball einer/-m anderen TN zu usw. Nach KB5b eignet sich Filmszene 4 mit KB 13.   **Ball**   ▶ 4

Mein Beruf
Sprachhandlungen über Arbeit, Berufe und Arbeitszeiten sprechen; Zahlen ab 20 nennen
Lerninhalte WS: Zahlen ab 20; Berufe | GR: Artikel: *der, das, die*; Nomen: Singular, Plural; Verben *haben, sein*

6 a Sehen Sie sich zunächst die Fotos und die Wörter an. Lesen Sie die Wörter laut vor, die TN sprechen die Wörter im Chor nach. Die TN sehen sich nun das erste Foto gemeinsam an und sagen, welche Nomen zu ihm passen (Fabian Höflinger: *das Auto, das Geld, die Straße, die Rechnung, der Schlüssel*). Je 2 TN suchen dann gemeinsam die passenden Nomen zu den anderen Fotos (Amina Mazin: *das Buch, der Computer, der Stift*; Magda Donat: *das Medikament, die Spritze, die Tablette*; Leon Schöpe: *das Glas, das Geld, die Rechnung*).

Freunde, Kollegen und ich 2

6 b	Die TN erstellen eine Tabelle mit den drei Spalten *der/die/das* wie im Buch. Weisen Sie die TN auf den Grammatik-Kasten hin. Sagen Sie Ihnen auch, dass sie die Nomen immer mit Artikel lernen sollten und es hilfreich ist, die Artikel farbig zu markieren (*der* blau, *die* rot und *das* grün; in Aufgabe 11 werden die TN ein Artikelbild erstellen, auch das wird ihnen helfen, sich die Artikel besser einzuprägen.) Die TN ergänzen nun die Nomen aus 6a in ihrer Tabelle.	
6 c	Vorgehen wie beschrieben; in kleinen Gruppen vergleichen die TN im Kurs, in großen in KG. **Erweiterung** Teilen Sie den Kurs in 3 Gruppen. Jede Gruppe bekommt ein DIN-A3-Blatt mit einem Artikel in der Mitte: *der, das* oder *die*. Die TN schreiben aus Kap. 1 und 2 bekannte Nomen mit dem passenden Artikel auf das jeweilige Blatt. So entstehen 3 → **Lernplakate** die aufgehängt und jederzeit erweitert werden können. Üben Sie die Artikel immer wieder, z. B. mit einem → **Artikelspiel**.	Lernplakat
7 a	Die TN lesen die Texte in EA, ergänzen den passenden Beruf aus 6a und ordnen die Personen zu. **Lösung** *A A. Mazin: Studentin; B L. Schöpe: Kellner; C F. Höflinger: Taxifahrer; D M. Donat: Ärztin*	
7 b	Je 2 TN arbeiten zusammen und finden die Bedeutung der passenden Zahlwörter heraus. Unterstützen Sie die TN mit Tipps dazu, welche Zahlen sie bereits kennen und wie sie z. B. von 5 auf 50 schließen können. Weisen Sie auf den Tipp-Kasten hin. Dann hören die TN die Zahlen und sprechen sie nach. Zur Kontrolle nennen die TN die Zahl mit dem passenden Nomen aus 7a. **Lösung** *a 22 Jahre; b 24 Stunden; c 46 Stunden; d 100 Bücher; e 480 Zimmer; f 920 Ärzte; g 1.250 Patienten; h 25.000 Studenten und Studentinnen; 68.000 Kilometer* Zu dieser Aufgabe gibt es ein interaktives Tafelbild. Die TN üben Zahlen anhand von Einwohnerzahlen und bekommen landeskundliche Informationen über die Lage und Größe von Städten in D-A-CH. Bevor die TN die Städte anklicken, können sie Vermutungen anstellen, welche Stadt das ist und wie viele Menschen dort leben. Dann öffnen sie die Städte per Klick und nennen die Anzahl.	1.20
ÜB 7 b	Im Kurs zur Erarbeitung der Zehnerzahlen. Wiederholen Sie vorab ggf. die Zahlen bis 20 mit einem → **Zahlenspiel**, z. B. mit Eckenrechnen. **Erweiterung** Zum systematischen Erarbeiten der Zahlen bis 99 bearbeiten je 2 TN Aufgabe 1 auf der **Kopiervorlage**. Wählen Sie dann aus dem Glossar eines der → **Zahlenspiele** zum Einüben der Zahlen bis 99, z. B. Bingo. Dann bearbeiten je 2 TN den zweiten Teil der Kopiervorlage mit den Zahlen ab 100. Wählen Sie dann eines der → **Zahlenspiele** zum Einüben der Zahlen ab 100. **Lösung zu Aufgabe 1d auf der Kopiervorlage** *21: einundzwanzig, 31: einunddreißig, 41: einundvierzig, 51: einundfünfzig, 61: einundsechzig, 71: einundsiebzig, 81: einundachtzig, 91: einundneunzig.* Wichtig: Bei allen Zehnerzahlen mit „eins" fällt das *s* weg.	KV
ÜB 7 d	Im Kurs zur Festigung der Zehnerzahlen. Je 3 TN bekommen zwei Würfel und spielen gemeinsam. 1 TN würfelt, 1 TN nennt die Zahl, 1 TN korrigiert, wenn nötig. Dann würfelt der/die Nächste usw.	mehrere Würfel
7 c	Je 2 TN arbeiten zusammen. Partner A sammelt Informationen aus Text 1 und 2 und macht sich Notizen in der Tabelle. Partner B ist für Text 3 und 4 zuständig. **Lösung** *Amina Mazin: Studentin; von Montag bis Freitag (Kurse, Seminare, lernen) und am Samstag (im Kino); Sonntag* – *Leon Schöpe: Kellner; Mittwoch bis Sonntag, am Abend und am Wochenende; am Montag und am Dienstag* – *Fabian Höflinger: Taxifahrer; Samstag bis Donnerstag; Freitag* – *Magda Donat: Ärztin; oft auch nachts und am Wochenende; -- (keine Angabe)*	
7 d	Die Paare aus KB7c stellen sich die Personen aus ihren Texten vor und ergänzen jeweils die Informationen der anderen beiden Personen. Als Vorübung in schwächeren Gruppen eignet sich ÜB7f.	
8 a–b	Die TN gehen zu zweit vor wie beschrieben. Dann markieren sie zusammen die Plural-Endungen und andere mögliche Veränderungen wie z. B. Umlaute. 2 TN bearbeiten die Aufgabe am Whiteboard oder an der Tafel. Besprechen Sie dann im Kurs die verschiedenen Pluralbildungen. Weisen Sie auf den Tipp-Kasten hin: Die TN sollten die Nomen immer mit Artikel und Plural lernen. Sehen Sie sich auch gemeinsam die Lernwortschatzseite von Kapitel 2 und hinten in der Grammatikübersicht den Eintrag „Nomen" an. Zeigen Sie, wie man den Plural erkennen kann. (Sie können die TN bereits hier auf die zusätzliche Pluralbildungsmöglichkeit mit *-nen* bei Nomen auf *-in* hinweisen, die im Tipp steht.) Zu dieser Aufgabe gibt es einen Grammatik-Clip.	Lernwortschatzseite G1

2 Freunde, Kollegen und ich

Lösung *die Kilometer (–), die Ärzte, die Stunden; die Bücher, die Restaurants*
Erweiterung Die TN arbeiten, wenn möglich, in 7 Gruppen. Jede Gruppe ist für eine andere Pluralform zuständig und erstellt ein → **Lernplakat** mit allen aus Kap. 1 und 2 bekannten Nomen. Die TN arbeiten hierfür mit den Lernwortschatzseiten. Wichtig ist, dass auf dem Lernplakat Singular und Plural dargestellt werden. Die TN können die Wörter auch illustrieren. Hängen Sie die Lernplakate im Kurs auf und lassen Sie sie immer wieder mit neuen Wörtern ergänzen.

8 c Die TN erstellen Lernkarten. Auf die eine Seite schreiben sie das Nomen im Singular mit Artikel, auf die andere Seite das Nomen mit Artikel im Plural: *der Arzt / die Ärzte*. Je zwei TN fragen sich gegenseitig und korrigieren sich, wenn nötig. **Kärtchen**
Variante für lernstärkere TN: Auf die eine Seite der Lernkarte schreiben sie das Nomen im Singular ohne Artikel, auf die andere Seite den Artikel und das Nomen im Singular (abgekürzt) sowie im Plural: z. B. *Arzt / der A. – die Ärzte*. Je zwei TN fragen sich gegenseitig ab und korrigieren sich, wenn nötig.

9 a Je 2 TN ordnen die Berufe den Zeichnungen zu. Lesen Sie dann gemeinsam mit den TN die Berufe laut und fragen Sie, wie diese Berufe in ihrer Muttersprache oder in anderen Sprachen heißen. Thematisieren Sie feminine und maskuline Form der Berufsbezeichnung im Tipp-Kasten. Erklären Sie (wenn in 8b noch nicht geschehen) die Pluralbildung bei den weiblichen Berufsbezeichnungen. Weitere Berufsbezeichnungen finden die TN in ÜB9b. Die TN erstellen eine Sammlung von ihnen bekannten Berufsbezeichnungen im Kurs. Sie oder ein/-e TN notiert die Berufe auf Zuruf an der Tafel (z. B. *Ökonom, Pilot, Tänzer, Diplomat, Sekretär, Controllerin, Manager, Informatikerin, Stylist*).
Lösung *A die Verkäuferin, B der Informatiker, C die Lehrerin, D die Friseurin, E der Architekt, F der Ingenieur*
Info Eine weitere Übersicht über deutschsprachige Berufsbezeichnungen finden Sie z. B. unter https://www.azubiyo.de/berufe/a-z/ und https://www.schuelerpilot.de/berufe.

9 b Erarbeiten Sie die Redemittel in der Sprechblase. Weisen Sie dabei auch auf die Verbformen im Grammatik-Kasten hin. Sagen Sie den TN, dass *studieren* und *lernen* nicht synonym verwendet werden: *Studieren* bedeutet in der Regel *eine Universität besuchen, ein Studium machen*, während *lernen* für das Erlernen einer Sprache, eines Instruments etc. oder das Memorieren von Stoff für die Schule oder Universität verwendet wird. Je 2 TN befragen sich danach gegenseitig zu ihrem Beruf, ihrer Arbeits- und Freizeit. Sie nutzen dafür das Muster aus der Redemittel-Sprechblase und notieren die Antworten wie im Beispiel vorgegeben. Die TN stellen ihre/-n Partner/-in im Kurs vor.
Variante für größere Gruppen: Die TN berichten in KG. Sie stehen unterstützend zur Seite.
Erweiterung Spielen Sie → **Beruferaten**. Nach KB9b eignet sich zudem Filmszene 5 mit KB14. ▶ 5

9 c Vorgehen wie beschrieben, ggf. als HA. Die TN können ihren Text mit einem Foto von ihrem Arbeitsplatz oder einer Zeichnung illustrieren. Zur Auswertung bietet sich ein → **Ausstellung** an.

Artikel lernen

Sprachhandlungen Artikel lernen
Lerninhalte Strategie: Artikel lernen

10 a Diese Aufgabe dient dazu, dass die TN von Anfang an lernen, mit Wörterbüchern zurechtzukommen. Vorgehen wie beschrieben. Weisen Sie die TN darauf hin, dass die unterschiedlichen Schreibweisen aus unterschiedlichen Wörterbüchern stammen und dass, wenn ein Wort keine Pluralendung (*eine Nullendung*) hat, unterschiedliche Zeichen verwendet werden, um dies zu kennzeichnen.
Lösung

Wort	Artikel	Plural
Krankenhaus	das	–
Seminar	das	Plural: die Seminare
Buch	Nt (=Neutrum)	Bücher
Kilometer	der	–
Tag	der	e
Woche	Nomen, feminin	Plural: Wochen

Freunde, Kollegen und ich   2

10 b Die TN ergänzen die Wörter in der Tabelle.
Lösung der: *Kilometer, Tag*; das: *Krankenhaus, Buch, Seminar*; die: *Woche*
Erweiterung Bringen Sie Wörterbücher mit oder bitten Sie die TN, ein Wörterbuch im Internet (z. B. https://de.pons.com/übersetzung) aufzurufen → **Wörterbuch**. Je zwei TN suchen dort pro Artikel 3–4 Wörter mit Pluralform, die ihnen schon bekannt sind, und ergänzen diese in der Tabelle.   *Wörterbücher*

11 a Vorgehen wie beschrieben. Wenn nicht ins Buch geschrieben werden darf, nutzen die TN Kopien.   *Kopien*

11 b Je 3 TN zeichnen zu einem Thema aus Kapitel 1 oder 2 ein eigenes farbiges Artikelbild, ohne die Wörter mit Artikel in die Zeichnung zu schreiben. Dann gibt jede KG ihr Artikelbild an eine andere KG weiter; deren TN schreiben die Wörter mit Artikel in die Zeichnung. Eine dritte KG kontrolliert die Eintragungen und korrigiert. Am Schluss bekommt jede KG ihr Artikelbild zurück. Weisen Sie die TN darauf hin, dass sie sich den Wortschatz so besser merken können.
Variante Je 2 sprachlich starke TN machen eine → **Collage**. Ansonsten wie oben beschrieben.   *Wörterbuch-Buntstifte*

Zeitschriften, Klebestifte

Neu im Club
Sprachhandlungen ein Formular ausfüllen
Lerninhalte WS: persönliche Angaben

12 a Je 2 TN ordnen die Begriffe links und die Angaben rechts einander zu und notieren sie wie im Beispiel.
Lösung *Name: Miller; Vorname: Jonathan; Geburtsdatum: 01.04.1994; Geburtsort: New York; Adresse: Goethestraße 7, 10711 Berlin; Telefonnummer/Handynummer: 0171–12085614*

12 b Vorgehen wie beschrieben. Je 2 TN vergleichen. Falls danach noch nicht alle Kategorien klar sein sollten, klären Sie diese im Kurs.

Die Netzwerk-WG
Gehen wir zusammen? | Wo arbeitest du?

13 a Die TN sehen die Filmszene 4 und machen beim Sehen Notizen, was Anna und Max gerne machen. Anschließend sprechen je 2 TN über ihre Notizen.   ▶ 4
Lösung Max: *spielen, Kino, Sport (Fußball spielen, schwimmen)*; Anna: *Kino, lesen, schwimmen*
Variante Schreiben Sie Wörter und Ausdrücke aus dem Gespräch auf große Karten. Schreiben Sie auch die Namen *Max* und *Anna* auf zwei große Karten und hängen diese an die Tafel. Geben Sie allen TN ein Wort oder einen Ausdruck. Wenn Sie mehr als 9 TN haben, schreiben sie die Wörter doppelt auf Kärtchen. Die TN sehen die Filmszene 4, stehen auf, wenn sie ihr Wort / ihren Ausdruck hören, und halten ihre Wortkarte hoch. Fragen Sie die TN anschließend, was Anna und Max gerne machen; die TN hängen ihre Karten zu Anna bzw. zu Max. Sie können dann direkt zu 13b überleiten. Zur Kontrolle können sie die Filmszene noch einmal zeigen.   *Karten*
Erweiterung Fragen Sie, was Max und Anna nicht (so) gern machen (*Max: lesen; Anna: spielen*)

13 b Die TN sehen die Filmszene 4 noch einmal und notieren, wann Anna und Max schwimmen gehen.   ▶ 4
Lösung *am Montag*

13 c Je 2 TN lesen zuerst das Gespräch mit verteilten Rollen. Dann variieren sie die markierten Stellen. Geben Sie den TN Tipps, wie Sie den Dialog spielen können → **Freies Sprechen von Dialogen üben**. Lassen Sie einige TN ihren Dialog frei vor der Gruppe vorspielen. Die anderen TN geben → **Feedback**.

14 a Die TN lesen zunächst die Berufe und vermuten, was Anna und Luca von Beruf sein könnten. Dann sehen sie die Filmszene 5 und korrigieren ggf.   ▶ 5
Lösung Luca: *Krankenpfleger*; Anna: *Studentin*

14 b Die TN lesen die Aussagen. Sie sehen danach die Filmszene 5 noch einmal und kreuzen an.   ▶ 5
Lösung Er: *1, 4*; Sie: *2, 3, 5, 6*.
Variante Alle stehen auf. Achten Sie darauf, dass jeder ausreichend Platz hinter und vor sich hat. Zeigen Sie nun die Filmszene. Wird eine auf Luca zutreffende Aussage genannt, dann machen sie einen Schritt nach vorn, trifft eine Aussage auf Anna zu, machen die TN einen Schritt zurück.

3 In Hamburg

Los geht's!
Sprachhandlungen Plätze und Gebäude benennen
Lerninhalte WS: Plätze und Gebäude

1 a Projizieren Sie die Fotos an die Wand. Die TN sehen sie sich an. Dabei sind die Bücher geschlossen. Fragen Sie, ob jemand die Stadt kennt (*Hamburg*). Falls sie niemand kennt, können Sie an dieser Stelle → **Wörterraten** spielen: Zeichnen Sie hierfür 7 waagerechte Striche für *H A M B U R G* an die Tafel. Dann hören die TN den Hörtext einmal ganz und notieren, in welcher Reihenfolge die Fotos darin vorkommen. Sie vergleichen mit dem/der Partner/-in. Spielen Sie dann den Hörtext noch einmal mit Pausen nach jedem Einzeltext ab; die TN kontrollieren ihre Antworten und korrigieren ggf.
🔊 1.21–25
Lösung *1C: der Hafen; 2A: der Bahnhof; 3E: das Rathaus; 4D: der Michel; 5B: die Elbphilharmonie*
Variante Kopieren Sie die Fotos mit den Texten einmal groß und hängen Sie sie an die Tafel. Kopieren Sie für je 3–4 TN die Fotos in KB-Größe. Schneiden Sie sie aus. Geben Sie nun jeder Gruppe ein Fotoset. Die TN sehen zuerst die Fotos an. Dann weiter wie oben beschrieben.
Kopien der Fotos

1 b Lesen Sie die vorgegebenen Wörter vor. Die TN lesen die Texte und ordnen die Wörter zu. Lesen Sie die Wörter noch einmal laut vor. Die TN sprechen sie laut nach.
Variante Wenn Sie nach der Variante zu KB1a vorgegangen sind, schreiben Sie die vorgegebenen Wörter ebenfalls auf Kärtchen. Geben Sie je 2–3 TN 2 Wortkärtchen. Bitten Sie die TN, sie zu den Fotos und Texten an der Tafel zuzuordnen. Dann lesen Sie die Wörter einmal laut vor. Die TN sprechen sie laut nach. Danach schreiben sie jeweils das passende Wort zu den Fotos im KB.
Kärtchen
Lösung *A: der Bahnhof; B: das Konzerthaus; C: der Hafen; D: die Kirche; E das Rathaus*

1 c Bearbeiten Sie gemeinsam einen der 5 Texte als Beispiel. Je 2 TN markieren alle Zahlen und die Nomen hinter den Zahlen. Dann ergänzen sie die fehlenden Zahlen. So gehen sie dann auch mit den anderen Texten vor.
Lösung Rathaus: *120 Jahre alt, 112 Meter hoch*; Elbphilharmonie: *600 Konzerte, 866 Millionen Euro*; Hafen: *12.000 Schiffe, 175 Länder*; Michel: *2500 Menschen, 132 Meter hoch*; Bahnhof: *720 Züge, 2 Stunden*

ÜB 1 Als Hausaufgabe als Vorbereitung zu KB1d.

1 d 1–2 TN bereiten eine Präsentation ihrer Stadt als Plakat- oder Powerpoint-Präsentation vor. Dafür recherchieren sie zu Hause oder im Kurs im Internet, sammeln interessante Informationen und Fotos. Bei der Ausarbeitung der Präsentationen können sie sich an dem Beispiel von Lissabon oder den Texten über Hamburg und Bremen orientieren. Die TN präsentieren ihre Stadt im Kurs → **Präsentation von Ergebnissen, Tipps zum freien Sprechen**. Die anderen TN geben → **Feedback**.
Variante für ortshomogene Gruppen: Je zwei TN wählen eine Stadt in D aus.

Die Taxifahrt
Sprachhandlungen Plätze und Gebäude benennen; Fragen zu Orten stellen und antworten
Lerninhalte GR: unbestimmter Artikel *ein, ein, eine* | Aussprache: lange und kurze Vokale

2 a Die TN sehen das Foto an und nennen Wörter, die ihnen dazu einfallen (*das Auto, das Taxi, der Taxifahrer, der Mann, die Straße*). Dann hören sie den Hörtext und kreuzen dabei die Wörter an, die der Taxifahrer nennt. Vergleich in PA. Ggf. spielen Sie den Hörtext ein zweites Mal vor.
🔊 1.26
Lösung *1 Bahnhof, 3 Fluss, 5 Rathaus, 6 Kirche*

2 b Die TN lesen das Gespräch ein Mal leise, zeichnen den Weg in den Stadtplan ein und überprüfen ihre Antworten aus KB2a. Dann lesen sie das Gespräch zu zweit mit verteilten Rollen. Lassen Sie am Ende einige TN vorlesen. Geben Sie → **Tipps zum Vorlesen**.
In Filmszene 6 sehen die TN eine Stadtführung durch München. Sie können die Filmszene hier bereits ein erstes Mal zeigen.
▶ 6
Die TN lesen den Text noch einmal und markieren die Begrüßungen. Sehen Sie sich gemeinsam mit den TN die Karte im Kasten *Gut gesagt: grüßen* an und hören, wie unterschiedlich sich die Menschen
🔊 1.27

In Hamburg 3

in D-A-CH begrüßen. Dann fragen Sie die TN: *Was sagt man in der Schweiz? / in Österreich? / in Süddeutschland? / in Norddeutschland?*
Info Die Alster ist ein 56 km langer Nebenfluss der Elbe, der durch Süd-Holstein und Hamburg fließt und dort in die Elbe mündet. In der Innenstadt von Hamburg bildet die Alster den Alstersee, geteilt in Binnen- und Außenalster. Für die Hamburger hat die Alster einen hohen Freizeitwert. Man kann um die Alster joggen oder spazieren gehen, mit dem Fahrrad fahren, in einem der zahlreichen Cafés und Restaurants einkehren oder auf einer der vielen Wiesen ein Picknick machen oder in der Sonne liegen. Auf der Alster segeln oder rudern die Hamburger auch gern. Und in manchem Winter kann man darauf sogar Schlittschuhlaufen. Ein besonderes Spektakel einmal im Jahr ist das *Alstervergnügen*, ein viertägiges Volksfest. Fotos und weitere Informationen zur Alster finden Sie zum Beispiel unter https://www.hamburg.de/wasser/alster/ und https://www.hamburg.de/alstervergnuegen/.

ÜB 2 b Im Kurs. Sprachlich stärkere TN wählen Aufgabe A. Sie ergänzen den Dialog und vergleichen zu zweit ihre Lösung. Danach üben sie den Dialog zu zweit. Sprachlich schwächere TN bearbeiten Aufgabe B. Sie ergänzen den Dialog in PA und hören diesen zur Kontrolle noch einmal. Am Ende spielen einige Paare den Dialog vor.

2 c Die TN markieren in KB2b die Nomen mit Artikel und ergänzen anschließend in der Liste die Artikel.
Lösung *2 das Rathaus, 3 die Kunsthalle, 4 der Fluss, 5 das Hotel, 6 die Kirche, 7 der See*

3 Die TN spielen das Artikelspiel im KB. Sammeln Sie bisher bekannte Nomen und schreiben Sie diese ohne Artikel an die Tafel. Die TN bilden drei Gruppen nach den Artikeln (*der*, *das*, *die*). Ein TN nennt ein Nomen, die Gruppe mit dem passenden Artikel steht auf und sagt den Artikel und das Wort. Die TN sollten nicht zu lange überlegen, damit das Spiel eine Dynamik bekommt. Sie können z. B. ein Glöckchen benutzen: Der TN sagt das Wort, klingelt und die anderen müssen unmittelbar aufstehen. Weisen Sie die TN darauf hin, dass sie bei neuem Wortschatz immer den Artikel mitlernen sollen.
Erweiterung Wenn Sie in Kap. 2 mit Ihren TN Lernplakate zu den Artikeln erstellt haben, ergänzen die TN die Lernplakate mit dem neuen Wortschatz und hängen sie im Kursraum auf. Wenn die TN noch keine Lernplakate erstellt haben, dann erarbeiten sie sie an dieser Stelle (→ **Lernplakate**).

Lernplakate

4 a Projizieren Sie den Grammatik-Kasten an die Tafel. Lesen Sie die ersten beiden Sätze laut vor, zeigen Sie dabei auf die Zeichnung und das Foto, um den Unterschied zwischen *ein* (neu / nicht bekannt) und *der* (bekannt / näher bestimmt) zu verdeutlichen. Fragen Sie dann die TN, wer die nächsten beiden Sätze lösen möchte. Ein/-e TN liest die beiden Sätze laut vor. Wenn er/sie es richtig gemacht hat, kommt er/sie nach vorn und schreibt die Lösung in die Lücke an der Tafel. Weisen Sie auch auf die Besonderheit des unbestimmten Artikels im Plural (Nullartikel) hin.
Lösung *der, Das, Die, Die*

4 b Lesen Sie gemeinsam das Beispiel. Die TN ergänzen dann weiter die passenden Artikel und schreiben die Sätze. Sie vergleichen zuerst zu zweit, dann im Kurs.
Lösung *2 ein Bahnhof – Der Bahnhof 3 eine Brücke – Die Brücke 4 Häuser – Die Häuser*

4 c Die TN lesen die Wörter und ordnen sie den Zeichnungen zu. Dann schreiben sie zu jeder Zeichnung einen Satz mit dem unbestimmten Artikel.
Lösung *2 Das ist eine Kirche. 3 Das ist eine Kunsthalle. 4 Das ist ein Kino. 5 Das ist ein Turm. 6 Das ist ein Hotel.*

5 a Geben Sie je ein Beispiel für einen langen und einen kurzen Vokal vor, z. B. *Name* (langes *a*) und *hallo* (kurzes *a*). Sprechen Sie die Wörter deutlich aus und unterstreichen Sie die Vokale gestisch, wie in KB5b vorgeschlagen: Bei langem Vokal kreisen Sie mit den Armen, bei kurzem Vokal klopfen Sie auf den Tisch. Schreiben Sie die Wörter auch mit der Markierung (Strich oder Punkt unter dem betreffenden Vokal) an die Tafel. Die TN hören die Wörter einmal und markieren dabei die langen Vokale mit einem Strich und die kurzen Vokale mit einem Punkt. Spielen Sie die Wörter evtl. noch einmal vor. Gehen Sie dann die Wörter einzeln durch und fragen Sie, was die TN gehört haben: kurz oder lang. Bitten Sie die TN, die Wörter so vorzulesen, wie sie sie markiert haben. Spielen Sie ggf. am Ende noch einmal alle Wörter vor. Sie können die TN die aus den Beispielwörtern erschließbaren

1.28

25

3 In Hamburg

Regeln auch selbst herausfinden lassen und/oder auf den Tipp-Kasten hinweisen (*langer Vokal vor h, langes i vor e, kurzer Vokal vor Doppelkonsonant*).
Lösung lang: J̱ahr, H̱afen, Sṯar, f̱ahren, ze̱hn, We̱g, Se̱e, se̱hr, sie̱ben, wie̱, hie̱r, ho̱ch, pro̱, Mo̱ntag, gu̱t, Zu̱g, Bu̱ch, Fu̱ßball – kurz: ạlt, lạng, mạn, gẹrn, ẹlf, Hẹrr, Schịff, Mịtte, Kịrche, bịtte, Kọsten, vọn, Sọnntag, Ọrt, Flụss, Tụrm, Stụnde

5 b Die TN hören die Wörter noch einmal, dabei vorgehen wie beschrieben. Durch die ähnliche Bewegung prägen sich die TN die Aussprache der Wörter ein. Zur Vertiefung eignen sich ÜB5a–c.
Erweiterung Spielen Sie das → **Luftballonspiel**.

1.29

Kein Glück?!
Sprachhandlungen Verkehrsmittel benennen; nach Dingen fragen
Lerninhalte WS: Verkehrsmittel | GR: Negationsartikel *kein, kein, keine*

ÜB 6 a–c Im Kurs oder als Hausaufgabe vor KB6 zur Wortschatzvorentlastung.

6 a Projizieren Sie die Bildergeschichte. Die TN nennen zu jedem Bild 1–2 Wörter, 2 TN schreiben diese Wörter zum Buchstaben des jeweiligen Bildes an die Tafel. Wenn die TN die Wortvorgaben im KB nicht schon genannt haben, dann sortieren sie anschließend auch diese Wörter zu den Bildern.
Variante für sprachlich stärkere Gruppen: Kopieren Sie je 2 Bilder ohne die Buchstaben A–E vergrößert auf ein DIN-A4-Blatt. Schneiden Sie die Bilder aus. Geben Sie 6 TN je ein Bild. Die 6 TN stellen sich ungeordnet in eine Reihe und halten das Bild hoch. Die anderen TN erstellen gemeinsam eine logische Reihenfolge der Geschichte; eine eindeutige Lösung gibt es in diesem Fall nicht. Dann kleben sie die Bilder in der gewählten Reihenfolge an die Tafel. Die TN nennen zu jedem Bild Wörter, 2 TN notieren die Wörter zu den Bildern.
Lösung A: *der Bus, das Fahrrad*; B: *der Bus, die U-Bahn*; C: *die U-Bahn*; D: *zu Fuß gehen*; E: –

Kopie der Bildergeschichte, DIN-A3-Blätter, Kleber

6 b Je 2 TN lesen zusammen die Sätze und ordnen sie den Bildern zu. Lassen Sie dann die Geschichte im PL vorlesen. In ÜB6a wird weiterer Wortschatz eingeführt.
Lösung 1C, 2B, 3A, 4E, 5D – Richtige Reihenfolge der Sätze: *Oje, kein Fahrrad! Schnell da ist der Bus! – Ach nee, kein Bus. Also schnell! Wo ist die U-Bahn! – Oh, nein! Keine Fahrkarte?! – Ich gehe zu Fuß. Jetzt aber schnell! – Heute kein Test! So ein Glück!*
Variante Wenn Sie bei KB6a die Variante gemacht haben, können Sie jetzt die Sätze an der Tafel zuordnen lassen. Kopieren Sie dafür die Sätze ein Mal vergrößert und schneiden Sie sie einzeln aus. Verteilen Sie die Sätze an 6 TN. Diese lesen ihren jeweiligen Satz vor. Die anderen entscheiden, zu welchem Bild der Satz gehört. Der/Die TN klebt dann den Satz zum passenden Bild. Am Ende lesen einzelne TN die Sätze noch einmal in der richtigen Reihenfolge vor.

Kopie der Sätze

6 c Lesen Sie mit den TN das Beispiel, verdeutlichen Sie den Unterschied zwischen *ein* und *kein*, ggf. mit Gestik. Sehen Sie sich dann gemeinsam den Grammatik-Kasten an. Vergleichen Sie die Formen des unbestimmten Artikels mit denen des Negationsartikels (*im Singular dieselben Endungen*), weisen Sie auf die Pluralform hin. Dann beantworten die TN schriftlich zu zweit die Fragen. Weisen Sie darauf hin, dass die TN Bild 3 schon von den Eingangsseiten zu Kapitel 3 kennen. Vergleichen Sie im PL. Zu dieser Aufgabe gibt es ein interaktives Tafelbild. Die TN raten, was sich hinter den Bilddetails versteckt, und äußern Vermutungen mit Ja-Nein-Fragen: *Ist Nummer 1 ein/eine …?* Die TN antworten und klicken danach den Bildausschnitt an, um zu prüfen, ob sie recht hatten. Bei den Fragen und Antworten wird der unbestimmte bzw. der Negationsartikel (Nominativ) geübt: *Nein, das ist kein/keine … / Ja, das ist ein/eine …*
Lösung 1 *Nein, das ist kein Bus, das ist eine U-Bahn.* 2 *Nein, das ist kein Auto, das ist ein Fahrrad.* 3 *Nein, das ist keine Kirche, das ist ein Bahnhof.* 4 *Nein, das sind keine Busse, das sind Autos.* 5 *Nein, das sind keine Konzertkarten, das sind Fahrkarten.*

In Hamburg 3

Erweiterung Je 2 TN bekommen eine Zeitschrift. Sie suchen 5 Fotos oder Zeichnungen von Dingen, die sie bereits auf Deutsch benennen können, schneiden sie aus und kleben sie jeweils auf ein Kärtchen. Sie können auch Dinge auf die Kärtchen zeichnen. Auf die Rückseite schreiben sie eine Frage und eine Antwort wie in KB6c. Wenn sie fertig sind, suchen sie sich ein zweites Paar und arbeiten zu viert weiter. Sie zeigen sich gegenseitig die Fotos. Jedes Paar muss mit jedem Foto des anderen Paares einen Minidialog wie in KB6c machen. Die TN korrigieren sich gegenseitig. Wenn Sie die Aufgabe etwas spannender gestalten möchten, bitten Sie die TN, statt des ganzen Bildes immer nur Ausschnitte der Dinge auszuschneiden (oder zu zeichnen), damit es einen Rätseleffekt gibt.
Zeitschriften, Schere, Kleber, Kärtchen

Alternative Je 2–3 TN spielen zusammen. Einer zeichnet etwas, die anderen raten, was es ist. Aber die TN zeichnen nicht das ganze Bild auf einmal, sondern jedes Mal nur einen Strich. Der/Die Partner/-in fragt beispielsweise: *Ist das ein Auto?*. Das Gegenüber, das zeichnet, sagt: *Nein, das ist kein Auto*, und zeichnet weiter, bis der/die andere rät, was das Bild zeigt.

Links, rechts, geradeaus

Sprachhandlungen nach dem Weg fragen und einen Weg beschreiben
Lerninhalte WS: Richtungen | GR: Imperativ mit *Sie*

7 a Die TN lesen zunächst die 5 Orte, dann hören sie und notieren, was die Personen suchen. Sie vergleichen zuerst in PA.
Lösung Gespräch 1: *das Theater*; Gespräch 2: *die U-Bahn*; Gespräch 3: *das Hotel*
🔊 1.30–1.32

7 b Projizieren Sie die drei Wegeskizzen an die Wand. Lesen Sie mit den TN die Richtungsangaben im Tipp-Kasten. Dann hören sie die drei Wegbeschreibungen noch einmal. Die TN entscheiden, welche Wegbeschreibung zu welchem Weg auf dem Stadtplan passt.
Lösung *das Theater* – Wegeskizze in der Mitte; *die U-Bahn* – Wegeskizze rechts; *das Hotel* – Wegeskizze links
Hinweis Empfehlen Sie den TN, dass sie ihre Apps zum Wegefinden auf die deutsche Sprache umstellen. Lassen Sie sie diese auch austesten.
🔊 1.30–1.32

7 c Lesen Sie gemeinsam mit den TN die Redemittel-Sprechblase. Fragen Sie, in welchem Satz das Verb auf einer besonderen Position steht (*Gehen Sie …*) und was der Satz bedeutet (*eine Aufforderung*). Thematisieren Sie, dass bei einer Aufforderung / im Imperativ das Verb auf Position 1 steht. Sehen Sie dann gemeinsam den Grammatik-Kasten an und erklären Sie die Bildung des Imperativs mit *Sie*. Anschließend spielen die TN mithilfe der Angaben in der Redemittel-Sprechblase verschiedene Dialoge.
Als Einstieg oder am Ende können Sie den Redemittel-Clip zeigen, in dem nach einem Weg gefragt wird und ein Weg beschrieben wird. Fragen Sie: *Was sucht die Frau?* (*den Markt*) *Wie ist der Weg?* (*rechts, dann links, dann immer geradeaus*)
▶ R2

Erweiterung Zur Systematisierung der unregelmäßigen Verben mit Vokalwechsel bearbeiten je 1 TN gemeinsam Aufgabe 1 der **Kopiervorlage**. Jede/-r TN sollte ein eigenes Blatt haben. Sie können ihre Ergebnisse mit dem Eintrag zu *Präsens: Konjugation* (unter der Überschrift *Verb*) in der Grammatikübersicht hinten im KB vergleichen.
Dann spielen je 2–3 TN das Konjugationsspiel (Aufgabe 2 auf der Kopiervorlage). Dafür decken sie den oberen Teil der Kopiervorlage ab. Ein/e TN beginnt, er/sie würfelt und zieht um die Augenzahl weiter, die er/sie gewürfelt hat. Dann löst er/sie die Aufgabe auf dem Spielfeld, das heißt, er/sie muss entweder das Personalpronomen oder die richtige Verbform ergänzen. Die anderen TN korrigieren ggf. Dann ist der/die Nächste dran. Gewonnen hat, wer als Erste/-r ins Ziel kommt. Diese Erweiterung können Sie auch nach ÜB8d machen, wenn Sie den inhaltlichen Zusammenhang der Aufgabenfolge im KB nicht unterbrechen wollen.
KV

so viele Spielfiguren wie TN, ein Würfel pro KG

8 Jeweils 2 TN spielen zusammen. Jeder würfelt zweimal, das erste Mal für den Start, das zweite Mal für das Ziel. Dann spielen sie Dialoge wie in den Sprechblasen vorgegeben. Machen Sie vor Spielbeginn einen Beispieldialog mit einem TN.
Nach KB8 eignet sich Filmszene 7. Sie können bereits hier KB13 bearbeiten.
je ein Würfel für 2 TN
▶ 7

3   In Hamburg

ÜB 8e Im Kurs. Je 2 TN arbeiten zusammen. Sie notieren jeweils 3 Orte in der Nähe ihres Kursortes. Dann befragen sie sich gegenseitig und geben sich die passende Wegbeschreibung. Falls die TN Orte notieren möchten, die sie bisher noch nicht kennen, können sie diese im Wörterbuch suchen.
Alternative Je zwei TN machen die KV mit dem Wechselspiel zur Wegbeschreibung: Partner A fragt nach dem Weg zum Hotel, zum Bahnhof und zum Hafen, Partner B hat diese Informationen und beschreibt den Weg. B fragt, wo der Park, die U-Bahn und der Markt sind, A beschreibt den Weg.

Wörterbücher

KV

Events in Hamburg
Sprachhandlungen Texte mit internationalen Wörtern verstehen
Lerninhalte Landeskunde: Events in Hamburg

9 a Die TN sehen die Fotos an. Sie sagen, welches Foto zu welcher Kategorie (Theater, Musik oder Film) gehört. Dann lesen sie die Überschriften und Texte einmal schnell, ohne jedes Wort verstehen zu müssen, und ordnen die Fotos den Texten zu. Vergleichen Sie im Kurs. Fragen Sie die TN, welche Wörter ihnen geholfen haben, die Aufgabe zu lösen. Falls es nicht von den TN kommt, können Sie ihnen den Tipp geben, dass sie die Aufgabe schon mit Hilfe der Überschriften hätten lösen können und dass sie diese Strategie auch auf die Bearbeitung von ähnlichen Aufgaben übertragen können.
Lösung *A Theater – Hamburger Theater-Festival; B Musik – Elbphilharmonie; C Film – Filmfest Hamburg*

9 b Die TN lesen die Texte noch einmal und markieren alle Wörter, die sie aus ihrer Muttersprache oder anderen Sprachen kennen. Sammeln Sie diese Wörter an der Tafel. Lassen Sie sie für KB9d stehen.

9 c Vorgehen wie beschrieben.
Hinweis Sind Ihre TN englisch- oder französischsprachig, sollten Sie eine neue Tabelle entwerfen, in der die Spalte *Ihre Sprache* umbenannt ist zu *andere Sprachen*. Lassen Sie die Tabelle dann in PA oder KG ergänzen, damit die TN sammeln können.
Erweiterung Je 3–4 TN bekommen einige deutschsprachige Zeitschriften oder Zeitungen. Sie schneiden alle Wörter, die sie kennen, aus den Zeitungen aus und kleben sie auf ein DIN-A4-Blatt. Danach vergleichen die KG untereinander, ob alle Wörter klar sind. Gewonnen hat die Gruppe mit den meisten Wörtern.
Lösung *das Theater, das Festival, das Orchester, der Chor, das Konzert, der Film, das Publikum*

1.33

Collage

9 d Die TN sprechen in KG darüber, welches Event aus KB9a sie interessant finden.
Erweiterung In sprachlich heterogenen Kursen bilden Sie Gruppen nach Herkunftsländern. Dann lassen Sie die Gruppen im Internet Anzeigen in ihrer Sprache recherchieren, sie suchen 5 Wörter, die so ähnlich sind wie im Deutschen. Sie notieren diese in ihrer Sprache und auf Deutsch. Danach bilden Sie → **Wirbelgruppen**, d. h. dass immer TN verschiedener Herkunftsländer eine neue Gruppe bilden. In den neuen Gruppen informieren Sie sich gegenseitig. Sie ergänzen ggf. Wörter der anderen Sprachen. Fragen Sie abschließend im Kurs, was die TN überrascht hat. Falls Sie keine Computer im Kurs zur Verfügung haben und die TN im Unterricht keine Handys benutzen dürfen, geben Sie die Internetrecherche als Hausaufgabe auf. In sprachlich homogenen Kursen arbeiten je 3 TN zusammen. Gehen Sie dann vor wie oben beschrieben. Bilden Sie die Wirbelgruppen so, dass immer 3 TN eine neue Gruppe bilden.

1 Computer/ Handy pro Gruppe

Jahreszeiten in D-A-CH
Sprachhandlungen Jahreszeiten und Monate benennen; über Hobbys sprechen
Lerninhalte WS: Monate und Jahreszeiten | Landeskunde: Jahreszeiten in D-A-CH

10 a Projizieren Sie die Fotos und die Jahresuhr an die Wand. Sehen Sie sich gemeinsam die Jahresuhr an und lesen Sie die Monate und die Jahreszeiten. Fragen Sie *Welche Jahreszeit ist jetzt? Welcher Monat ist jetzt?* Übernehmen Sie die Tabelle aus dem KB an die Tafel. Die TN kommen an die Tafel und schreiben die Monate in anderen Sprachen zu den deutschen Monaten. Lesen Sie nacheinander die deutschen Monate vor, die TN wiederholen und jeder, der eine andere Sprache ergänzt hat, nennt diesen Monatsnamen.

In Hamburg 3

Erweiterung Die Jahresuhr zeigt die Jahreszeiten in Europa. In vielen Ländern sind die Jahreszeiten jedoch anders als in Europa. In Brasilien z. B. würde man nicht an Frühling und Herbst denken, in Neuseeland ist der Winter zur Zeit des europäischen Sommers usw. Sie können dies thematisieren, indem Sie z. B. fragen: *Wie ist das bei Ihnen? Gibt es Jahreszeiten? Wann ist Winter?* usw.

10 b Die TN vermuten zu zweit, welches Foto zu welcher Jahreszeit passt. Vergleichen Sie im Kurs. Wo es möglich ist, erklären die TN, wie sie zu ihrer Lösung kamen (z. B. sieht man bei A *Schnee*; bei B: *Pilze sammelt man in Europa traditionell im Herbst*; C: *die meisten Leute fahren erst zum Badesee, wenn es warm ist*; D: *gutes Wetter, nicht mehr kalt, kurze Hosen*).
Lösung *A: Winter; B: Herbst; C: Sommer; D: Frühling*
Info Auf zwei Fotos erkennt man Hamburg: Das Frühlingsfoto zeigt das Rathaus, das Winterfoto die Elbphilharmonie mit Hafen.
Erweiterung Machen Sie eine Mini-Fragerunde. Fragen Sie: *Wann haben Sie Geburtstag?* Werfen Sie einer/-m TN einen Ball zu, diese/-r antwortet z. B. *Im Winter / Im Januar*. Dann wirft er/sie den Ball zu jemand anderem und fragt weiter usw. Weisen Sie darauf hin, dass Monate und Jahreszeiten immer mit *im* genannt werden. — Ball

10 c Die TN hören die Hörtexte einmal alle nacheinander und notieren, was die Leute wann machen. Dann hören sie noch einmal mit einer Pause nach jedem Sprecher und korrigieren bzw. ergänzen ggf. — 1.34–37
Lösung *1 schwimmen: im Sommer 2 Fahrrad fahren: im April oder Mai / im Frühling 3 reisen: im Herbst; 4 ins Museum gehen: im Winter*
Erweiterung Die TN spielen im Kurs das Vier-Ecken-Spiel der vier Jahreszeiten. Das bringt Bewegung in den Kurs. Sie oder 2 TN sind Spielleiter. Alle anderen TN stehen auf. Legen Sie die Bedeutung der Ecken fest (Ecke 1 bis 4: die vier Jahreszeiten, Raummitte: das ganze Jahr). Die Spielleiter stellen eine Frage, z. B. *Wann schwimmt ihr gern?* Die TN stellen sich in die Ecke der Jahreszeit, in der sie dies gerne machen.

10 d Je 2 TN erstellen ein Plakat zu den Jahreszeiten; sie können zeichnen, malen oder Bilder aufkleben. Bei Bedarf arbeiten Sie mit dem → **Wörterbuch**. Bringen Sie nach Möglichkeit deutschsprachige Zeitschriften mit, damit auch die TN, die nicht malen wollen, ihr Plakat bunt gestalten können. Anschließend präsentieren die TN ihre Plakate im Kurs (→ **Präsentation von Ergebnissen**).
Variante Teilen Sie den Kurs in 4 Gruppen. Jede Gruppe arbeitet zu einer anderen Jahreszeit. Nach ca. 5 Minuten rotieren die Gruppen zu einem anderen Plakat. Es wird insgesamt viermal rotiert, bis jede Gruppe wieder bei ihrem Ausgangsplakat angekommen ist. Anschließend hängen die TN ihre Plakate im Kurs auf. — Wörterbuch, Plakatpapier, Zeitschriften

Die Netzwerk-WG
Die Stadttour durch München | Entschuldigen Sie, wo ist der Viktualienmarkt?

11 a Fragen Sie die TN, ob sie München kennen. Gibt es TN, die München kennen, nennen diese Sehenswürdigkeiten in München, die sie kennen und die sie auf den Fotos sehen. Dann sehen sie die Filmszene an, notieren die Reihenfolge der Fotos von den Stationen, zu denen Luca und Anna fahren. — ▶ 6
Variante Gehen Sie vor wie oben beschrieben. Kopieren Sie die Fotos für Gruppen mit 3–4 TN groß. Die TN bringen die Fotos beim Sehen der Filmszene in die richtige Reihenfolge. Dann kleben sie die Fotos in der richtigen Reihenfolge auf ein Blatt Papier. — Fotokopien, Kleber, Papier
Alternative Kennen die TN München nicht, sehen sie die Fotos an und notieren zu jedem Foto 1–2 Wörter, die sie kennen. Dann weiter wie oben beschrieben.
Lösung *Foto oben links: 5; oben in der Mitte: 1; oben rechts: 6; unten links: 4; unten in der Mitte: 2; unten rechts: 3*

11 b Die TN ordnen die Überschriften den Fotos zu.
Variante Haben Sie bei 11a die Variante gemacht, dann schreiben oder kopieren Sie die Überschriften für jede Gruppe auf Kärtchen. Die TN ordnen diese den Fotos zu und kleben die Überschriften zu den Fotos aus 11a. Das Produkt wird im Kursraum aufgehängt. — Kärtchen, Kleber

3 In Hamburg

Alternative zur Variante für sprachlich stärkere Gruppen: Sie schreiben die Überschriften für jede Gruppe auf Kärtchen, lassen aber die bekannten Wortteile weg:
A die Theatiner_____, B das _____ „Haus der Kunst", C der Haupt_____, D der Chinesische _____, E der Englische _____, F das Müller'sche Volks____, G der Viktualien_____, H der Olympia_____, I der Eisbach mit _____.
Schreiben sie die fehlenden Wörter an die Tafel, je 3–4 TN versuchen diese dann zu ergänzen. Die TN ordnen die Begriffe den Fotos zu. Anschließend zeigen Sie die Filmszene noch einmal zur Kontrolle. Die TN kleben die Überschriften zu den Fotos aus 11a. Das Produkt wird im Kursraum aufgehängt.
Info 1 Hektar entspricht 10.000 m². Die Fläche eines quadratischen Feldes mit Seitenlängen von jeweils 100 Metern beträgt also 1 Hektar.
Lösung 5F, 1E, 6H, 4I, 2D, 3B

Kärtchen, Kleber

12 a Je 2 TN lesen den Text und versuchen die Zahlen zu ergänzen. Dann sehen sie die Filmszene noch einmal und korrigieren ggf.
Variante für sprachlich stärkere Gruppen: Das Buch bleibt geschlossen. Schreiben Sie die Zahlen an die Tafel. Lassen Sie einzelne TN die Zahlen vorlesen. Je zwei TN arbeiten zusammen, der/die eine TN notiert die Zahlen *1792, 3, 5, 1901* und der/die andere TN *375, 25* und *1969–1972*, beide TN notieren noch *137*. Dann sehen sie die Filmszene noch einmal und notieren Informationen zu den einzelnen Zahlen. Die TN-Paare tauschen sich aus und ergänzen die Lücken im Buch mit Hilfe ihrer Notizen. Ggf. sehen die TN die Filmszene noch einmal zur Kontrolle.
Lösung 1: 1792; 2: 375; 3: 3,5; 4: 25; 5: 1901; 6: 1969–1972; 7: 137

▶ 6

12 b Die TN recherchieren im Internet, was es demnächst für Konzerte und andere Veranstaltungen im Olympiapark gibt. Sie wählen eine Veranstaltung aus, die sie selbst gern besuchen würden, und präsentieren diese im Kurs. Infos finden sich unter https://www.olympiapark.de/de/veranstaltungen-tickets/
Variante Je 2 TN wählen 2–3 Veranstaltungen in ihrer Umgebung aus, die sie interessant finden. Die TN drucken die wichtigsten Informationen dazu aus und erstellen damit eine → **Wandzeitung** (siehe **Präsentation von Ergebnissen**). Alle TN schauen sich dann die Wandzeitung an und wählen 1–2 Veranstaltungen aus, die sie in der nächsten Woche besuchen wollen. Fragen Sie die TN in den nächsten Tagen, ob sie ihre Veranstaltungen besucht haben und wie es ihnen gefallen hat.

13 Vorgehen wie beschrieben. Je zwei TN beschreiben gegenseitig den Weg.
Lösung 1 die Straße bis zum Isartor 2 durch das Isartor 3 immer geradeaus 4 vor dem Marienplatz nach links

▶ 7

Plattform 1

Wiederholungsspiel

1 Je 3–4 TN spielen zusammen das Wiederholungsspiel. Der/Die jüngste TN beginnt. Er/Sie würfelt, zieht mit der Spielfigur und löst die Aufgabe. Wenn er/sie sie richtig gelöst hat, ist der/die nächste Spieler/-in dran. Wenn sie falsch gelöst ist, muss er/sie ein Feld zurückgehen. Wer auf ein Feld mit einem Würfel kommt, darf noch einmal würfeln. Gewonnen hat, wer zuerst auf Feld 35 ankommt. Bei jedem Aufgabenfeld kontrollieren die anderen TN, ob die Person, die an der Reihe ist, die Aufgabe richtig löst; im Zweifelsfall können sie das KB und das ÜB zur Hilfe nehmen bzw. Sie als Kursleiter/-in fragen.

so viele Spielfiguren wie TN, ein Würfel pro Gruppe

Variante Gehen Sie vor wie oben beschrieben. Zusätzlich wählt jede Gruppe eine Expertin bzw. einen Experten. Diese/-r bekommt die **Kopiervorlage** mit den Lösungen zum Spiel. So können sie korrigieren, während die anderen TN die Aufgaben des Spiels lösen.

KV

Mit Buchstaben spielen

2 Die TN spielen im Kurs. Ein Spieler/Eine Spielerin schreibt einen Buchstaben auf einen Zettel. Die anderen müssen herausfinden, um welchen Buchstaben es sich handelt, indem sie Wörter nennen. Sie (oder ein/-e TN) schreiben die Wörter an die Tafel, die die anderen TN genannt haben. Wenn der Buchstabe im Wort ist, ruft der Spieler/die Spielerin *Ja!*, wenn der Buchstabe nicht im Wort ist, *Nein!* und es geht weiter. Ist der Buchstabe nicht im Wort, streichen Sie es an der Tafel. Der/die TN, der den Buchstaben findet, darf einen neuen Buchstaben auf einen Zettel schreiben.

Variante In großen Kursen spielen je 4–6 TN das Spiel zusammen. Sie schreiben die Wörter dann nicht an die Tafel, sondern auf einen Zettel.

3 a Die TN arbeiten allein und ergänzen die Vokale. Vergleichen Sie im Kurs.
Lösung 2 Montag 4 gehen 5 Land 6 Hotel 7 kochen 8 Taxi
Erweiterung Je 4 TN erstellen gemeinsam → **Fliegende Wörter** oder spielen → **Wörterraten**.

3 b Je 2 TN korrigieren gemeinsam die Vokale und schreiben die Wörter richtig auf.
Lösung 2 das Jahr 3 der Bahnhof 4 der Bus 5 das Buch 6 die U-Bahn

3 c Zwei TN schreiben in PA jeweils drei Wörter wie in 3a und 3b. Sie tauschen die Zettel mit einer anderen Gruppe und lösen die Aufgabe.

4 Jede/-r TN zeichnet ein einfaches Bild (z. B. ein Haus, einen Baum, …). Dann diktieren sie einem/-r Partner/-in die Zahlen, durch die die Linie ihrer Zeichnung verläuft. Der/Die Partner/-in verbindet die Zahlen und versucht so, das Bild zu kopieren.

Personen-Memo

5 a Sehen Sie sich zuerst gemeinsam die Fotos an. Fragen Sie die TN, ob sie eine oder mehrere Personen kennen. Wenn ja, fragen Sie weiter, was die TN über die Person/-en wissen. Dann lesen die TN die Texte und suchen jeweils die Paare, indem sie die Berufe und beruflichen Tätigkeiten in den Texten unterstreichen. Vergleichen Sie im Kurs.
Lösung Schauspieler/-in: *Christoph Waltz, Birgit Minichmayr*; Komiker/-in: *Anke Engelke, Abdelkarim*; Musiker/-in: *Yvonne Catterfeld, Felix Jaehn*; Sportler/-in: *Roger Federer, Laura Dahlmeier*

5 b Die TN nennen bekannte Deutsche, Österreicher und Schweizer, die sie kennen. Sie nennen, wenn möglich, auch den Beruf. Sammeln Sie gemeinsam an der Tafel.
Variante Machen Sie mit den TN eine Internetrecherche. Je 3 TN arbeiten an einem Computer. Sie recherchieren im Internet nach insgesamt 10 bekannten Deutschen, Österreichern und Schweizern (als Suchbegriffe z. B. *bekannte/berühmte Deutsche/Österreicher/Schweizer*). Jede Gruppe erstellt eine Liste mit den 6 Personen, die sie am meisten interessieren. Dann setzen sich 2 Gruppen zusammen, stellen sich gegenseitig die Liste vor und einigen sich auf 8 gemeinsame Personen. Dann stellen sie die neue Liste im Kurs vor. Nun werden die Listen aus der Gruppenarbeit im Kurs an der Tafel in eine gemeinsame Liste der bekanntesten 10 Personen zusammengeführt.

1 Plattform

Städte in D-A-CH

5c Jede/-r TN wählt eine Person wie in KB5b aus. Er/Sie recherchiert im Internet zu dieser Person, schreibt einen Text wie im Beispiel dazu und bringt auch ein Foto der Person mit. Die TN machen eine → **Ausstellung** im Kurs.
Variante Um das freie Sprechen zu üben, machen die TN einen Kurzvortrag von 2–3 Minuten zu der ausgewählten Person. Die anderen TN machen sich während des Vortrags Notizen zu den Informationen, die sie für wichtig halten (z. B. Name, Beruf, Familie, Wohnort, Hobbys usw.). Zur Verständnissicherung fragen sich die TN nach dem Vortrag im Kurs noch einmal gegenseitig nach den Punkten, zu denen sie Notizen gemacht haben.
Ggf. weisen Sie auf die → **Tipps zum freien Sprechen** für Präsentationen (**Richtiges Stehen, Aufmerksamkeit–Blickkontakt**) im Glossar hin.

6a Lassen Sie die Städte vorlesen. Die TN betrachten die Landkarte auf der Umschlagseite des KB und suchen, in welchem Land sich diese befinden und welches die Hauptstädte sind.
Lösung *Berlin (Deutschland), Bern (Schweiz), Wien (Österreich)*

6b Die TN lesen zuerst die Wörter laut. Fragen Sie, ob die Bedeutung klar ist und ob sie diese Wörter auf einem der Fotos erkennen können. Weisen Sie die TN darauf hin, dass es bei Lesetexten nicht notwendig ist, jedes Wort zu verstehen, und dass ihnen Lesestrategien (wie z. B. auf Fotos, Überschriften und Schlagworte zu achten) beim Gesamtverständnis helfen können. Die TN lesen die Texte. und setzen die Wörter ein. Vergleich im PL.
Lösung *Besucher (Leipzig), Kirche (Wien), See (Genf), Brücke (Köln), Schiff (Zürich), Turm (Graz)*

6c Die TN hören und schreiben auf, in welcher Stadt sich die Personen befinden.
Lösung *Beatrice: Zürich; Laurin: Graz; Pia: Leipzig*

1.38–40

6d Die TN wählen eine Stadt aus Deutschland, Österreich oder der Schweiz und informieren sich darüber. Sie stellen den Ort mit Einwohnerzahl und mindestens zwei weiteren interessanten Informationen vor.
Variante Die TN wählen eine Stadt aus ihrem Heimatland.

Prüfungstraining

→ÜB Plattform 1 In den Plattformen im Übungsteil bereiten sich die TN auf A1-Prüfungen vor. Sie machen das am Beispiel der Prüfung *Start Deutsch A1*. Zu Beginn von Plattform 1 finden die TN eine Übersicht über alle Prüfungsteile und darüber, wo sie diese im ÜB finden.
Hier in Plattform 1 bekommen die TN Tipps und trainieren die Prüfungsteile *Hören* Teil 1 und *Sprechen* Teil 1.

ÜB 1.36–43

Guten Appetit! 4

Los geht's!

Sprachhandlungen Lebensmittel und Geschäfte nennen
Lerninhalte WS: Mahlzeiten; Lebensmittel; Getränke; Geschäfte

1 a Projizieren Sie zuerst einen Ausschnitt von jedem der 4 großen Fotos der Einstiegsseite an die Wand. Die TN vermuten, was das Thema ist (*die deutschen Hauptmahlzeiten: Frühstück, Mittagessen, Kaffee und Kuchen, Abendessen*), und nennen Wörter, die ihnen zum Thema einfallen. Zeigen Sie dann die ganze Einstiegsseite. Die TN besprechen in PA oder GA, welches Wort zu welchem Bild passt, und korrigieren im PL. Erklären Sie ggf. die Vokabeln, die nicht bekannt sind.
Zu dieser Aufgabe gibt es ein interaktives Tafelbild. Die TN üben den neuen Wortschatz mit dem bestimmten Artikel. Über den Zufallsgenerator werden Lebensmittel gezeigt, die TN nennen das Wort mit Artikel. Steigern Sie das Tempo in mehreren Runden. Alternative: Lassen Sie die Fotos langsam durchlaufen, die TN notieren den Wortschatz. Wer hat am Ende die meisten Wörter mit Artikel richtig?
Variante Bringen Sie einige Lebensmittel mit, die Sie persönlich gern zum Frühstück, zu Mittag, zur Kaffeezeit und beim Abendessen essen. Präsentieren Sie diese wie ein kleines Buffet im Kursraum. Die TN sehen sich die verschiedenen Lebensmittel und Getränke an und nennen das Thema des Kapitels. Legen Sie im Kursraum mit den Namen der Mahlzeiten beschriftete Kärtchen aus. Die TN ordnen die Lebensmittel und Getränke spontan den Mahlzeiten zu. Anschließend sammeln sie weitere Namen von Lebensmitteln, die die TN bereits kennen. Projizieren Sie dann die Einstiegsseite und gehen vor wie oben beschrieben.
Info In Deutschland wird während der Woche zwischen 6 Uhr und 8 Uhr gefrühstückt. Normalerweise wird am Morgen nur kalt (Brot, Müsli usw.) gegessen. Am Wochenende kann das Frühstück auch später und ausführlicher bzw. warm (z. B. mit Rührei) sein. Zwischen 12 und 14 Uhr isst man zu Mittag. Das Mittagessen ist überwiegend eine warme Mahlzeit. Kaffee und Kuchen gibt es zwischen Mittagessen und Abendessen gegen 15 oder 16 Uhr. Dazu werden am Sonntag oder an besonderen Tagen wie Geburtstagen und Feiertagen gerne Gäste eingeladen. Zu Kaffee (oder Tee) werden in der Regel selbst gebackener Kuchen, Torte oder anderes Gebäck gereicht. Das Abendessen gibt es meistens zwischen 18 und 20 Uhr. Die meisten Deutschen essen abends kalt, meist Brot mit Wurst und Käse. Immer mehr Menschen essen am Abend auch warm, wenn sie von der Arbeit kommen.

Lebensmittel, Kärtchen

1 b Die TN sagen, wie die Wörter *Banane* und *Tomate* in ihrer Sprache heißen. Danach sammeln die TN im Kurs weitere Wörter, die in ihrer Muttersprache oder anderen Sprachen ähnlich sind.
Erweiterung Bilden Sie 3 Gruppen. Die TN erstellen insgesamt 3 Lernplakate, eines für süße, eines für salzige/würzige Lebensmittel und eines für Getränke. Dazu illustrieren sie die Lebensmittel bzw. Getränke und schreiben den Artikel dazu. Die Artikel finden Sie im Lernwortschatz. Spielen Sie zur Festigung eines der → **Wortschatzspiele**, z. B. **Supermarkt** oder ein **Kimspiel**.

Lernplakate

2 a Die TN sehen die Fotos an. Lesen Sie die Geschäfte vor, die TN sprechen nach. Fragen Sie die TN, was man dort jeweils kaufen kann. Dann hören die TN die Gespräche beim Einkaufen und notieren die Nummer des Gesprächs zum passenden Geschäft. Ggf. spielen Sie die Gespräche noch einmal (mit Pause nach jedem Gespräch) vor.
Lösung *die Bäckerei: 3; der Markt: 4; die Metzgerei: 1; der Supermarkt: 2*
Info Viele Lebensmittel und einige Geschäfte werden in verschiedenen D-A-CH-Regionen unterschiedlich bezeichnet, z. B. heißt die *Metzgerei* mancherorts *Fleischerei*, das *Brötchen* kann z. B. auch *Semmel* oder *Wecken* heißen usw. Wenn Sie das Thema der regional unterschiedlichen Bezeichnungen vertiefen möchten, finden Sie Informationen auf folgenden Webseiten: http://www.atlas-alltagssprache.de/runde-2/f09a-b/ und http://www.atlas-alltagssprache.de/brotchen/ (Runde 9).

1.41–44

2 b Die TN lesen zuerst die Wörter. Dann hören sie die Gespräche aus KB2a noch einmal und kreuzen an, was sie gehört haben. Sie können die TN darauf hinweisen, dass die Reihenfolge der Wörter im Hörtext nicht der im KB entspricht.
Lösung *die Wurst, der Schinken, die Marmelade, der Käse, das Brot, das Brötchen, die Kartoffel, die Banane, der Apfel*

1.41–44

2 c In EA vorgehen wie beschrieben, anschließend vergleichen die TN zuerst in PA, dann im PL.

4 Guten Appetit!

Variante Die TN notieren zuerst auf ein Blatt Papier, was sie wo kaufen. Danach machen sie einen → **Kursspaziergang**: Mit jeder/-m neuen Gesprächspartner/-in versuchen sie mindestens ein Lebensmittel zu finden, dass sie im gleichen Geschäft kaufen (Beispiel: *Kaufst du Kartoffeln auch auf dem Markt? – Nein, Kartoffeln kaufe ich normalerweise im Supermarkt. Ich kaufe Brötchen in der Bäckerei, und du? – Ja, die Brötchen kaufe ich auch in der Bäckerei.*)

Kommt ihr?
Sprachhandlungen einen Einkauf planen
Lerninhalte WS: Lebensmittel | GR: Akkusativ; Verben mit Akkusativ | Aussprache: Umlaute *ä, ö, ü*

3a Schreiben Sie *die Einladung* an die Tafel und fragen Sie die TN, ob sie wissen, was das ist. Fragen Sie die TN, zu was man einladen kann (*Frühstück, Abendessen, Kaffee, Picknick, Grillparty, …*) Die TN lesen die Nachricht und die drei Antworten. Fragen Sie, wozu hier konkret eingeladen wird (*Grillparty*). TN wählen die passende Antwort und begründen ihre Wahl.
Lösung *B*

3 b Sehen Sie sich gemeinsam die Fotos an und fragen Sie, wer die Personen sind (Mann: *Mario*, Frau: *Elena*). Schreiben Sie die drei Fragen an die Tafel: *Wer macht was für die Party?* (Mario und Elena: *Salat machen, Getränke kaufen*; Katrin und Lukas: *Fleisch und Würstchen kaufen*); *Wo kauft Mario ein?* (*auf dem Markt*); *Wo kauft Elena ein?* (*im Supermarkt*). Die TN hören das Telefongespräch einmal, ohne ins Buch zu sehen, und nennen die Antworten im Kurs. Beim zweiten Hören lesen die TN das Telefongespräch mit, sie markieren im Text, was Mario und Elena noch brauchen. Dann ergänzen sie die Einkaufszettel der beiden und hören zur Kontrolle noch einmal.
Hinweis Im ÜB3c finden die TN weiteren Wortschatz zu den Lebensmitteln.
Variante für sprachlich stärkere Gruppen: Die TN haben auch beim zweiten Hören die Bücher geschlossen und notieren die fehlenden Lebensmittel. Je 2 TN vergleichen ihre Einkaufszettel. Sie hören noch einmal und vergleichen dann mit dem Dialog im Buch.
Lösung Mario: *Käse, Öl, Getränke*; Elena: *Eier, Tomaten, Gurke, Brot*

1.45

3 c Die TN hören ggf. noch einmal und sagen, was Mario und Elena nach dem Einkauf machen.
Lösung *im Café Amadeus (einen) Kaffee trinken*

3 d Vorgehen wie beschrieben. Vergleichen Sie dann mit den TN im Grammatik-Kasten Nominativ und Akkusativ: Nur bei der maskulinen Form ist der Singular anders (*den*) als bei den bisher bekannten Artikelformen im Nominativ. Machen Sie einige Beispiele mit den Verben mit Akkusativ im Kurs. Fragen Sie z. B. einen TN was er (nicht) im Kühlschrank hat.
Lösung *den, einen, keinen Käse; das, ein, kein Brot; die, eine, keine Gurke; die, – , keine Tomaten*
Erweiterung Kopieren Sie die **Kopiervorlage** für je 4 TN. Schneiden Sie die Wortkärtchen auseinander und geben Sie jeder Gruppe ein Set. Die TN machen einen Stapel mit den Verben und einen Stapel mit den Nomen. Ein TN beginnt, zieht von jedem Stapel ein Kärtchen und bildet einen Satz. Die TN können für das Nomen jeden Artikel (bestimmt, unbestimmt, Negationsartikel) verwenden. Es können auch Quatschsätze entstehen wie *Ich esse eine Fahrkarte*. Es kommt hier vor allem auf die Verben und den Akkusativ an. Die anderen TN kontrollieren, ob der/die TN den Akkusativ beim Artikel richtig gebildet hat. Wenn der Satz richtig war, behält der/die TN die Karte mit dem Nomen; das Verbkärtchen legt er/sie wieder unter den Stapel. Wer am Ende am meisten Kärtchen hat, gewinnt.

KV

4 Bilden Sie Gruppen mit je 4 TN. Die TN planen ein gemeinsames Essen, es kann ein deutsches Essen oder ein Gericht aus ihrem Land sein. Bringen Sie ggf. verschiedene Kochbücher mit oder geben Sie Links zum Recherchieren von Rezepten (z. B. www.chefkoch.de oder www.kochbar.de). Die TN überlegen, was sie kochen möchten, und erstellen einen Einkaufszettel. Danach verteilen sie die Aufgaben, wer was einkauft, wer was kocht etc. Weisen Sie die TN darauf hin, dass die Verben mit Akkusativ im Grammatik-Kasten ihnen helfen, sich auszudrücken.
Alternative Schneiden Sie aus Zeitschriften mehr Gerichte aus, als Sie Gruppen haben. Achten Sie dabei darauf, dass der benötigte Wortschatz für die einzelnen Gerichte nicht zu kompliziert ist. Legen Sie die Fotos zur Inspiration im Kursraum aus. Die TN arbeiten zu viert. Jede Gruppe wählt heimlich ein

Kochbücher

Zeitschriften

Guten Appetit! 4

Gericht aus, lässt es aber liegen. Dann gehen sie weiter vor wie oben beschrieben. Am Ende präsentieren die Gruppen ihren Einkaufszettel, die anderen raten, welches Gericht die Gruppe kochen möchte.
Erweiterung Die TN bleiben in den Gruppen und nehmen ihre Einkaufsliste. Sie machen nun eine Internet-Recherche auf deutschen Supermarktseiten (z. B. http://edeka24.de/, https://shop.billa.at oder https://www.migros-shop.de/). Sie suchen nach den Preisen, schreiben sie auf ihrem Einkaufszettel hinter die Lebensmittel und berechnen, was ihr Gericht (pro Person) kosten würde.
Hinweis Der erste Teil des Films (in der WG) passt hier sehr gut zum Thema. Sie können ihn mit den TN ansehen und Aufgabe 12 bereits jetzt bearbeiten. ▶ 8

5 a Spielen Sie den Hörtext zu den Umlauten einmal vor. Die TN hören und sprechen nach.
Info *ä* wird im Standarddeutschen ähnlich wie *e* ausgesprochen, aber mit weiter geöffnetem Mund. 1.46
Für viele Lerner ist insbesondere die Aussprache der ü- und ö-Laute nicht leicht zu lernen. Die ü-Laute können Sie mit ihren TN üben, in dem Sie *i* sprechen und dann die Lippen so formen, als würden Sie ein *u* sprechen. Die ö-Laute können Sie üben, in dem Sie ein *e* sprechen und dann die Lippen so formen, als würden Sie ein *o* aussprechen. Umlaute kommen oft bei abgeleiteten Formen vor, wie die ersten 3 Beispiele zeigen: Singular-Plural, Ableitung (*Brot–Brötchen*).
Hinweis Im Phonetik-Clip finden Sie eine Anleitung zur Aussprache der Umlaute. ▶ P1

5 b Die TN hören Wörter mit und ohne Umlaut. Bei einem Wort mit Umlaut stehen sie schnell auf und sprechen das Wort nach. 1.47
Lösung *Köchin, Gäste, hören, Glück, Züge, Wörterbuch, Universität*

ÜB 5 Zur Vertiefung der Umlaute

Einkaufen im Supermarkt

Sprachhandlungen Gespräche beim Einkauf führen
Lerninhalte WS: über Preise sprechen

6 a Projizieren Sie die Bilder ohne Text an die Wand. Fragen Sie die TN, wo die Personen sind (*im Supermarkt*), was die Personen machen (z. B. *einkaufen, verkaufen, sprechen, fragen, zahlen*) und 1.48–52 was sie sonst noch sehen (z. B. *Lebensmittel, Flaschen/Getränke, Kasse, Tüte*). Schreiben Sie die Wörter, die die TN nennen, an die Tafel. Spielen Sie anschließend die Dialoge einmal vor. Die TN lesen im KB mit und ordnen die Dialoge den Bildern zu. Dann hören sie die Dialoge noch einmal und kontrollieren. Stoppen Sie ggf. nach jedem Dialog. Lesen Sie dann die Preise im Tipp-Kasten *Preise sprechen* einmal vor. Fragen Sie einige TN nach den Preisen in den Dialogen. Zum Schluss üben je 2 TN die Dialoge laut zu lesen. Geben Sie ihnen → **Tipps zum Vorlesen**
Lösung 1D, 2E, 3B, 4C, 5A
Hinweis Betrachten Sie mit den TN den Informationskasten zu den Mengenangaben in ÜB6b und lesen Sie „Heute im Angebot" gemeinsam. Die TN wenden die Mengenangaben in KB6b und 6c an.

6 b Die TN arbeiten zu zweit. Erklären Sie den TN, dass sie die farbigen Wörter ersetzen und so die Dialoge variieren sollen. TN, die möchten, spielen einen Dialog vor.

6 c **Hinweis** Wenn Sie sich bei Aufgabe 4 für die Erweiterung entschieden haben, kann diese Aufgabe weggelassen werden.
Die TN arbeiten in GA und notieren drei bis fünf Lebensmittel (z. B. *Milch, ein Kilo Orangen, ein Brot*). Anschließend versuchen sie durch Internetrecherche auf deutschsprachigen Internetseiten herauszufinden, wie viel diese Produkte zurzeit in D-A-CH in etwa kosten. Mögliche Internetseiten sind https://www.edeka24.de/, https://shop.billa.at/ oder https://www.migros-shop.de/.
Variante Die TN überlegen im PL eine Liste von Lebensmitteln. Danach arbeiten sie in 3 Gruppen. Jede Gruppe übernimmt eines der drei deutschsprachigen Länder und informiert sich über die Preise.
Erweiterung Bringen Sie, wenn möglich, Prospekte mit Angeboten aus Supermärkten in D-A-CH mit. **Supermarkt-**
Die TN können sich die Prospekte gemeinsam ansehen und darüber sprechen, welche Lebensmittel **prospekte**
es in ihren Heimatländern auch/nicht gibt und ob es Unterschiede bei den Preisen gibt.

ÜB 6 Die TN machen die Übungen 6c und e in PA.

4 Guten Appetit!

Die Grillparty
Sprachhandlungen Gespräche beim Essen führen; über Vorlieben beim Essen sprechen
Lerninhalte Grammatik: Verb *möchten*

7 a	Die TN sehen die Fotos an und beschreiben sie. Dann vorgehen wie beschrieben. **Lösung** *1B, 2A, 3C*	🔊 1.53–55
7 b	Lesen und hören Sie mit den TN die Sätze im Kasten *Gut gesagt: Beim Essen*. Fragen Sie, in welcher Situation man was sagt (*Guten Appetit!* wünscht man sich vor dem Essen. *Mahlzeit!* ist der typische Mittagsgruß an der Arbeitsstelle, sowohl beim Essen als auch in den Büros bzw. auf den Gängen. *Prost!* und *Zum Wohl!* benutzt man zum Anstoßen beim Trinken alkoholischer Getränke; *Prost!* gebraucht man in informellen Situationen, z. B. auf einer Party oder in der Kneipe. *Zum Wohl!* ist förmlicher.) Je 2–3 TN sehen sich gemeinsam die Redemittel an und schreiben einen ähnlichen Dialog wie in KB7a. Dann spielen sie die Dialoge frei. Geben Sie → **Tipps zum freien Sprechen**. **Erweiterung** Kopieren Sie die **Kopiervorlage**. Je 2 TN ordnen die passenden Redemittel den Zeichnungen zu. Vergleichen Sie im Kurs. **Hinweis** Der erste Teil von Filmszene 9 kann auch hier schon einmal eingesetzt werden, um die Anwendung eines Redemittels aus *Gut gesagt: Beim Essen* zu demonstrieren.	🔊 1.56 KV ▶ 9
8 a	Lesen Sie mit den TN den Grammatik-Kasten. Erklären Sie die Bedeutung von *möchten* und weisen Sie auf die unregelmäßige Konjugation hin. Die TN lesen anschließend die drei Satzanfänge. Spielen Sie die Hörtexte einmal vor. Die TN vervollständigen die Sätze. Vergleichen Sie im Kurs. **Lösung** *1 Steak, 2 Orangensaft, 3 Schokolade*	🔊 1.57–59
8 b	Je 2 TN machen ein Partnerinterview mit den Fragen aus der Redemittel-Sprechblase. Sie machen Notizen zu den Antworten, die sie erhalten. Danach stellt jeder seine/-n Partner/-in im PL vor. **Variante** Die TN machen das Interview in Gruppen von 4–6 Personen. Sie erstellen eine Hitliste der Lieblingsgerichte und -getränke. Ein Gruppensprecher stellt die Hitliste der Gruppe im Kurs vor. **Erweiterung** Die TN nehmen sich während des Partnerinterviews mit dem Handy auf. Nach der Interviewphase hören sich je 4 TN ihre Aufnahmen an und überlegen gemeinsam, wo sie Fehler gemacht haben und was sie verbessern können.	 Handys

Frühstück, Mittagessen, Abendessen
Sprachhandlungen über Essen sprechen
Lerninhalte GR: Verb *mögen*; Positionen im Satz

9 a	Lesen Sie mit den TN den Grammatik-Kasten zur Konjugation von *mögen*. Weisen Sie darauf hin, dass dieses Verb unregelmäßig gebildet wird. Erklären Sie, dass man *gern* in Kombination mit Verben, *mögen* meist mit Nomen verwendet. Je 3 TN arbeiten zusammen. Jede/-r liest einen der Texte und macht in der Tabelle im KB Notizen zu den Ess- und Trinkgewohnheiten seiner/ihrer Person(en). **Variante** für sprachlich stärkere Gruppen → **Kooperatives Lesen**: Teilen Sie den Kurs in 3 Gruppen. Jede Gruppe bearbeitet einen anderen Text. Die TN lesen ihren Text und markieren, was die Personen morgens, vormittags, mittags, nachmittags und abends essen und trinken. Sagen Sie den TN, dass sie versuchen sollen, sich die Ess- und Trinkgewohnheiten der Personen einzuprägen, um sie später ohne Text wiederzugeben. Wenn die TN ihre Texte gelesen haben, beginnt in jeder Gruppe ein/eine TN: Er/Sie schließt das Buch und fasst den Text mit den wichtigsten Informationen zusammen. Die anderen TN seiner Gruppe vergleichen mit dem Text und korrigieren bzw. ergänzen ggf. Dann ist der/die nächste TN dran. Es ist sehr wichtig darauf hinzuweisen, dass es nicht um die wortwörtliche Wiedergabe des Textes geht, sondern nur um die wichtigsten Informationen. Wenn jede/-r TN einmal den Text zusammengefasst hat, schließen alle ihre Bücher (weiter unter der Beschreibung zu KB9b). Sie können den TN auch Kopien der Texte zur Verfügung stellen.
9 b	Sehen Sie sich gemeinsam den Grammatik-Kasten zu den Positionen im Satz an. Fragen Sie, wo in diesen Sätzen das Verb (*Position 2*) und wo das Subjekt steht (*vor oder nach dem Verb*). Erklären Sie,

Guten Appetit! 4

dass das Subjekt nach dem Verb steht, wenn die Zeitangabe (*Morgens, Mittags, …*) davor steht. Weisen Sie darauf hin, dass die TN beim Sprechen und Schreiben beide Möglichkeiten verwenden sollen, da das ihren Ausdruck verbessert. Machen Sie noch ein paar Beispiele im Kurs. Fragen Sie z. B. eine/-n TN, was er/sie morgens isst, der/die TN antwortet mit beiden Möglichkeiten.
Die TN bleiben in den Gruppen wie in KB9a. Sie informieren sich gegenseitig über ihre Person und ergänzen ihre Tabelle mit Informationen zu den anderen Personen.
Variante für sprachlich stärkere Gruppen: → **Wirbelgruppen**. Mit je einer/-m TN aus den 3 Gruppen (A, B, C) aus KB9a bilden sich neue 3er-Gruppen (ABC, ABC, ABC). Nun informieren sich die 3 TN gegenseitig über die Texte. Dann gehen die TN wieder in ihre Ausgangsgruppe zurück. Dort erstellen sie gemeinsam eine Tabelle zu den Ess- und Trinkgewohnheiten der Personen wie im KB vorgeschlagen. Am Ende vergleichen sie ihre Tabellen untereinander und noch einmal mit den Texten im Buch.

9 c Die TN schreiben ggf. als HA den Text und nutzen die Strukturen aus der Redemittel-Sprechblase.
Erweiterung Je 2 TN machen ein Partnerinterview zu ihren eigenen Ess- und Trinkgewohnheiten. Dabei machen sie Notizen und schreiben im Anschluss einen Text über ihre/-n Partner/-in. Am Ende kontrollieren die TN gegenseitig die Texte.
Erweiterung für Kurse in deutschsprachigem Umfeld: Je 2–3 TN machen 2–3 Interviews mit deutschsprachigen Personen. Sie präsentieren die Ergebnisse im Kurs (→ **Präsentation von Ergebnissen**).
Erweiterung Teilen Sie die TN in Gruppen ein. Jede Gruppe übernimmt eine Mahlzeit und gestaltet ein Plakat dazu. Sie können passende Lebensmittel auf Fotos (aus Zeitschriften, Internet, Prospekten, …) suchen und aufkleben oder Zeichnungen machen. (→ **Lernplakat**)

ÜB 9 c Die TN können hier auch in PA spielen.

Wörter lernen
Sprachhandlungen/Strategie Wörter ordnen und lernen
Lerninhalte WS: Essen und Trinken

10 a Erklären Sie, dass eine Mindmap die Möglichkeit bietet, WS in thematischem Zusammenhang darzustellen. Das Thema (*Essen und Trinken*) steht im Zentrum, davon gehen Subzentren aus, die Unterthemen (*Lebensmittel, Getränke, …*) darstellen. Zeigen Sie es an einer projizierten Mindmap. Die TN arbeiten in Gruppen zu 3–4 Personen und erstellen → **Lernplakate** mit einer Mindmap zum Thema *Essen und Trinken*. Dazu erweitern sie beliebig die Skizze aus dem Buch. Die TN können den Lernwortschatz zu Kapitel 4 zu Hilfe nehmen. Danach hängen die TN ihre Plakate im Kursraum auf.
Erweiterung Die TN arbeiten in 3 Gruppen. Jede Gruppe erstellt zu einem der ersten drei Kapitel eine Mindmap: Kap. 1: *Begrüßung, Verabschiedung, sich vorstellen*; Kap. 2: *Beruf, Freizeit, Hobbys, Wochentage*; Kap. 3: *Plätze und Gebäude, Verkehrsmittel, Wegbeschreibungen*. Ggf. überlegen Sie gemeinsam im Kurs die Grundstruktur der Mindmap. *Plakate*

10 b Erklären Sie den TN, dass Sie Wörter nennen werden und die TN spontan ein anderes Wort sagen sollen, dass ihnen dazu einfällt, z. B. bei *Brot: Brötchen*. Sprechen Sie laut: *das Salz und …* Wahrscheinlich nennen die TN *Pfeffer*, lassen sie aber auch alle anderen Möglichkeiten gelten. Wenn Sie bei der letzten Kombination angekommen sind, erklären Sie den TN, dass es lernpsychologisch einfacher ist, Wörter zu lernen, die miteinander in einem Zusammenhang stehen (Gegensätze, typische Kombinationen, …). Bitten Sie die TN, in PA oder GA eigene Paare zum Thema *Essen* zu ergänzen.

10 c Die TN sollen die Lerntechnik, Wörter im Zusammenhang mit anderen zu lernen, in einem weiteren Kontext ausprobieren. In PA oder GA überlegen sie, welche Wörter für sie zusammenpassen, und schreiben sie auf eine Karte. Anschließend vergleichen sie ihre Karte mit denen anderer Gruppen. Lesen Sie mit den TN den Strategiekasten *Wörter lernen* und fragen sie, ob die TN noch weitere Methoden kennen, um Wörter zu lernen und zu wiederholen. *Kärtchen*

ÜB 10 d Die TN spielen zu viert. Sie beschriften die Kärtchen mit Vokabeln der Lektion im Singular und im Plural und spielen dann. *Kärtchen*

4 Guten Appetit!

Berufe rund ums Essen
Sprachhandlungen mit W-Fragen Texte verstehen
Lerninhalte Landeskunde: Berufe rund ums Essen

11 Erklären Sie den TN, dass sie anhand dieses Textes eine Strategie lernen, wie man in einem (längeren) Text die wichtigen Informationen auffindet und damit den Text besser versteht. Die TN sehen die Überschrift und die Fotos an und vermuten, worum es in dem Text gehen könnte. Notieren Sie die Antworten an der Tafel (z. B. *Hotel, Restaurant, Koch, Küche, kochen, See*). Lesen Sie nun gemeinsam mit den TN den Strategiekasten *Wichtige Informationen in Texten verstehen* zu den W-Fragen und die W-Fragen 1–5. Dann arbeiten je 2 TN zusammen, sie lesen den Text und markieren darin die Antworten auf die W-Fragen. Lassen Sie beim Vergleichen im Kurs die Zeilennummern nennen.
Lösung *1 im Restaurant „Esszimmer" in der Altstadt von Konstanz; 2 Er kauft Tomaten, Champignons, Salat, Kartoffeln, Zwiebeln und frischen Fisch. 3 Er wäscht, schält und schneidet das Gemüse. 4 Er mag seinen Beruf. Kochen macht viel Spaß. 5 Von 6 bis 15 Uhr oder von 13 bis 22 Uhr. Am Wochenende arbeitet er abends oft noch länger.*
Variante für sprachlich stärkere Gruppen: Gehen Sie zunächst vor wie oben beschrieben. Decken Sie die W-Fragen zum Text ab. Je 2 TN lesen den Text und formulieren selbst W-Fragen zum Text mit den Fragewörtern aus der Infobox. Dann tauschen die Paare untereinander die W-Fragen und beantworten sie. Vergleich mit den Fragen im Buch.
Erweiterung Bilden Sie 3 Gruppen zu den anderen Berufen auf der Homepage (*Bäcker, Kellner, Hotelfachfrau; Landwirtin* wird in ÜB11 bearbeitet). In den Gruppen formulieren die TN W-Fragen zu dem jeweiligen Beruf. Danach geben sie die W-Fragen an eine andere Gruppe, diese Gruppe schreibt einen Text, der zu den Fragen passt. Dann geben die TN den Text und die Fragen an die nächste Gruppe, die den Text liest und die Fragen beantwortet. Zuletzt geben die TN Text und Antworten an die erste Gruppe, die die Fragen gestellt hat zurück. Diese korrigiert die Antworten.

Die Netzwerk-WG
Beas Idee | Der WG-Nachmittag

12 a Die TN sehen den ersten Teil des Films und notieren, was die WG am Nachmittag machen will. ▶ 8
Lösung *zusammen Kaffee trinken und (Apfel-)Kuchen essen*

12 b Die TN sehen die Filmszene (in der WG) noch einmal und markieren, welcher Einkaufszettel passt. ▶ 8
Lösung *C*

12 c Zeigen Sie den Rest des Films. Die TN vervollständigen in PA, was Anna und Luca kaufen. Ggf. sehen sie den Film noch einmal und korrigieren ihre ersten Notizen. ▶ 8
Lösung *1 Apfel, 2 Butter, 3 Tomaten, 4 Gurke, 5 Schinken, 6 Käse*
Variante Schreiben Sie alle Lebensmittel, die im Film vorkommen, und weitere auf jeweils ein Kärtchen. Legen Sie die Kärtchen auf einen Tisch. Die TN stellen sich um den Tisch und versuchen möglichst schnell die Karte zu ergreifen, wenn sie im Film hören, dass Anna und Luca das kaufen.

13 a Die TN sehen Filmszene 9 und bringen die Bilder in die richtige Reihenfolge ▶ 9
Variante Die TN arbeiten in Gruppen. Kopieren Sie für jede Gruppe die Bilder und schneiden Sie sie aus. Die TN legen gemeinsam die Bilder in die richtige Reihenfolge.
Lösung *E2, A3, D4, B5, C6*

13 b Die TN ordnen in PA die Sätze zu und lesen sie dann abwechselnd vor. ▶ 9
Lösung *2A, 3F, 4E, 5D, 6C*

13 c Schreiben Sie die Lieblingskuchen der TN an die Tafel. Die TN notieren auf einem Zettel, welche Zutaten sie für ihren Lieblingskuchen brauchen. Sammeln Sie die Zettel ein. Lesen Sie die Zutaten auf den Zetteln vor. Die TN raten jeweils, welcher Kuchen an der Tafel gemeint ist. *Zettel*
Erweiterung Wer möchte, bringt einen selbstgebackenen Kuchen (oder anderes Gebäck) für die Pause mit. Die anderen TN überlegen gemeinsam, welche Zutaten enthalten sind. Die TN können anschließend das Rezept verteilen oder Sie sammeln alle Rezepte zu einem Kurs-Backbuch für alle.

Alltag und Familie 5

Los geht's!
Sprachhandlungen über den Tagesablauf berichten
Lerninhalte WS: Tagesablauf

1 a	Projizieren Sie die Doppelseite ohne Aufgabentext an die Tafel oder an die Wand. Die TN sehen die Fotos und die Kapitelüberschrift an und sagen, worum es geht (*Tagesablauf; Das macht der Mann / der Student jeden Tag.*). Sie nennen Wörter zu den einzelnen Fotos, die Sie oder ein/-e TN an der Tafel notieren. Dann lesen sie, was Kaan den Tag über macht und ordnen die Aktivitäten den Fotos zu. **Variante** Sie können die Fotos einzeln kopieren und im Kursraum aufhängen. Die TN beschriften Kärtchen mit den Wörtern, die ihnen zu den Fotos einfallen, und ergänzen später die Wörter aus dem KB. **Lösung** 1B, 2D, 3F, 4E, 5G, 6A, 7C	Farbkopien, Kärtchen, dicke Stifte
1 b	Die TN überlegen in PA, in welcher Reihenfolge Kaans Aktivitäten ablaufen könnten. Danach hören sie und nummerieren die Fotos in der Reihenfolge der Hörtexte. Weisen Sie die TN darauf hin, dass die meisten Aktivitäten in den Hörtexten durch Geräusche dargestellt werden. Ggf. hören die TN noch einmal zur Kontrolle. Vergleichen Sie dann im PL und lassen Sie von den TN noch einmal mündlich zusammenfassen, was Kaan macht. **Variante** Verteilen Sie die Farbkopien der 7 Fotos aus KB1a an 7 TN. Sie stellen sich in alphabetischer Reihenfolge auf und halten die Fotos hoch. Spielen Sie nun die Hörtexte vor. Die TN ohne Fotos bringen die TN mit den Fotos in die richtige Reihenfolge. Sie hören dann noch einmal zur Kontrolle. Danach fassen sie mündlich noch einmal zusammen, was Kaan nacheinander macht. **Lösung** E1, C2, F3, G4, B5, A6, D7 (*Am Morgen duscht Kaan. Dann frühstückt er und liest Nachrichten. Dann fährt Kaan in die Uni und lernt in der Bibliothek. Er geht in die Mensa. Dann besucht Kaan seine Oma. Und er trifft Marie.*)	🔊 1.60–66 Farbkopien aus KB1a
2 a	Schreiben Sie *Was macht Kaan am Sonntag?* an die Tafel. Die TN stellen Vermutungen an. Ein/-e TN liest die Aufgabe mit den Vorschlägen vor. Die TN hören und markieren die richtigen Aktivitäten. **Variante** Schreiben Sie jede Aktivität auf ein Blatt Papier und verteilen Sie die Blätter an die TN. Wenn die TN „ihre" Aktivität hören, stehen sie auf und halten das Blatt hoch. **Lösung** lange schlafen, mit der Familie zu Mittag essen, Fußball spielen, Freunde treffen, Marie treffen, ins Kino gehen **Erweiterung** Die TN überlegen in PA oder GA, welche der Verben unregelmäßig sind und markieren sie. Anschließend kontrollieren sie mit dem Grammatikanhang hinten im KB.	🔊 1.67 DIN-A4-Blätter
2 b	Je 2 TN sprechen abwechselnd darüber, was Kaan am Sonntag von morgens bis abends macht. **Lösung** *Am Sonntag schläft Kaan lange. Dann isst er mit der Familie zu Mittag. Er spielt (mit Freunden) Fußball (im Park) und er trifft (zwei) Freunde im Café. Dann trifft er Marie (und sie gehen spazieren). Dann gehen sie (hoffentlich) ins Kino.*	
ÜB 2	2a–c als Hausaufgabe oder im Kurs, 2d im Kurs. Je 2 TN vergleichen ihre Tagesabläufe. Dann gehen sie mit einem anderen Team zusammen und berichten abwechselnd über ihre Partner/-innen.	
3 a	Die TN machen sich Notizen zu ihrem Tagesablauf an einem Arbeitstag und am Wochenende. Danach beschreiben sie abwechselnd im Kurs eine der beiden Varianten, die anderen TN raten, ob ein Arbeitstag oder ein Tag am Wochenende beschrieben wird. **Variante** Die TN arbeiten in Gruppen von 4–6 TN, damit jeder seinen Tag erzählen kann. **Alternative** Die TN schreiben in Gruppen von 6–8 TN Kettengeschichten zu ihrem Traumtag. Jede/-r TN schreibt oben auf ein Blatt einen Satz, wie er/sie einen Traumtag beginnen würde (z. B. *Ich stehe sehr spät auf.*). Dann knickt er/sie das Blatt direkt unter dem Satz um und gibt es an den/die TN links neben sich weiter. Jede/-r schreibt nun auf das neu erhaltene Blatt wiederum oben (unter dem Knick) eine zweite Aktivität, die er/sie an einem Traumtag machen würde, knickt das Blatt wieder um usw. Wenn das Blatt voll ist, werden die Traumtag-Kettengeschichten von den TN vorgelesen. Dann wählen die TN die beste Geschichte der Gruppe und lesen sie den anderen Gruppen vor.	DIN-A4-Blätter
ÜB 3	Die TN machen die Übung in PA.	

5 Alltag und Familie

3 b Miniprojekt: Die TN wählen je einen Wochentag aus, an denen sie besonders aktiv sind und vielleicht auch ungewöhnliche Dinge tun, z. B. Yoga machen, Tango tanzen, …). Sie lassen sich bei fünf Tagesaktivitäten fotografieren oder machen ein typisches Foto zu der Aktivität (z. B. von der Yogamatte), kleben die Fotos chronologisch auf ein Plakat und schreiben Sätze dazu, was sie auf den Fotos gerade machen. Am nächsten Kurstag stellen sie ihr Tagesplakat in GA oder im PL vor.

Wie spät ist es?

Sprachhandlungen die Uhrzeit verstehen und nennen
Lerninhalte WS: Uhrzeiten

4 a–b Die TN sehen die Bilder an und beschreiben im Kurs die Situationen (*A: 2 Leute warten vor dem Kino; B: 2 Leute gehen vom Bahnhof weg; C: Vater weckt Kind, schreit, Kind schläft noch; D: 2 Frauen am Arbeitsplatz am Computer*). Dann hören sie die Gespräche und ordnen sie den Bildern zu. Die TN müssen dabei noch nicht auf die Uhrzeit achten. Die TN vergleichen zu zweit. Spielen Sie ggf. die Dialoge einzeln noch einmal vor. Im Anschluss ordnen die TN gemeinsam die Uhrzeiten den Bildern zu. Sie können auch erst jetzt die Dialoge noch einmal zur Kontrolle vorspielen.
Lösung A4 (*zwanzig vor acht*), B3 (*zehn nach neun*), C1 (*halb sieben*), D2 (*fünf vor zwei*)

◀)) 1.68–71

5 a Bringen Sie eine Spielzeuguhr oder einen großen Wecker mit. Schreiben Sie an die Tafel *Wie viel Uhr ist es? / Wie spät ist es? – Es ist ein Uhr.* Stellen Sie die Uhr auf *ein Uhr* und nennen Sie die Uhrzeit. Weisen Sie die TN darauf hin, dass das *s* (von *eins*) wegfällt. Stellen Sie die Uhr um eine Stunde weiter und fragen Sie eine/-n TN. Schreiben Sie *Es ist zwei Uhr.* auch an die Tafel. Machen Sie weitere Beispiele mit der vollen Stunde im Kurs. Geben Sie dazu die Uhr weiter, ein/-e TN stellt eine neue volle Stunde ein und fragt eine/-n andere/-n TN nach der Uhrzeit. Stellen Sie dann die Uhr auf *halb zwei* und nennen Sie die Uhrzeit. Machen Sie weitere Beispiele mit *halb* und auch mit *Viertel vor/nach*. Geben Sie dann den oberen Teil der **Kopiervorlage** (Aufgabe 1) aus. Je 2 TN ergänzen die Lücken und versuchen die Uhrzeiten zuzuordnen. Korrigieren Sie im Kurs. Stellen Sie die Uhrzeiten 1–4 aus dem KB an der Spielzeuguhr ein und fragen Sie im Kurs nach der Uhrzeit.
Die TN sehen sich danach im KB die Sprechblase mit den Redemitteln zur inoffiziellen und offiziellen Uhrzeit an. Ein/-e TN liest sie laut vor. Fragen Sie die TN noch einmal nach den Uhrzeiten 1–4, die TN antworten mit der offiziellen Uhrzeit.

Spielzeuguhr oder analoger Wecker

KV

5 b Die TN hören und notieren die Uhrzeiten. Sie vergleichen mit einer/-m Partner/-in und hören noch einmal. Schließlich vergleichen sie im Kurs.
Lösung 2: 16:45; 3: 18:30; 4: 20:15; 5: 21:53
Erweiterung Kopieren Sie den unteren Teil der **Kopiervorlage** (Aufgabe 2) für je 2–3 TN auf festen Karton. Jede Gruppe zerschneidet den Karton und spielt gemeinsam → **Paare finden**.

◀)) 1.72–76

KV, Karton, Scheren

5 c Vorgehen wie beschrieben. Unterscheidet man auch zwischen offizieller und inoffizieller Uhrzeit? Wann benutzt man welche? Fragen Sie die TN auch, welche anderen Sprachen sie sprechen und wie die Uhrzeit in diesen Sprachen ausgedrückt wird.

6 Vorgehen wie beschrieben.
Variante Jede/-r TN schreibt eine Frage auf einen Zettel für einen → **Kursspaziergang**.
Variante Sprachlich stärkere TN machen eine → **Kettenübung** oder eine → **Ballrunde**.
Hinweis Statt am Ende des Kapitels können die Filmszenen bereits hier behandelt werden.

▶ 10–11

Familie und Termine

Sprachhandlungen Zeitangaben machen; über die Familie sprechen
Lerninhalte WS: Familie | GR: Zeitangaben mit *am, um, von … bis*; Possessivartikel *mein* im Nominativ und Akkusativ | Aussprache: *r* im Wort und am Wortende

7 a Die TN sehen sich den Kalender an und lesen die Einträge. Sie nennen die Namen der Eltern und Kinder (Eltern: *Mara und Hannes*; Kinder: *Lena und Florian*), ergänzen dann die Sätze und begründen ihre Entscheidung. Wiederholen Sie dann mit den Abkürzungen die Wochentage. Die TN lesen den Grammatik-Kasten zu den temporalen Präpositionen. Fragen Sie die TN, wann welche Präposition

Alltag und Familie 5

verwendet wird (am *in der Antwort auf die Frage* Wann?, *wenn man den Wochentag sagen möchte*; um *in der Antwort auf die Frage* Wann?, *wenn man die Uhrzeit sagen möchte*; von … bis *in der Antwort auf die Frage* Wie lange?, *wenn man eine bestimmte Dauer formulieren möchte*). Die TN ergänzen zu zweit die Sätze. Vergleichen Sie im Kurs.
Lösung *1 von Sonntag bis Dienstag, 2 am Freitag von 9 bis 17 Uhr und am Samstag und Sonntag von 7 bis 14 Uhr, 3 am Sonntag, 4 am Montag um 17 Uhr, 5 am Dienstag um 19.30 Uhr*
Variante für sprachlich stärkere Gruppen: Gehen Sie vor wie oben beschrieben. Nachdem sie die Sätze ergänzt haben, formulieren je 2 TN zusammen Fragen zu den weiteren Informationen im Kalender, dann stellen sie einer anderen Gruppe ihre Fragen.
Erweiterung Kopieren Sie die **Kopiervorlage** *Familie und Termine* und schneiden Sie sie in der Mitte durch. Je 2 TN machen das Wechselspiel, ein/-e TN bekommt Blatt A, der/die andere Blatt B. Sie fragen sich gegenseitig nach den Informationen, die ihnen fehlen.

KV

7 b Ein/-e TN liest die 4 Sätze vor. Die TN hören das Gespräch einmal und kreuzen an, ob die Aussagen richtig oder falsch sind. Vergleichen Sie im Kurs. Dann sehen sich die TN das Familienschaubild an und ergänzen es mit Hilfe der Sätze.
Lösung *1r, 2f, 3f, 4f; der Sohn; die Tochter*

1.77

ÜB 8a Im Kurs. Projizieren Sie den Familienstammbaum an die Tafel oder die Wand. Die TN arbeiten zu zweit. Sie ergänzen die Wörter aus dem Schüttelkasten im Familienstammbaum. Mit Hilfe der im Stammbaum bereits eingetragenen Wörter sowie der vorgegebenen Anfangsbuchstaben können sie einige Lücken erschließen. Vergleichen Sie dann im Kurs.
Erweiterung Fragen Sie die TN, ob sie noch weitere Wörter zum Thema *Familie* kennen.

ÜB 8c Im Kurs. Die TN lernen die Formen des Possessivartikels *mein* kennen. Sie lesen den Text und vervollständigen die Tabelle. Dann vergleichen sie mit dem Grammatik-Kasten im KB8a. Weisen Sie darauf hin, dass die Formen des Possessivartikels im Nominativ und im Akkusativ den Formen des unbestimmten Artikels *ein* bzw. des Negationsartikels *kein* entsprechen.

8 a Die TN ergänzen allein den Text und vergleichen in PA. 2 TN lesen zur Kontrolle laut vor.
Lösung *Mein, Meine, Mein, meinen, Meine*

8 b Vorgehen wie beschrieben; ggf. als HA. Sagen Sie den TN, dass sie sich auch eine Fantasie-Familie ausdenken können, wenn sie das lieber möchten. Zur Kontrolle → **Schreibaufgaben auswerten**.
Alternative Die TN zeichnen einen Stammbaum mit den Namen ihrer Familienangehörigen und stellen sich ihre Familien in GA (3–4 TN) gegenseitig vor. Dabei achten sie auf die korrekte Verwendung der Possessivartikel.
Erweiterung Die TN bringen Fotos von Familienangehörigen mit und präsentieren sie in GA oder im PL (Beispiel: *Das ist mein Vater, er heißt Walter und ist 79 Jahre alt …*).

9 Die TN lesen einmal leise die Wörter. Dann spielen Sie die Wörter vor und die TN kreuzen an. Ggf. stoppen Sie nach den ersten beiden Wörtern (*hören, Vater*) bzw. nach jedem Wortpaar, um den Unterschied zu verdeutlichen. Vergleichen Sie im Kurs. Dann ergänzen die TN die Regel.
Lösung *hören: r; Vater: a; treffen: r; Schwester: a; Trompete: r; Tochter: a; krank: r; Uhr: a; Büro: r; Computer: a; -r oder -er am Wortende spricht man: a*
Anschließend hören die TN noch einmal und sprechen nach. Lassen Sie danach die TN einzeln je ein Wort mit *r* am Wortende und ein Wort mit *r* im Wort nachsprechen, damit sie den Kontrast spüren. Achten Sie dabei darauf, dass sie das *r* am Wortende ein bisschen übertrieben wie *a* aussprechen.
Erweiterung Je 2 TN schreiben 4 Fragen und 4 dazu passende Antworten mit den Wörtern aus KB8a (z. B. *Hörst du gern Musik? – Ja, ich höre gern Musik.*; *Wann treffen wir uns? – Um vier Uhr.* usw.). Sie lernen ihre Fragen und Antworten auswendig. Danach stellen sie sich einander gegenüber. Geben Sie ihnen einen Ball (oder ein zusammengeknotetes Tuch). Nun werfen die TN sich den Ball zu und stellen dabei laut und übertrieben eine ihrer Fragen (→ **Lernen mit Bewegung**). Der/Die Partner/-in fängt den Ball, wirft ihn wieder zurück und gibt im Wurf die Antwort, ebenfalls laut und übertrieben deutlich. Sie betonen besonders das *r* im Wort oder *r* am Wortende, das wie *a* ausgesprochen wird.

1.78

Bälle oder Tücher

ÜB 9 Im Kurs oder als Hausaufgabe zum weiteren Üben der Aussprache von *r*.

41

5 Alltag und Familie

www.dobart.de
Sprachhandlungen über Familie sprechen
Lerninhalte GR: Possessivartikel

10 a Projizieren Sie die Homepage (ohne die vorgegebenen Sätze) an die Wand oder an die Tafel. Die TN sehen sich die Fotos 2 Minuten an, dann blenden Sie die Homepage wieder aus. Die TN nennen Dinge, die sie gesehen haben und an die sie sich erinnern können. Sammeln Sie an der Tafel (*die Homepage, der Hund, der Ball, das Instrument, die Familie, der Computer, gehen, Motorrad, …*). Danach ordnen je 2 TN die Kommentare den Fotos zu. Sie vergleichen in GA oder im Kurs.
Lösung *A Unsere Familie – alle zusammen. B Unser Hund Otto liebt seinen Ball. C Hannes und sein Motorrad. D Lena und ihre Geige. E Der Computer ist mein Hobby. F Mara und ihr Sport.*

10 b Fragen Sie die TN zuerst, was *das Gästebuch* ist. Die TN lesen die Einträge im Gästebuch, markieren die Possessivartikel und füllen die Tabelle aus. Thematisieren Sie dann die Bedeutung der Possessivartikel: Schreiben Sie als Liste untereinander an die Tafel: *euer Hund; mein Bruder; dein Motorrad; euer Familienfoto; ihre Geige; unsere Tochter*. Fragen Sie die TN nach dem Artikel der Nomen und schreiben Sie ihn in verschiedenen Farben (üblicherweise blau = maskulin, rot = feminin, grün = sächlich) dahinter. Bitten Sie die TN zu analysieren, wann der Possessivartikel ein zusätzliches *-e* bekommt und wann nicht (wenn das Nomen nach dem Possessivartikel feminin ist, z. B. *die Geige*, hat er die Endung *-e*). Vergleichen Sie mit dem Grammatik-Kasten.
Zu dieser Aufgabe gibt es ein interaktives Tafelbild. Die TN üben die Possessivartikel im Nominativ und Akkusativ. Über die Zufallsgeneratoren ermitteln sie ein Possessivpronomen und einen Gegenstand. Dann ordnen sie einen Satzanfang zu und formulieren einen Satz. Alternative für lernstärkere TN: Die TN negieren den Satz und bilden einen zweiten dazu: *Das ist nicht dein Auto. Das ist mein Auto.*
Erweiterung Die TN bereiten zu Hause ein Plakat ihrer Familie oder Fantasiefamilie (mit Fotos aus Zeitschriften) vor. Sie schreiben zu jedem Foto Texte, wie sie in einer Homepage zu finden sein könnten. Sammeln Sie die Plakate ein und hängen Sie sie im Kursraum auf. Die TN sehen sich alle Familien an und raten, welche Familie zu welchem TN gehört. Die TN können auch Fragen zu den einzelnen Personen stellen.

ÜB 10 a Erklären Sie den TN, dass die Possessivartikel, die sie gerade kennengelernt haben, in vielen Sprachen grammatikalisch unterschiedlich gebildet werden. Fragen Sie die TN nach ihren Muttersprachen und schreiben Sie diese an die Tafel. Fragen Sie auch, wer im Kurs Englisch und/oder Französisch versteht und die Sätze auf Englisch und Französisch vorlesen kann. Besprechen Sie, nach welchem Bezugswort dort jeweils die Possessivartikel gebildet werden. Lassen Sie dann die deutschen Sätze vorlesen. Weisen Sie beim Beispiel noch einmal darauf hin, dass bei den deutschen Possessivartikeln zwei Bezugswörter zu beachten sind: Wie beim Englischen muss ich erst sehen, wem etwas gehört: Gehört es einer weiblichen Person, ist die Grundlage *ihr* (englisch: *her*), gehört es einer männlichen Person, ist die Grundlage *sein* (englisch: *his*). Anschließend muss ich aber noch (wie im Französischen) beachten, welchen Artikel das Objekt/die Person, das/die jemandem (an)gehört, hat. Im Deutschen wird bei femininen Objekten/Personen und im Plural ein *-e* an den Possessivartikel angefügt (*seine Mutter, ihre Eltern*). Fragen Sie die TN, wie sie das in ihrer Sprache machen.

10 c TN arbeiten in GA (3–4 TN). Jede/-r TN schreibt jeweils fünf Karten mit einem Personalpronomen und fünf mit einem Nomen mit Artikel. Eventuell können beim Karton zwei unterschiedliche Farben verwendet werden. Die TN ziehen abwechselnd zwei Karten und bilden Sätze wie im Beispiel.
Erweiterung Sprachlich stärkere TN können auch noch den Akkusativ dazunehmen. Neben Sätzen mit *Das ist …* können sie auch Sätze mit *Er, sie, … sucht/hat/…* bilden.
Erweiterung Je 3–4 TN arbeiten zusammen. Jede/-r TN legt 2 Gegenstände von sich in eine Tüte (z. B. Heft, Stift, Uhr, Ring, Lineal usw.). Reihum nehmen die TN einen Gegenstand aus der Tüte und fragen sich gegenseitig, wem die Gegenstände gehören. Sie verwenden dabei Possessivartikel, z.B. *Ist das deine Uhr? – Nein, das ist seine Uhr.* (zeigt auf den Nachbarn) usw. Statt echter Gegenstände können die TN auch Zeichnungen anfertigen und ggf. beschriften.

Karton (in zwei unterschiedlichen Farben)

Tüten

Alltag und Familie 5

Die Verabredung

Sprachhandlungen sich verabreden
Lerninhalte GR: Modalverben im Satz (Satzklammer); Modalverben *müssen, können, wollen*

11 a Die TN lesen den Text und markieren beim Lesen die Modalverben *können, müssen* und *wollen*. Thematisieren Sie mit den TN die Bedeutung dieser Verben (z. B. *müssen* = es gibt eine Verpflichtung, *können* = es gibt eine Möglichkeit; *wollen* = es gibt einen Wunsch). Dann lesen die TN den Text noch einmal und unterstreichen die anderen Verben in den Sätzen mit Modalverben. Vergleichen Sie im Kurs. Schreiben Sie 2 Beispielsätze aus der E-Mail an die Tafel (z. B. *Wir können nicht ins Kino gehen. / Wollen wir zum Yoga gehen?*). Fragen Sie die TN, an welcher Position das konjugierte Modalverb steht (*an 2. oder 1. Position, je nach Satzart*) und an welcher das andere Verb steht und welche Form es hat (*am Satzende im Infinitiv*). Markieren Sie die Satzklammer und nennen Sie diesen Begriff auch, damit die TN damit vertraut werden. Die TN vergleichen die Sätze im Text mit dem Grammatik-Kasten.
Variante Schreiben Sie die Satzteile und die Satzzeichen von 2 Sätzen aus der E-Mail auf einzelne DIN-A4-Karten, jeden Satz in einer anderen Farbe: /wir/können/ nicht/ins Kino/gehen/./; /Ich/muss/ jeden Tag/arbeiten/./; /Wollen/wir/am Mittwoch/zum Yoga/gehen/?/. Spielen Sie → **Lebendige Sätze**. Die TN heften die DIN-A4-Karten an die Tafel. Fragen Sie die TN, auf welcher Position das konjugierte Verb steht (*auf Position 2 oder 1, je nach Satzart*) usw. wie oben beschrieben. Lassen Sie beim zweiten Satz die TN die Verben und die *Satzklammer* selbst markieren.
Lösung … *können* … *gehen;* … *muss* … *arbeiten;* … *muss* … *einkaufen und kochen;* … *müssen* … *Hausaufgaben* machen *und* … *lernen;* …*muss* … *gehen;* … *wollen* …*besuchen; Wollen* … *gehen;* … *musst* … *arbeiten*

DIN-A4-Karten

ÜB 11 a–b Zur Verständlichmachung der Bedeutung der Modalverben und Einführung der Konjugation.

11 b Die TN lesen vorab die Konjugation der Modalverben im Grammatik-Kasten in KB11c und vergleichen ggf. mit der ausgefüllten Tabelle im ÜB. Fragen Sie die TN, was bei der Konjugation der Modalverben anders ist als bei regelmäßigen Verben (*1. und 3. Person Singular sind gleich und ohne Endung*). Dann berichten die TN im Kurs, was Mara machen muss, was sie (nicht) machen kann und was sie machen will.
Variante Erstellen Sie eine Tabelle mit *müssen / (nicht) können / wollen* an der Tafel. Die TN diktieren, was auf Mara zutrifft. Schreiben Sie die Sätze an die passende Stelle
Lösung *Sie muss (jeden Tag) arbeiten. Sie muss am Abend einkaufen und kochen. Sie muss zum Arzt gehen. Sie will am Sonntagnachmittag ihren Bruder besuchen. Sie will am Mittwoch zum Yoga gehen.*

11 c Je 2 TN ergänzen die Modalverben in der richtigen Form in der E-Mail. Dann vergleichen die TN im Kurs und sagen bei jeder Lücke, warum sie welches Modalverb gewählt haben.
Lösung 2 muss, 3 können, 4 Willst, 5 wollen, 6 Könnt/Wollt, 7 können

12 Die TN hören und lesen den Dialog. Danach arbeiten je 2 TN zusammen und variieren die grauen Dialogteile mit Hilfe der Vorschläge. Gehen Sie herum und helfen Sie bei Bedarf. Anschließend stehen die TN auf und spielen jeweils eine weitere Variante des Dialogs mit zwei anderen TN. Wenn die TN sich sicher fühlen, können sie den letzten Dialog ohne das Buch und die Vorgaben vortragen.
Erweiterung für sprachlich stärkere Gruppen: Kopieren Sie den Dialog für je 2 TN größer und zerschneiden Sie ihn. Die TN bringen den Dialog in die richtige Reihenfolge und hören dann das Telefongespräch zur Kontrolle. Danach weiter wie oben beschrieben.

1.79

(zerschnittene) Kopien des Dialogs

ÜB 12 a–b Im Kurs, Übung b in PA.

43

5 Alltag und Familie

Kann ich einen Termin haben
Sprachhandlungen einen Termin telefonisch vereinbaren

13 a	Die TN lesen die Fragen und die Antworten. Dann hören sie das Gespräch und ordnen zu. **Variante** für sprachlich stärkere Gruppen: Die TN lesen die Fragen und die Antworten und versuchen sie zuzuordnen. Abschließend hören sie das Gespräch zur Kontrolle. **Lösung** *2B, 3D, 4E, 5A*	🔊 1.80
13 b	Je 2 TN lesen den Dialog in 13a laut. Wenn sie möchten, können sie den Dialog noch mit weiteren TN üben. Geben Sie den TN → **Tipps zum Vorlesen**. **Variante** Wenn die TN Lust dazu haben, können sie den Dialog in unterschiedlichen Stimmungen lesen (z. B. gestresst, lustig, müde, gelangweilt, aggressiv, …). Sie können die Stimmungen auch auf Zettel schreiben. Die TN ziehen einen Zettel und lesen dann in dieser Stimmungslage. Lesen Sie danach mit den TN die Beispiele im Kasten *Gut gesagt: Höflichkeit* für mehr oder weniger höfliche Varianten. Weisen Sie darauf hin, dass auch der Tonfall sehr wichtig für höfliche oder unhöfliche Formen ist.	🔊 1.81
ÜB 13 a–b	Im Kurs, b in PA.	
14	Fragen Sie die TN, was man vor einem wichtigen Telefongespräch bereit haben sollte, und vergleichen Sie mit dem Strategie-Kasten. Benennen Sie die dargestellten Gegenstände (*Kalender, Kugelschreiber und Papier, Wörterbuch*). Erläutern Sie kurz, dass man sich, wenn man in einer Fremdsprache telefonieren will, auf das Telefonat vorbereiten sollte. Das hilft, Nervosität abzubauen. Lesen Sie mit den TN die Hinweise im Strategie-Kasten. Wenn sie z. B. einen Termin vereinbaren möchten, dann kann es den TN helfen, den Kalender vor sich liegen zu haben, sich Wörter und Fragen zu notieren, die sie beim Gespräch benutzen möchten, oder ggf. ein Wörterbuch oder eine Übersetzungshilfe bereit zu halten. Je 2 TN arbeiten zusammen. Sie lesen die Rollenkarten, entscheiden sich für eine Situation (*Beim Friseur* oder *In der Sprachschule*). Dann verteilen sie die Rollen und spielen den Dialog. Sie können sich an den angegebenen Redemitteln orientieren. Geben Sie → **Tipps zum freien Sprechen**. **Variante** Die TN sammeln selbst Situationen, in denen sie normalerweise Termine machen müssen. Verteilen sie dann die Situationen, sodass je 2 TN eine Situation bekommen. Dann schreiben die TN zu zweit für ihre Situation 2 Rollenkarten. Sammeln Sie die Rollenkarten wieder ein und verteilen sie diese erneut. Die TN spielen Dialoge.	
ÜB 14	Im Kurs.	

Pünktlichkeit?
Sprachhandlungen sich für eine Verspätung entschuldigen und darauf reagieren
Lerninhalte WS: Zeitangaben | Landeskunde: Pünktlichkeit in D-A-CH

15 a	Schreiben Sie *PÜNKTLICHKEIT* an die Tafel. Die TN sehen die Bilder an. Fragen Sie die TN, wo die Personen sind (*beim Arzt, in der Kneipe / in einer Bar, in der Firma / am Arbeitsplatz, bei Freunden zu Hause*). Dann lesen die TN die Situationen und markieren allein, wie viele Minuten man nach ihrem Empfinden zu spät kommen kann. Je 3–4 TN vergleichen und stellen ihre Einschätzung im Kurs vor.	
15 b	Klären Sie mit den TN die Zeitangaben im Tipp-Kasten. Die TN hören die 4 Hörtexte und notieren dabei, wie viele Minuten die Leute zu spät kommen. Überlegen Sie gemeinsam, ob das jeweils ein Problem ist (und warum). Hören Sie ggf. noch einmal. **Lösung** *1: 5 min., nein (normalerweise ja, aber die Praxishelferin macht eine Ausnahme, weil es nur eine kleine Verspätung ist; normalerweise muss man bei Arztterminen pünktlich sein); 2: 15 min., nein (die Freunde sitzen im privaten Rahmen zusammen); 3: 10 min., ja (Geschäftstermin); 4: 30 min., ja (alle wollen essen und warten, das Essen ist schon eine halbe Stunde fertig)*	🔊 1.82–85

Alltag und Familie 5

Info Den Deutschen ist Pünktlichkeit sehr wichtig. Viele Menschen ärgern sich, wenn sie länger als 5 Minuten auf jemanden warten müssen. Wenn man weiß, dass man sich verspätet, sollte man daher Bescheid geben. Eine Verspätung von 5–15 Minuten ist trotzdem im privaten Bereich für viele akzeptabel. Bei einem Geschäfts- oder anderem öffentlichen Termin (Arzt, Friseur usw.) wird eine Verspätung jedoch normalerweise nicht toleriert, da man durch die Unpünktlichkeit die Terminplanung durcheinanderbringt. Wenn man eingeladen ist oder einen Geschäftstermin hat, sollte man allerdings auch nicht viel zu früh (max. 10 Minuten) kommen, denn das gilt ebenfalls als unhöflich (Gastgeber oder Geschäftskontakte sind eventuell noch nicht mit ihren Vorbereitungen fertig).
Hinweis Statt am Ende des Kapitels kann Filmszene 12 auch hier eingesetzt werden. ▶ 12

15 c Je 2 TN ordnen die Ausdrücke in der Redemittel-Sprechblase den Sprechern A und B zu. Vergleichen Sie dann im PL. Danach sehen die TN den Redemittel-Clip und korrigieren ggf. ihre Zuordnungen. Besprechen Sie anschließend mit den TN, wie die von Anna verwendeten Redemittel klingen. Sprechen Sie dabei mit den TN nicht nur über die Intonation (z. B. Anna: *vorwurfsvoll, genervt*), sondern auch über die Mimik und Gestik der Personen in der Filmszene (z. B. Anna: *ungeduldig, verschränkte Arme signalisieren Verweigerung, …*) und weisen Sie darauf hin, dass damit oft mehr ausgedrückt wird als mit den Worten selbst. ▶ R3

Info Die Aussage *Das nächste Mal bitte pünktlich!* ist im Gegensatz zu den anderen, vom Wortsinn her nachsichtigen Aussagen die einzige, die einen Tadel formuliert. Sie kann daher nur in Situationen angewendet werden, in denen das Zuspätkommen nicht mehr im tolerierbaren Rahmen lag. Je nachdem, wie die Aussage intoniert wird und durch Gestik begleitet wird, kann sie als scharfe Zurechtweisung bis hin zu einem versöhnlichen Ausdruck des Verzeihens verstanden werden.
Lösung A: *Schon gut. Kein Problem. Das nächste Mal bitte pünktlich! Macht nichts.* – B: *Oh, Entschuldigung. Bitte entschuldigen Sie. Ich bitte um Entschuldigung.*

15 d Jeweils zwei TN spielen eine Situation nach, zwei andere hören zu. Weiter geht es in unterschiedlichen TN-Kombinationen, bis jede Situation einmal nachgespielt ist. Ermuntern Sie die TN in einer nächsten Runde, die Dialoge durch unterschiedliche Intonierung, Mimik und Gestik zu variieren.

Die Netzwerk-WG
Wir gehen joggen. | Wo ist Max? | Mhm, lecker.

16 Die TN sehen Filmszene 10 und ordnen die Sätze chronologisch. ▶ 10
Variante Die TN machen GA. Jede Gruppe bekommt die Sätze auf Zetteln, die sie in die richtige Reihenfolge legen. Zettel
Alternative Sie können die Sätze auch auf DIN-A4-Blätter schreiben und jeweils einer/-m TN ein Blatt geben. Diese stellen sich in der richtigen Reihenfolge auf, während sie die Filmszene sehen. Die TN, die kein Blatt haben, helfen dabei. Dann sehen sie die Filmszene zur Kontrolle noch einmal. DIN-A4-Blätter
Lösung *3, 5, 2, 1, 6, 7, 4*

17 Die TN sehen Filmszene 11 und notieren die passenden Namen. ▶ 11
Lösung *2 Max, 3 Max, 4 Bea, 5 Luca und Bea, 6 Anna, 7 Max, 8 Anna, 9 Max*

18 a Lesen Sie mit den TN die Vorschläge und klären Sie ggf. Vokabular. Fragen Sie die TN, was sie an der Stelle der 3 WG-Bewohner/-innen machen würden. Was denken sie, was die 3 Personen machen? Fragen Sie auch, ob die TN noch andere Ideen haben, was man in dieser Situation machen könnte.

18 b Die TN sehen Filmszene 12 und sprechen darüber, ob ihre Vermutungen richtig waren. Sie können die TN auch fragen, wie sie die Reaktion finden und ob sie auch so gehandelt hätten. ▶ 12

18 c Die TN ordnen in PA oder GA die Sprechblasen den Fotos zu.
Lösung A: *1, 3, 4, 7, 8*; B: *2, 5, 6*
Erweiterung Die TN schreiben in PA oder GA jeweils eine weitere Sprechblase für jedes Foto.
Erweiterung Die TN spielen in GA den Film als kleines Theaterstück nach. Improvisieren ist dabei natürlich erlaubt und erwünscht. Die TN können sich auch eine andere Situation überlegen, in der eine Person unpünktlich ist, und dazu ein Rollenspiel entwickeln und vorspielen.

6 Zeit mit Freunden

Los geht's!
Sprachhandlungen über Freizeit sprechen
Lerninhalte WS: Freizeitaktivitäten

1 a Schreiben Sie *Zeit mit Freunden* an die Tafel. Die TN nennen Freizeitaktivitäten, die sie gern mit Freunden machen. Ergänzen Sie diese an der Tafel zu einer Mindmap oder einem Wortigel. Projizieren Sie dann die Doppelseite an die Wand. Die TN sehen die Fotos und die Freizeitaktivitäten an und raten im Kurs, welche Freizeitaktivität zu welchem Foto passt.
Variante Projizieren Sie die Doppelseite an die Wand. Die TN sehen die Seite 2–3 Minuten an. Blenden Sie die Doppelseite wieder aus. Die TN notieren alle Freizeitaktivitäten, an die sie sich erinnern können. Vergleich im PL. Wer die meisten Aktivitäten notiert hat, hat gewonnen. Danach sehen je 3–4 TN die Fotos und Freizeitaktivitäten im KB an und raten, was wozu passt.
Lösung *1 Fußball spielen, 2 Spiele spielen, 3 klettern, 4 einen Film sehen, 5 feiern, 6 Fahrrad fahren, 7 ins Café gehen, 8 Computer spielen, 9 wandern, 10 ins Fitnessstudio gehen, 11 grillen, 12 Ski fahren*

1 b Die TN erzählen im Kurs, welche Wörter sie aus ihrer Sprache oder aus anderen Sprachen kennen. Einige Beispiele: *der Fußball – Spanisch: Fútbol; der Film – Englisch: the film; grillen – Französisch: griller; Ski fahren – Spanisch: esquiar.*

1 c Vorgehen wie beschrieben, ggf. mit Hilfe des → **Wörterbuchs**. Wer zuerst fertig ist, hat gewonnen. Dann setzen sich je 2 Paare zusammen und besprechen ihre Ergebnisse. Sammeln Sie an der Tafel jeweils ein paar Beispiele: *1* Fußball spielen: *das Training, der Ball*; *2* Spiele spielen: *der Würfel, die Karten*; *3* klettern: *der Berg, die Finger*; *4* einen Film sehen: *90 Minuten, abends*; *5* feiern: *die Disko, tanzen*; *6* Fahrrad fahren: *schnell, die Straße*; *7* ins Café gehen: *Kaffee trinken, Freunde treffen*; *8* Computer spielen: *online, gewinnen*; *9* wandern: *Berge, Herbst*; *10* ins Fitnessstudio gehen: *der Sport, die Sportschuhe*; *11* grillen: *die Würstchen, essen*; *12* Ski fahren: *der Schnee, der Winter*.

Wörterbuch

ÜB 1 c Eignet sich als HA. Die TN schreiben einen Text wie in AB 1a, im Sinne der Binnendifferenzierung wählen die TN entweder die Alternative A oder B. Sprachlich schwächere TN wählen A, sie finden unten Vorgaben, die ihnen helfen. Sprachlich stärkere TN wählen B, sie können diese Aufgabe ohne Hilfe bewältigen.

2 a Die TN hören und notieren die Freizeitaktivitäten. Sie vergleichen im Kurs und hören ggf. noch einmal.
Lösung *1 Ski fahren; 2 Spiele spielen; 3 ins Café gehen; 4 einen Film sehen.*

🔊 1.86–89

2b Je 4 TN arbeiten zusammen. Sie entscheiden sich in den Gruppen, ob sie Ratebilder machen wollen oder Pantomime spielen wollen. Wenn sie sich für Ratebilder entschieden haben, geben Sie ihnen Fotos oder Ausschnitte aus Zeitungen/Zeitschriften, die sich für Ratebilder eignen. Bringen Sie ggf. auch Gegenstände mit. Die TN zeigen sich gegenseitig ihre Bilder oder Gegenstände und raten die Freizeitaktivitäten. Haben die TN sich für Pantomime spielen entschieden, wählen sie 2 Freizeitbeschäftigungen aus, die sie gern machen. Sie überlegen, wie sie die Aktivitäten gemeinsam pantomimisch darstellen können. Dann präsentieren sie sie im Kurs. Die anderen TN raten. In kleineren Kursen können auch 2 TN zusammenarbeiten.
Variante Je 2 TN erstellen selbst 2 Ratebilder, indem sie Ausschnitte von ihren Fotos auf Kärtchen kleben und hinten auf das Kärtchen die Lösung schreiben. Die TN machen einen → **Kursspaziergang**.
Alternative Die TN bringen einen Gegenstand mit, der etwas mit ihrer Freizeitbeschäftigung zu tun hat. Die TN machen einen → **Kursspaziergang** oder raten in Gruppen.
Erweiterung Je 3 TN arbeiten zusammen. Sie wählen aus ihrem Material ein Bild aus, das sich für ein Puzzle mit 9–10 Teilen eignet. Sie zerschneiden das Bild und mischen die Teile. Dann tauschen sie mit einer anderen Gruppe. Jede Gruppe versucht nun, das Puzzle zusammenzusetzen und herauszufinden, um welche Freizeitaktivität es geht. Dann tauschen sie mit einer weiteren Gruppe.

Fotos oder Zeitungsausschnitte, Kärtchen, Kleber, Gegenstände

ÜB 2 c Eignet sich als HA. Die TN ergänzen einen Text wie in ÜB 1a, im Sinne der Binnendifferenzierung wählen die TN entweder die Alternative A oder B. Sprachlich schwächere TN wählen A, sie finden unten Wörter, die ihnen helfen. Sprachlich stärkere TN wählen B, sie können diese Aufgabe ohne diese Hilfe bewältigen.

46

Zeit mit Freunden 6

Eine Überraschung für Sofia

Sprachhandlungen das Datum verstehen und nennen; über Geburtstage sprechen; eine Einladung verstehen und schreiben
Lerninhalte WS: Ordinalzahlen | GR: Datumsangaben: *am …*; trennbare Verben | Aussprache: *ei, eu, au*

3 a Fragen Sie die TN, was *Eine Überraschung für Sofia* bedeuten könnte. Notieren Sie die Ideen an der Tafel. Wenn die TN keine Ideen haben sollten, dann erklären Sie das Wort pantomimisch (*machen Sie ein überraschtes Gesicht, gestikulieren Sie mit den Armen*) und geben oder zeichnen Sie einige Beispiele (*Blumen, ein Geschenk …*), nennen Sie aber noch nicht das Beispiel *Überraschungsparty*. Projizieren Sie die Sprechblasen ohne Arbeitsanweisung an die Wand. Fragen Sie die TN, um was für eine Textsorte es sich handelt (*WhatsApp-Gespräch*) und woran sie das erkennen (*2 Farben, Smileys/ Emojis*). Dann lesen die TN das Gespräch im KB und sagen, was Marc und Anne planen.
Variante für sprachlich stärkere Gruppen: Kopieren Sie die Sprechblasen größer und zerschneiden Sie das Gespräch, sodass Sie die Sätze von Marc und Anne auf jeweils getrennten Puzzleteilen haben. Beginnen Sie dann wie oben beschrieben. Danach arbeiten je 3–4 TN zusammen. Sie bringen das Gespräch in eine sinnvolle Reihenfolge. Fragen Sie auch bei dieser Variante nach der Textsorte usw. Dann vergleichen die TN ihren Text mit dem KB und sagen, was Marc und Anne planen.
Lösung *ein Geschenk für Sofias Geburtstag: einen Tag mit Freunden*

Kopien des Textes

3 b Die TN lesen das Gespräch noch einmal und „errechnen", was an den einzelnen Tagen passiert. Sie vergleichen im Kurs: Nennen Sie jeweils ein Datum und ein/-e TN vervollständigt den Satz. Dann lesen Sie mit den TN den Grammatik-Kasten und weisen die TN auf die markierten Besonderheiten hin. Lassen Sie die TN die Ordinalzahlen bis 31 einmal durchzählen.
Lösung *2 arbeitet, 3 feiern, 4 besucht*

4 a Schreiben Sie an die Tafel: *Wann haben die Personen Geburtstag?* Die TN hören das Gespräch einmal und notieren jeweils das Geburtsdatum. Sie hören ggf. noch einmal mit Pausen. Dann vergleichen die TN im Kurs. Achten Sie darauf, dass die TN beide Ordinalzahlen korrekt nennen, genauso wie im Hörtext. Danach hören die TN das Gespräch noch einmal und sagen, was an den Geburtstagen besonders ist. Sprechen Sie im Kurs darüber und erklären Sie, wenn nötig.
Lösung Marc Reuter: *22.09. (seine Freundin Susanne hat nur 2 Tage nach ihm Geburtstag)*; Susanne und Laura: *24.09. (die Schwestern haben am gleichen Tag Geburtstag, sie sind Zwillinge)*; Sven: *31.12. (er hat an Silvester Geburtstag)*; Lena: *29.2. (sie hat nur im Schaltjahr, also alle 4 Jahre Geburtstag)*.
Erweiterung Kopieren Sie die **Kopiervorlage** für alle TN. Je 2 TN versuchen die Daten und Feiertage einander zuzuordnen (Aufgabe 1). Die Zeichnungen helfen. Die TN kontrollieren selbst mit der Lösung auf der Kopiervorlage oder Sie vergleichen im Kurs. Danach fragen sich je 2 TN nach den Daten der Feste und Feiern (Aufgabe 2) und die TN erzählen von Feiertagen, die sie kennen und erlebt haben (Aufgabe 3). In heterogenen Kursen können die TN einen Feiertag ihres Landes vorstellen.

1.90

KV

4 b Schreiben Sie an die Tafel *Wann haben Sie Geburtstag?* Machen Sie einige Beispiele mit den TN. Wiederholen Sie ggf. die Monatsnamen im Kurs. Die TN bilden anschließend eine Geburtstagsschlange, indem sie sich nach ihrem Geburtstag fragen und sich dann nach dem Kalender aufstellen.
Erweiterung Erstellen Sie im Kurs einen Geburtstagskalender. Verteilen Sie die Monate je nach TN-Zahl: Die TN sollten in jedem Fall zu zweit oder zu dritt arbeiten. Sie notieren auf DIN-A5-Karten die Namen und die Geburtstage und illustrieren die Karte passend zum Monat. Dann hängen sie die Karten chronologisch im Kursraum auf. Sehen Sie regelmäßig auf die Geburtstagliste und feiern Sie die Geburtstage im Kurs.

12 DIN-A5-Karten

5 a Die TN lesen zuerst die Familiennamen. Dann hören sie und verbinden die Familiennamen mit dem Geburtsmonat. Sie vergleichen in PA bzw. im Kurs und hören ggf. noch einmal.
Lösung *Herr Rauter im April; Herr Reuter im Juni; Herr Reiter im März; Frau Beimer im Mai; Frau Beumer und Frau Baumer im August.*

1.91

6 Zeit mit Freunden

ÜB 5a Im Kurs. Gehen Sie mit Hilfe der Infobox kurz auf die unterschiedliche Schreibung von *ei/ai* und *eu/äu* ein und zeigen Sie an Beispielen, dass die Schreibung beim Hören keinen Unterschied macht. Dann hören die TN und kreuzen an, welche Namen sie hören.
Erweiterung Schreiben Sie deutsche Familiennamen mit *ei, ai, eu, äu, au* (+ Frau/Herr) auf Kärtchen und machen Sie eine Liste der verwendeten Namen für sich. Jede/-r TN erhält ein Kärtchen. Die TN lesen kurz ihren Familiennamen und drehen das Kärtchen um, sodass sie den Namen nicht sehen können. Nun beginnen Sie z. B. zu fragen *Entschuldigung, wo ist denn bitte Frau Beumer?* Der/Die TN, der/die meint, dass es sein/ihr Familienname ist, steht auf und sagt: *Hier, ich bin Frau Beumer.* Zur Kontrolle zeigt der/die TN das Kärtchen. Wenn er/sie es falsch gehört hat, setzt er/sie sich wieder und wartet, bis der korrekte Name aufgerufen wird. Hat er/sie es richtig gehört und ausgesprochen, wiederholt die ganze Gruppe *Guten Tag, Frau Beumer.* Dann wird die nächste Person aufgerufen.

Kärtchen

5b Die TN hören die Sätze und sprechen sie nach.

🔊 1.92

ÜB 5b Im Kurs oder als HA zur Vertiefung.
Erweiterung Die TN lesen die Sätze zunächst leise. Dann lesen sich je 2 TN gegenseitig die Sätze vor. Geben Sie → **Tipps zum Vorlesen**.

6a Die TN lesen die E-Mail und notieren die Aktivitäten, die die Freunde planen. Dann beschreiben je 2 TN, was die Freunde mit Sofia machen wollen.
Lösung *einen Tag mit Freunden, einen Ausflug mit dem Fahrrad, ein Picknick; bei Regen: zusammen essen und ins Kino gehen*

6b Die TN lesen die E-Mail noch einmal und markieren die genannten trennbaren Verben. Fragen Sie die TN dann, was an diesen Verben besonders ist (*sie sind trennbar, erscheinen im Satz in zwei Teilen*). Schreiben Sie die folgenden 3 Sätze aus der E-Mail auf DIN-A4-Karten, jeden Satz in einer anderen Farbe, und zerschneiden Sie die Sätze so: / Wir / laden / Sofia / ein / . / – / Wir / holen / dann zusammen Sofia / ab / . / – / Hoffentlich / könnt / ihr alle / mitkommen / . / Beginnen Sie nun mit dem ersten Satz. Spielen Sie → **Lebendiger Satz**. Schreiben Sie dann die Verben *einladen, abholen, mitkommen* wie im Grammatik-Kasten (Oval mit Trennlinie) an die Tafel. Lassen Sie die TN den ersten Satz an die Tafel zum Infinitiv heften. Fragen Sie, auf welcher Position das konjugierte Verb steht (*auf Position 2; das Präfix steht am Ende*). Markieren Sie die beiden Verbteile wie im Grammatik-Kasten, zeichnen Sie auch die Satzklammer ein. Fragen Sie die TN, woher sie das Phänomen der Satzklammer bereits kennen (*Modalverben*). Gehen Sie mit dem zweiten Satz genauso vor. Lassen Sie beim zweiten Satz die TN die Verben und die Satzklammer selbst markieren. Erläutern Sie anhand des dritten Satzes, wie die Satzklammer bei der Kombination von trennbarem Verb mit Modalverb befüllt wird. Hängen Sie zum Schluss die Sätze im Kursraum auf.

DIN-A4-Karten

ÜB 6b Im Kurs: Lesen Sie mit den TN den Tipp-Kasten zum *Wortakzent* und erklären Sie den TN, dass die Betonung ihnen helfen wird, trennbare und nicht trennbare Verben zu unterscheiden: Bei den trennbaren Verben wird immer das Präfix betont. Schreiben Sie 2 trennbare Verben (*abholen, einladen*) und 2 nicht trennbare Verben (*erzählen, besuchen*) an die Tafel und üben sie mit den TN die Betonung. Anschließend vorgehen wie beschrieben.

6c Zeichnen Sie 7 Rechtecke mit Trennlinie an die Tafel. Einzelne TN schreiben die Verben aus KB7c in die Rechtecke an die Tafel. Sagen Sie, dass *einladen* und *anfangen* Verben mit Vokalwechsel sind und wie z. B. *fahren* konjugiert werden. Fragen Sie nach der 2. und 3. Person Singular bzw. lassen Sie die TN die Verben einmal ganz konjugieren. Dann in PA vorgehen wie beschrieben.
Lösung *1 Marc und Anne laden alle Freunde ein. 2 Der Tag fängt um 10 Uhr an. 3 Sie holen Sofia zusammen ab. 4 Das Essen bringen Marc und Anne mit. 5 Sie rufen bei Regen rufen sie alle an. 6 Marc und Anne sammeln Geld ein. 7 Am Samstag können viele Freunde mitkommen.*
Erweiterung für sprachlich stärkere Gruppen: Je 4 TN arbeiten zusammen. Sie schreiben 6 eigene Sätze mit trennbaren Verben. Dann erstellen sie aus den 6 Sätzen auf Kärtchen, die Sie austeilen, ein Dominospiel. Weisen Sie darauf hin, dass die Sätze so auf den Dominokärtchen stehen sollen, dass die konjugierte Verbform und das Präfix des Verbs nicht zusammen auf einem Kärtchen sind,

je Gruppe 6 längliche Kärtchen

48

Zeit mit Freunden 6

z. B. / *zusammen ab. Marc und Anne laden / alle Freunde ein. Der Tag fängt / um 10 Uhr an. Sie holen Sofia* / Dann schneiden die TN die einzelnen Dominoteile auseinander und geben ihr Domino an eine andere Gruppe weiter. Alle Gruppen spielen Domino.
Nach Aufgabe 6c passt der Grammatik-Clip über die trennbaren Verben. Hier wird zusätzlich auf die Satzstellung bei Fragesätzen eingegangen. Sie können den Clip als Überleitung zu KB7 oder, in einer neuen Unterrichtsstunde, als Einstieg in KB7 nutzen. ▶ G2

7 a–b Je 2 TN machen zusammen ein Interview und üben dabei die Satzstellung trennbarer Verben in Fragesätzen. Sie notieren die Antworten ihres Gegenübers. Dann sucht jede/-r eine/-n neue/-n Partner/-in und berichtet vom Interview.
Sie können abschließend Filmszene 13 zeigen. Die TN sollen besonders auf den letzten Satz achten. ▶ 13

ÜB 8 Im Kurs zur Vorbereitung von KB8, falls die TN noch mehr Redemittel für ihre Einladung benötigen.

8 Weisen Sie die TN auf den Tipp-Kasten hin. Die TN sollen darauf achten, am Anfang einer E-Mail eine Anrede und am Ende einen Gruss zu schreiben. Je 2 TN schreiben eine Einladungs-Mail zu einem Fest mit Freunden mit den vorgegeben Stichpunkten. Die Stichpunkte können in dieser Reihenfolge in der E-Mail erscheinen. → **Schreibaufgaben auswerten**
Lösungsvorschlag *Liebe Freunde, wir möchten euch am 11.6. um 17 Uhr zu unserem Fest im Park in der Riedstrasse 12 einladen. Wir bringen Essen und Getränke mit. Wir wollen tanzen, spielen und essen. Hoffentlich könnt ihr alle kommen. Schreibt uns bitte eine E-Mail. Viele Grüße Anna und Katja*
Variante Schreiben Sie die Namen der TN auf einzelne Zettel. Jede/-r TN bekommt einen Namen zugeteilt und schreibt dieser Person eine Einladung; so bekommen alle Lernenden eine Einladung.

Im Restaurant
Sprachhandlungen Essen und Getränke bestellen und bezahlen; über ein Ereignis sprechen
Lerninhalte WS: Essen und Getränke; Bestellen und Bezahlen im Restaurant | GR: Präposition *für* + Akkusativ; Personalpronomen im Akkusativ *mich, dich ...*; Verb *möchte*; Präteritum von *haben* und *sein*

9 Die TN sehen zuerst nur die Bilder an und beschreiben für jedes einzelne Bild, wo das ist und was sie sehen (Beispiele: A: *ein Restaurant, der Treffpunkt, die Verabredung, ein Mann mit Hund, eine Frau, wollen zusammen essen*; B: *alle haben Hunger (z. B. Spaghetti, Fleisch mit Kartoffeln), Problem: das Restaurant will keine Hunde*; C: *im Café: der Mann, die Frau, der Hund, der Tisch, die Bank, die Getränke, das Essen, eine Tasche, Teller*). Dann fragen Sie die TN, was da passiert *(eine Frau und ein Mann mit Hund gehen ins Restaurant)*. Die TN sprechen über den Umgang mit Hunden in ihrem Land oder in Ländern, die sie kennen.
Info Hunde sind in D-A-CH neben Katzen die beliebtesten Haustiere. Ein Hund wird auch „der beste Freund" des Menschen genannt. Sie sind Beschützer von Mensch, Haus und Hof, Blinden- oder Familienhunde. Manche Menschen finden Hunde jedoch unhygienisch oder haben Angst vor ihnen. Das bietet nicht selten Konfliktpotenzial. Wo die Hunde sein dürfen, ist je nach Haushalt unterschiedlich: In manchen dürfen sie überall hin (aufs Sofa, ins Bett, in die Küche), in anderen nicht, manche Hunde müssen draußen bleiben und haben dort eine Hundehütte oder einen Zwinger. Bei Restaurantbesuchen sollte man vorher fragen, ob man einen Hund mitbringen darf. Im Freien sind Hunde in Restaurants oder Cafés normalerweise kein Problem, es ist üblich, dass dem Hund dort Wasser gebracht wird; der Hund darf jedoch nicht in die Bereiche der Lebensmittelzubereitung.

10 a Bringen Sie Zeitungsausschnitte oder Fotos von allen Gerichten und Getränken mit. Die TN lesen die Getränke und Gerichte und ordnen die Fotos zu. Dann hören die TN das Gespräch und kreuzen an, wer was bestellt. Die TN vergleichen im Kurs.
Lösung Jan: *eine Apfelsaftschorle, Pizza mit Gemüse*; Leela: *Cola, Salat mit Käse (Hund: Wasser)*
Info In D-A-CH sind Saftschorlen sehr beliebt. Das sind Fruchtsäfte, die mit Mineralwasser gemischt werden, z. B. Apfel(saft)schorle, Rhabarberschorle usw.

🔊 1.93
Fotos von den Gerichten und Getränken

10 b Die TN hören noch einmal einen Teil des Gesprächs aus 10a und lesen mit. Dabei ergänzen sie die Lücken. Danach markieren die TN die Präposition *für* und die Personalpronomen. Fragen Sie, welcher

🔊 1.94

6 Zeit mit Freunden

Kasus auf *für* folgt (*Akkusativ*). Sehen Sie gemeinsam die beiden Grammatik-Kästen an. Gehen Sie dabei auch auf das Fragewort *wen* ein (Akkusativ von *wer*). Je 2 TN vergleichen ihre Ergänzungen.
Lösung *mich, dich, dich, mich, dich, mich, ihn*

ÜB 10 ÜB 10c–f im Kurs, falls die TN vor KB10c mehr Personalpronomen im Akkusativ brauchen.

10 c Je 2 TN spielen zusammen. Jede/-r TN würfelt zweimal, das erste Mal für das Getränk/Essen und das zweite Mal für die Person(en). Dann bilden sie einen Satz mit dem passenden Personalpronomen im Akkusativ. Gehen Sie herum und korrigieren Sie, wenn nötig. — je 2 TN ein Würfel
Sie können abschließend Filmszene 14 zeigen. Fragen sie: *Für wen gibt es eine Apfelschorle? (für Max) Wie bestellt Anna ihr Getränk? (Für mich bitte einen Orangensaft) Für wie viele Leute ist die Vorspeisenplatte? (für 4 Personen) Für wen bestellt Luca Wiener Schnitzel? (für alle; für 4 Personen)* — ▶ 14

11 Hier geht es um die Redemittel für die Bestellung. 2 TN lesen die Redemittel in der Sprechblase vor, die linke Spalte gehört zum Kellner, die rechte zum Gast. Weisen Sie dann auf den Grammatik-Kasten zu *möchten* hin. Erklären Sie, dass *möchten* entweder ein Nomen als Ergänzung (*eine Cola*) bei sich hat (als Vollverb) oder aber als Modalverb verwendet werden kann, also zusammen mit einem Infinitiv (*Ich möchte nichts essen.*). Machen Sie ggf. Beispiele im Kurs. Je 3 TN spielen Dialoge im Restaurant, sie variieren die Bestellungen mit Hilfe der Speisekarte und wechseln auch die Rollen.

ÜB 11 c Im Kurs. Bringen Sie eine Speisekarte, eine Serviette, ein Glas, eine Tasse, einen Teller, eine Gabel, ein Messer und einen Löffel mit. Schreiben Sie die Wörter mit Artikel auf Kärtchen. Die TN ordnen die Wörter den Gegenständen zu. Lesen Sie das Beispiel im Kurs. Je 2–3 TN spielen ähnliche Dialoge. — Realien, Kärtchen

12 a Hier geht es um die Redemittel zum Bezahlen. Die TN lesen zuerst die vorgegebenen Sätze und überlegen zu zweit, wer was sagen könnte. Dann hören sie das Gespräch und kreuzen an. Die TN vergleichen im Kurs. In ÜB12b finden die TN Varianten zu den gelernten Redemitteln. — 🔊 1.95
Lösung Kellner: *Einen Moment bitte.; Zusammen oder getrennt?; Das macht dann 25,30 €.* – Sven: *Können wir bitte zahlen?; Zusammen!; Stimmt so.*
Die TN hören zwei verschiedene Möglichkeiten, wie man Trinkgeld geben kann, und lesen die Redemittel im Kasten *Gut gesagt: Trinkgeld geben* mit. Erklären Sie: Wenn man nichts mehr zurück möchte, sagt man *Stimmt so.*; wenn man Geld zurück möchte, nennt man den Betrag, den man bezahlen möchte: *(Machen Sie) 19 Euro bitte*. — 🔊 1.96
Info In Deutschland ist es üblich, dass man im Restaurant getrennt bezahlt. Jeder Gast sagt separat, was er gegessen und getrunken hat. Der Kellner markiert es dann auf der Rechnung, man kann aber auch getrennte Rechnungen bestellen. Natürlich kann man auch alles zusammen bezahlen. Wenn man sagt, dass man alles zusammen bezahlen möchte, bedeutet es normalerweise, dass man den oder die anderen einlädt. Um die Bedienung zum Bezahlen an den Tisch zu rufen, nimmt man Blickkontakt auf und sagt *Entschuldigung!* (ohne Gesten) *Wir/Ich möchte/-n bitte zahlen* oder auch *Die Rechnung, bitte*. Es ist üblich, 5–10 Prozent des Rechnungsbetrages als Trinkgeld zu geben.

12 b Je 2 TN spielen Dialoge und variieren dabei die grünen Satzteile mit Hilfe der Speisekarte aus KB11.
→ **Tipps zum freien Sprechen**. Zu dieser Aufgabe gibt es ein interaktives Tafelbild. Die TN spielen zu zweit oder zu dritt Gespräche im Restaurant. Sie bestellen Speisen und Getränke von der Speisekarte und bezahlen nach dem Essen. Die Speisen und Getränke können von unten auf das Tablett geschoben werden. Über den Reset-Button links kann man das Tablett leeren.
Nach KB12b bietet es sich an, Filmszene 15 bereits einmal zu zeigen. Fragen Sie, wer zahlt (*Luca*) und für wen die Person zahlt (*für alle*). — ▶ 15

13 a Die TN lesen die Aussagen und vermuten, welche Aussage richtig ist. Dann hören sie das Gespräch und korrigieren ggfs. Anschließend markieren die TN die Verben in allen Sätzen und vergleichen sie mit dem Grammatik-Kasten zum Präteritum. Thematisieren Sie kurz, dass bei diesen beiden Verben meist das Präteritum benutzt wird, um etwas Vergangenes zu beschreiben. — 🔊 1.97
Lösung *4, 5, 7*
Erweiterung Bilden Sie mit den TN einen Kreis. Üben Sie mit → **Wortschatz in Kreisläufen** die Verbformen von *haben* und *sein* im Präteritum. Die TN nennen sie jeweils mit dem Personalpronomen.

Zeit mit Freunden 6

ÜB

13 a–b Im Kurs zum Einüben der Verbformen.
Variante zu 13b: Die TN ergänzen die Verbformen wie beschrieben in der Tabelle. Schreiben Sie die Sätze neben der Tabelle einzeln auf große Kärtchen und hängen Sie diese ungeordnet im Raum auf. Je 2 TN arbeiten zusammen und machen ein → **Laufdiktat**: Jede/-r diktiert 3 Sätze und ergänzt die fehlenden Verbformen. Sprachlich schwächere TN können die fehlenden Verbformen auch im Nachhinein gemeinsam ergänzen. Abschließend korrigieren die TN selbstständig oder gegenseitig ihre Rechtschreibfehler und die Verbform mit der Lösung im ÜB.

13 b Je 2–3 TN arbeiten zusammen. Vorgehen wie beschrieben.
Variante Je 2–3 TN denken sich einen vergangenen Besuch in einem Café oder Restaurant aus und illustrieren diesen mit Zeichnungen. Dann gehen sie mit einer anderen Gruppe zusammen. Die andere Gruppe versucht den Cafébesuch anhand der Zeichnungen zu rekonstruieren.

Kneipen & Co in D-A-CH

Sprachhandlungen wichtige Informationen im Text finden; Veranstaltungstipps im Radio verstehen
Lerninhalte WS: Veranstaltungen | Landeskunde: Kneipen & Co in D-A-CH; Veranstaltungen in D-A-C-H

14 a Projizieren Sie die Fotos aus dem KB an die Wand, decken Sie aber die Bezeichnungen ab, wenn Sie die **Kopiervorlage** einsetzen wollen. Die TN beschreiben die Fotos. Geben Sie jedem TN eine Kopiervorlage. Die TN lesen die Texte und suchen das passende Foto. **KV**
Weisen Sie die TN auf das hin, was im Strategie-Kasten im KB vermittelt wird. Dann lesen die TN die Texte noch einmal und ergänzen die Informationen in der Tabelle. Übernehmen Sie die Tabelle an die Tafel und bitten Sie einen TN, die Tabelle auf Zuruf zu ergänzen.
Variante für stärkere Gruppen: Gehen Sie zunächst vor wie oben beschrieben. Bei der Textarbeit arbeiten je 4 TN zusammen, jede/-r TN übernimmt eines der Lokale, liest den Text und ergänzt die Tabelle. Danach informieren sich die 4 TN gegenseitig über die verschiedenen Lokale. Wichtig ist, dass sie nur anhand der Informationen sprechen, die sie notiert haben, und sich nicht an den Texten festhalten. Die TN schreiben die neuen Informationen in die Tabelle.
Lösung Kaffeehaus: *in Wien; meistens bis 23 Uhr geöffnet; Kaffee und andere Getränke, richtig essen oder Kuchen* – Biergarten: *typisch für Bayern; nur im Sommer; Trinken ja, das Essen kann man selbst mitbringen oder dort kaufen* – Strandbar: *in vielen Städten in Deutschland, meistens an einem Fluss oder an einem See; nur im Sommer, bei Sonne und gutem Wetter; etwas trinken und auch essen* – Kneipe: *überall; ab Nachmittag bis spät in die Nacht geöffnet; kleine Gerichte, z. B. Sandwiches, manchmal auch eine große Speisekarte*

14 b Die TN tauschen sich in Gruppen von 4–5 TN darüber aus, was sie an den Lokalen in D-A-CH interessant finden, in welchen Lokalen sie schon einmal waren und welche sie gerne besuchen möchten.

14 c In sprachlich homogenen Gruppen machen die TN eine → **Sprechmühle**. Schreiben Sie dafür folgende Fragen an die Tafel: *1. Welche typischen Lokale gibt es in Ihrem Heimatland / in Ihrer Stadt? 2. Wo gehen Sie am liebsten hin? 3. Wo gehen Jugendliche hin und was kann man da essen/trinken? 4. Wann sind Lokale in Ihrem Land geöffnet? 5. Was ist bei Ihnen ähnlich und was ist bei Ihnen anders als in Deutschland?* Die TN sprechen mit dem/der ersten Partner/-in über Frage 1, danach rotiert der Außenkreis einen Platz weiter. Mit dem/der neuen Partner/-in sprechen sie über Frage 2 usw.
In sprachlich heterogenen Gruppen sprechen je 4–6 TN in Gruppen über die oben genannten Fragen. Sie präsentieren danach im Kurs die interessantesten Informationen in höchstens 5 Sätzen.

Was ist los in …?

Sprachhandlungen Veranstaltungstipps im Radio verstehen
Lerninhalte WS: Veranstaltungen

15 a Fragen Sie, was die Themen der Anzeigen sind (*Musik, Kultur, Kino, Sport*). Dann lesen die TN die Anzeigen und bestimmen, welche Angaben fehlen. Die TN vergleichen im Kurs.
Lösung Preis: *A, B, C, D, E* – Ort: *B* – Datum: *A, C, D, E* – Uhrzeit: *B, C*

6 Zeit mit Freunden

15 b Ein TN liest den Inhalt des Strategie-Kastens laut vor. Die TN überlegen bzw. suchen in den Anzeigen, welche Wörter für *Ort* (Städtenamen; *in*), *Uhrzeit* (*beginnen, enden, um, Beginn*) und *Datum* (*am*) wichtig sind. Sammeln Sie im Kurs. Dann hören die TN die Ansagen und notieren die fehlenden Angaben. Spielen Sie die Ansagen noch einmal vor und vergleichen Sie dann im Kurs.
Variante Bilden Sie 3 Gruppen. Eine konzentriert sich beim Hören auf Datum und Uhrzeit, eine andere auf den Preis und eine dritte auf den Ort. Danach informieren sich die Gruppen gegenseitig.
Lösung A: Extra-Konzert: *16.9., 49 €* – B: Lange Museumsnacht: *Berlin, 19–3 Uhr, 13 €* – C: Open-Air-Kino: *21 Uhr, 15.8., 12 Franken* – D: Marathon: *18.8., 39 €* – E: Fußball: *19.9., 80 €*;

1.98

15 c Die TN sprechen miteinander wie im Beispiel und finden für alle Aktivitäten eine/-n Partner/-in.
Alternative Jede/-r TN notiert 6 Aktivitäten, die er/sie gerne machen möchte. Dann versuchen die TN so viele Personen wie möglich zu finden, die mit ihnen diese Aktivitäten machen möchten. Wenn sie jemanden gefunden haben, lassen sie ihn/sie unterschreiben. Entweder lassen Sie so lange spielen, bis der/die erste TN für alle Aktivitäten eine Begleitung gefunden hat und *Stopp!* ruft, oder geben Sie eine bestimmte Zeit vor und es gewinnt der/die TN, der/die die meisten Unterschriften gesammelt hat. Bei dieser Alternative kann jeder auch mehr als eine Person für eine Aktivität unterschreiben lassen. Am Ende stellen einige TN vor, was sie mit wem machen werden.

15 d Je 3–4 TN sprechen darüber, was man in ihrer Stadt machen kann. Die TN machen ggf. vorher Notizen.

Die Netzwerk-WG
Luca hat Geburtstag | Lucas Einladung | Essen für Bea

16 a Die TN schauen das Foto an und lesen die Wörter. Dann verbinden sie die Wörter mit den Sachen. Anschließend sehen sie die Filmszene 13 und ergänzen ggf. noch Fehlendes.
Lösung

1. der Teller
2. das Glas
3. die Blume
4. die Serviette
5. das Brot

6. das Geschenk
7. der Kuchen
8. die Kerze
9. die Karte
10. die Girlande

16 b Die TN lesen die sechs Aussagen und markieren, welche richtig sind. Dann sehen sie die Filmszene 13 noch einmal und korrigieren ggf.
Lösung *2 (wahrscheinlich kommt er von der Arbeit), 3, 4*

17 Die TN lesen die Getränke- und die Speisekarte. Dann sehen sie die Filmszene 14 und markieren in der Karte, was Luca, Anna und Max essen und trinken.
Lösung *Orangensaft, Apfelschorle, Vorspeisenteller, Wiener Schnitzel*

18 a Die TN lesen, was Luca und was Bea sagt, und versuchen zu zuordnen, was Bea zu Luca sagt. Dann sehen sie Filmszene 15 und kontrollieren beim Sehen, ob sie richtig zugeordnet haben. Danach vergleichen je 2 TN. Danach spielen sie das Telefongespräch nach.
Lösung *1C, 2D, 3A, 4B*

18 b Die TN lesen die Sprechblasen und versuchen, sie den Personen zuzuordnen. Dann sehen sie die Filmszene und korrigieren, falls nötig.
Lösung (in der Reihenfolge der Filmszene) Anna: *Oje, ich bin so satt.* Luca: *Können wir bitte zahlen?* Kellnerin: *Zusammen oder getrennt?* Anna: *Können wir das mitnehmen?* Max: *Hoffentlich hat sie Hunger.*

Plattform 2

Wiederholungsspiel

1   Je 5 TN spielen zusammen das Wiederholungsspiel. Je 2 TN bilden 2 Spielerpaare A und B. 1 TN ist der Experte / die Expertin. Das erste Spielerpaar beginnt und wirft eine Münze. Liegt der Kopf oben, spielen sie einen Dialog zu dem über der Aufgabennummer abgebildeten Bild, liegt die Zahl oben, lösen sie die darunter stehenden Aufgaben. Die Spielerpaare spielen abwechselnd. Der Experte / Die Expertin bekommt die **Kopiervorlage**. Mit Hilfe der Verweise auf die entsprechenden Situationen im KB kann er/sie Beispieldialoge nachschlagen und entscheidet, wie der Dialog war. Er/Sie vergibt Punkte: Für einen sehr guten Dialog bekommt das Spielerpaar 5 Punkte, für einen guten 3 Punkte und für einen nicht so guten 1 Punkt. War die Antwort zur Aufgabe richtig, bekommt das Spielerpaar 3 Punkte. Der Experte/Die Expertin notiert die Punkte auf einem Zettel.

Für je 5 TN eine Münze und 2 Spielfiguren, KV, Stifte und Zettel

Zeit

2   Lesen Sie mit den TN die 3-spaltige Liste mit den Aktivitäten und klären Sie ggf. Vokabular. Lassen Sie zwei TN den Dialog vorlesen. Variieren Sie den Dialog dann im PL mit zwei anderen TN aus der Gruppe. Danach spielen die TN zwei oder mehrere Dialoge in PA.
Variante Die TN spielen die Dialoge in einem → **Kursspaziergang**. Dazu gehen sie durch den Raum, suchen sich immer wieder neue Partner/-innen und spielen neue Dialoge.
Erweiterung Die TN sammeln weitere Aktivitäten, die sie für die Dialoge verwenden können.

3   Wiederholen Sie kurz die Bildung der Ordinalzahlen zum Gebrauch des Datums. Lesen Sie die Fragen und die möglichen Antworten mit den TN. Die TN machen einen → **Kursspaziergang** und stellen möglichst vielen unterschiedlichen TN die Fragen. Antwortet der/die befragte TN positiv, schreibt der/die fragende TN den Namen hinter die Frage. Die TN sollen für drei Aktivitäten eine/-n Partner/-in finden. Anschließend stellen sie im PL vor, was sie mit wem unternehmen, z. B. *Ich gehe am 3. Mai mit Luisa ins Kino und am 15. Juni mit Lars ins Museum. Am 5. Juli mache ich mit Katarina eine Party.*
Wenn die TN nicht ins Buch schreiben möchten/sollen, kopieren Sie die Aufgabe 3 für alle TN.
Erweiterung Die TN überlegen sich weitere Aktivitäten und schreiben sie auf die Kopie, z. B. *Gehen wir am … ins Fitness-Studio?*

Kopien

4   Die TN machen ein Partnerdiktat. Sie entscheiden sich für einen der beiden Texte und diktieren sich die Texte gegenseitig. Anschließend korrigieren sie entweder ihr eigenes Diktat oder das von ihrer/-m Partner/-in mit Hilfe des KB.
Variante Die TN machen ein → **Laufdiktat** oder ein → **Rückendiktat** (siehe **Diktate**).

5 a   Die TN sehen die Fotos an und überlegen bei jedem Foto, ob sie an viel oder wenig Zeit denken. Sie schreiben die Fotonummern in die Tabelle.

5 b   Die TN vergleichen ihre Ergebnisse im Kurs und begründen jeweils ihre Entscheidung.
Erweiterung Kopieren Sie die Fotos, schneiden Sie sie aus und kleben Sie sie jeweils auf ein DIN-A4-Blatt. Je 2–3 TN arbeiten zusammen. Jede Gruppe bekommt ein Foto und schreibt zuerst Wörter, die zum Bild passen, um das Foto herum. Dann schreiben sie den ersten Satz eines Dialogs, der zu dem Foto passt. Danach geben sie das Blatt an die nächste Gruppe weiter. Diese schreibt den zweiten Satz des Dialogs usw. Lassen Sie die Blätter rotieren, bis sie wieder bei der Ausgangsgruppe angekommen sind. Je nach Kursgröße lassen Sie ggf. noch eine zweite Runde rotieren, damit die Dialoge etwas ausführlicher werden. Am Ende lesen alle Gruppen ihre Zeit-Dialoge vor.

Kopie der Fotos

5 c   Jede/-r TN notiert, für welche Dinge er/sie viel Zeit braucht und für welche Dinge er/sie mehr Zeit haben möchte. Dafür machen die TN 2 Wortigel.

2 Plattform

5 d Die TN vergleichen im Kurs.
Erweiterung Die TN sammeln ihre Wünsche für mehr Zeit an der Tafel. Was wird am häufigsten genannt?
Variante Je 4 TN arbeiten zusammen und erstellen ihre persönliche Wunschliste für mehr Zeit. Sie illustrieren die Wunschliste und stellen sie dann im Kurs vor.

Essen in D-A-CH

6 a Schreiben Sie *Essen in Deutschland, Österreich und der Schweiz* in einer Tabelle an die Tafel. Fragen Sie die TN, ob sie typisches Essen aus den jeweiligen Ländern kennen und notieren sie die Antworten zum passenden Land. Betrachten Sie dann mit den TN die Bilder. Fragen Sie die TN, was sie schon einmal gegessen haben und was sie gerne probieren würden.

6 b Je drei TN arbeiten zusammen und sammeln, welche Lebensmittel sie auf den Bildern sehen, dann vergleichen sie im Kurs.

6 c Die TN lesen die Texte und ordnen das passende Gericht zu. Fragen Sie die TN, ob sie sich erinnern, aus welchen Ländern die Gerichte stammen. Ergänzen Sie dies in der Tabelle von 6a.
Lösung Ingo: 2; Marie: 3; Alexander: 5; Michaela: 6
Info Die sechs genannten Gerichte sind für die genannten Regionen oder Länder typisch, trotzdem gibt es natürlich Unterschiede und Varianten in der Zubereitung. Wenn Sie genauer wissen möchten, welche Zubereitungsmöglichkeiten es gibt, können Sie sich im Internet z. B. auf der Kochseite www.chefkoch.de informieren.

6 d Die TN machen PA. Jede/-r wählt 2 Texte, liest sie noch einmal und macht Notizen dazu. Dann versucht er/sie anhand der Notizen die Texte möglichst frei wiederzugeben.
Variante → **Kooperatives Lesen**. Teilen Sie den Kurs in vier Gruppen auf. Jede Gruppe bearbeitet gemeinsam einen Text und übt gemeinsam, diesen so frei wie möglich wiederzugeben. Dann machen die TN Wirbelgruppen, so dass in jeder Gruppe jeder Text vertreten ist. Jede/-r TN erzählt den anderen den Inhalt seines Textes.

6 e Die TN sprechen (ggf. in der nächsten Unterrichtsstunde) darüber, welche typischen Gerichte es in ihrem Land oder in ihrer Region gibt. Sie können Fotos mitbringen und eine Minipräsentation machen.
Variante Die TN schreiben als HA kleine Texte und suchen ein Foto dazu. In der nächsten Stunde stellen sie ihr Gericht vor, mit allen Texten wird ein Plakat erstellt und im Kursraum aufgehängt.
Erweiterung Die TN schreiben ein Rezept für ein typisches Gericht ihres Heimatlandes. Alle Rezepte werden zu einem „Kochbuch" zusammengebunden.

Prüfungstraining

→ÜB Plattform 2 In den Plattformen im Übungsteil bereiten sich die TN auf A1-Prüfungen vor. Sie machen das am Beispiel der Prüfung *Start Deutsch A1*. Zu Beginn von Plattform 1 finden die TN eine Übersicht über alle Prüfungsteile und darüber, wo sie diese im ÜB finden.
Hier in Plattform 2 bekommen die TN Tipps und trainieren die Prüfungsteile *Lesen*: Teil 1, *Sprechen*: Teil 2 und *Schreiben*: Teil 1.

ÜB 1.36–43

Arbeitsalltag   7

Los geht's!
Sprachhandlungen Alltagsgespräche verstehen

ÜB 1 a Im Kurs, wenn Sie gerade neu mit dem Kurs beginnen. Projizieren Sie das Namensspiel an die Tafel oder die Wand. Sehen Sie sich das Beispiel gemeinsam an. Die TN bereiten ein entsprechendes Blatt Papier für ihren eigenen Namen vor. Sie machen anschließend einen → **Kursspaziergang** und stellen sich gegenseitig mit ihren Namensblättern vor. Nach ihrer eigenen Vorstellung tauschen sie die Namensblätter, gehen zu einer/-m anderen TN und stellen die/den TN vor, mit der/dem sie zuvor gesprochen haben.

1a Die TN sehen im Kurs die Fotos und die Kapitelüberschrift an. Fragen Sie, welche Situationen die TN auf den Fotos erkennen können (*im Café, am Bahnhof am Fahrkartenschalter, eine Frau und ein Mann an der Haustür, Vater mit Kind an der Haustür mit Post-/Paketbote, im Kindergarten*). Die TN sammeln Wörter zu den Bildern und beschreiben sie. Danach lesen je 2 TN die angegebenen Tätigkeiten und ordnen sie den Fotos zu. Vergleichen Sie im Kurs.
Variante Bilden Sie 2 Gruppen. Gruppe 1 sammelt Wörter zu den Fotos 1–3, Gruppe 2 zu den Fotos 3–5. Bilden Sie danach → **Wirbelgruppen**: Je 1 TN aus Gruppe 1 und 2 beschreiben sich in PA gegenseitig die Situationen und notieren dabei wichtige Wörter zu den Fotos, die sie nicht bearbeitet haben. Weiter wie oben beschrieben.
Lösung *A einen Kaffee mitnehmen; B beim Ticketkauf helfen; C eine Kollegin begrüßen; D das Kind in den Kindergarten bringen; E ein Paket annehmen*

1 b Die TN hören die Gespräche und ordnen sie den Fotos zu.
Lösung *A1, B4, C2, D5, E3*   🔊 2.1–5

1 c In PA lesen die TN die Sätze aus den beiden Gesprächen und versuchen sie in die richtige Reihenfolge zu bringen. Dann hören sie die 2 Gespräche noch einmal und vergleichen.   🔊 2.1–2
Lösung Gespräch 1: ● Guten Morgen. ○ Morgen! Einen Kaffee zum Mitnehmen, bitte. ● Groß oder klein? ○ Groß. ● Alles klar. Das macht dann 3,60€. ○ Hier bitte, haben Sie keinen Zucker? ● Doch. Hier steht er. ○ Ah, danke.
Gespräch 2: ● Morgen, Adnan. ○ Hallo Laura. Wie geht´s? ● Danke gut und dir? ○ Auch alles gut. Sehen wir uns später. ● Klar. Wir haben einen Termin bei der Firma Pohl. ○ Ja, stimmt. Um drei. Dann bis später. ● Bis dann. Ich hole dich ab. ○ Super!

1 d Die TN spielen die Gespräche. Geben Sie → **Tipps zum Freien Sprechen**.

1 e Je 2–3 TN sprechen miteinander über die Fragen.

ÜB 1 b Im Kurs. Sprachlich stärkere TN bearbeiten A, sprachlich schwächere TN bearbeiten B.

ÜB 1 c Im Kurs. Thematisieren den Redemittel-Kasten. Danach ergänzen die TN *ja, nein* oder *doch*.
Erweiterung Schreiben Sie je einen Satz mit *ja, nein* und *doch* aus der Übung an die Tafel. Fragen Sie die TN, wo der Satzakzent ist (auf *Ja, Nein* und *Doch*). Lesen Sie die Sätze einmal vor und lassen sie diese nachsprechen. Dann lesen je zwei TN laut die Fragen und die Antworten im Wechsel vor.

Lauras Praktikum
Sprachhandlungen einen Blogbeitrag verstehen; über den (Arbeits-)Alltag schreiben
Lerninhalte WS: Büroalltag | GR: Sätze verbinden: *und, oder, aber*

2 a Erklären Sie den TN, dass Laura in einem Blogbeitrag über ihr Praktikum berichtet. Je 2–3 TN sehen sich gemeinsam die Fotos an und notieren, was Laura macht. Dann lesen die TN den Blogeintrag und überlegen, welche Fotos zu dem Text passen. Vergleichen Sie im PL.
Variante → **Kooperatives Lesen**. Dann weiter wie oben beschrieben.
Lösung *Alle Bilder passen, aber das Kopieren (B) wird nicht explizit im Blog genannt.*

55

7 Arbeitsalltag

2 b Zunächst lesen die TN die angegebenen Tätigkeiten und markieren, welche Laura gern macht und welche nicht. Dann lesen die TN den Blogeintrag noch einmal und vergleichen in PA.
Lösung gern: *telefonieren, mit Kollegen Kaffee trinken, mit der Chefin Kunden besuchen, alleine Pause machen* – nicht gern: *früh aufstehen, am Computer arbeiten*

2 c Projizieren Sie den Grammatik-Kasten an die Wand. Die TN lesen die Sätze. Verdeutlichen Sie den Unterschied zwischen *und (zwei Aspekte sind gleichwertig)*, *oder (zwei Aspekte gelten alternativ)* und *aber (zwei Aspekte, bei dem der eine dem anderen entgegensteht)*. Erklären Sie den TN, dass die Konnektoren jeweils auf Position 0 zwei Sätze verbinden. Zeigen Sie den TN anhand der beiden Beispiele im Grammatik-Kasten, dass sie, wenn im zweiten Satz das Subjekt dasselbe ist wie im ersten, im zweiten Satz das Subjekt nicht nochmals nennen müssen. Weisen Sie auch darauf hin, dass vor dem *aber*-Satz immer ein Komma stehen muss. Dann verbinden je 2 TN die Sätze mit dem richtigen Konnektor.
Erweiterung Die TN schreiben je einen Satz mit *und, oder* und *aber*. Sie machen daraus → **Lebendige Sätze** für die ganze Gruppe.
Lösung *1. Die Firma ist klein, aber es ist immer was los. 2. Die Kollegen sind nett und (sie sind) lustig.* (Weisen sie hier die TN darauf hin, dass sie, wenn das Verb in beiden Hauptsätzen gleich ist, dieses im zweiten Hauptsatz weglassen können.) *3. Laura trinkt mit ihren Kollegen einen Kaffee oder sie macht allein eine Pause. 4. Mittags isst sie ein Sandwich und (sie) trinkt einen Apfelsaft. 5. Am Abend lernt Laura Deutsch oder (sie) trifft sich mit Freunden. 6. Adnan geht heute früher, aber morgen bleibt er lang.*

ÜB 2 d+e Eignet sich für sprachlich schwächere Gruppen oder TN im Kurs zum weiteren Üben von *und, oder* und *aber*.

2 d Eignet sich als HA.
Erweiterung Die TN machen diese Aufgabe in EA als HA und bringen ihre Texte mit in den Unterricht. Organisieren Sie dann mit den TN eine → **Schreibkonferenz**. Erklären Sie den TN, dass sie so ihre Texte kooperativ überarbeiten und damit verbessern. Je 3 TN arbeiten zusammen. Jede/-r TN bekommt 2 Kopien der **Kopiervorlage**. Gehen Sie zunächst mit den TN die Checkliste durch, um das Verständnis zu sichern. Nun analysieren die TN nacheinander ihre Texte. TN 1 beginnt und liest langsam den eigenen Text vor, die anderen beiden TN machen auf der Kopiervorlage Notizen zu den einzelnen Aspekten. Dann lesen sie den Text selbst noch einmal durch und ergänzen ihre Notizen auf ihrer Checkliste. Danach geben sie TN 1 anhand ihrer Notizen mündlich Feedback. Dann ist TN 2 mit seinem/ihrem Text an der Reihe. Am Ende bekommt jede/-r TN die Notizen zu seinem/ihrem Text und überarbeitet ihn zu Hause mit Hilfe der Checkliste.
Geben Sie den TN den Tipp, dass sie die Checkliste auch in Zukunft bei Korrekturlesen eigener Texte zu Rate ziehen sollten, um systematisch Fehler zu finden und zu korrigieren.

KV

Mit wem muss ich sprechen?
Sprachhandlungen Gespräche am Arbeitsplatz verstehen
Lerninhalte WS: (Arbeits-)Alltag | GR: Präposition *mit* + Dativ | Aussprache: *s* und *sch* / *st* und *scht*

3 a Vorgehen wie beschrieben. Anschließend vergleichen die TN zunächst in PA und dann im PL.
Lösung *1, 3, 4, 5*
🔊 2.6

3 b Die TN lesen in PA die Sätze und versuchen die Lücken zu ergänzen. Dann hören sie das Gespräch noch einmal, vergleichen und korrigieren, wenn nötig.
Variante Machen Sie aus den Sätzen in 3b ein → **Laufdiktat**: 2 TN arbeiten zusammen, diktieren sich gegenseitig und ergänzen die Lücken. Zur Kontrolle hören sie die Audiodatei noch einmal.
Lösung *1 Chefin, 2 Konzert, 3 15 Uhr, 4 Firma, 5 nett, 6 Geburtstag*
🔊 2.6

Arbeitsalltag 7

3 c Projizieren Sie die beiden Grammatik-Kästen an die Tafel oder an die Wand. Die TN lesen, dann markieren sie in EA im 3b die Präposition *mit* und die Artikel dahinter im Dativ und ergänzen die fehlenden Artikelwörter im Grammatik-Kasten. Thematisieren Sie kurz, dass nach *mit* der nachfolgende Artikel immer mit Dativ gebildet wird. Im zweiten Grammatik-Kasten wird das Fragewort *wem* eingeführt, weisen Sie die TN darauf hin, dass das wie das Fragewort *wer* für die Frage nach Personen funktioniert, aber im Dativ, wie im Beispiel nach der Präpostion *mit*.
Lösung *einem Freund, dem Taxi, einer Freundin, den Mitarbeitern*

3 d Vorgehen wie beschrieben; die TN formulieren Sätze mit *mit* und dem Dativ. — *1 Würfel für je 2 TN*

4 a Die TN hören und kreuzen an, ob sie *s* oder *sch* hören. — 🔊 2.7
Lösung *1 sch, 2 sch, 3 s, 4 s*

4 b Die TN hören die Wörter aus 4a noch einmal und sprechen nach. Anschließend notieren sie die Wörter. — 🔊 2.7
Lösung *1 Schorle, 2 Tisch, 3 Bus, 4 essen*

ÜB 4 a Im Kurs als Wettspiel.

4 c Die TN hören und kreuzen an, ob sie *st* oder *scht* hören. Danach bestimmen sie die Regel. Im Phonetik-Clip wird *st* und *scht* zusätzlich geübt. Sie können ihn nach KB4c einsetzen. — 🔊 2.8 ▶ P2
Lösung *1 st, 2 st, 3 scht, 4 scht, 5 st, 6 scht, 7 st, 8 scht, 9 scht, 10 scht, 11 st, 12 st – Regel: am Wort- oder Silbenanfang: scht; am Wortende oder Wortinneren: st*

Wohin gehst du?
Sprachhandlungen Ortsangaben mache; Abläufe beschreiben
Lerninhalte WS: Ortsangaben; Bank; Medien | GR: Ortsangaben: Präpositionen mit Dativ; *in* + Dativ

5 a Die TN lesen zunächst die Sätze und hören dann das Gespräch und markieren, was passt. — 🔊 2.9
Lösung *1 Kollegen, 2 zur Arbeit, 3 ihren Arbeitstag*

5 b Je 2 TN lesen die Sätze und kreuzen an, was richtig und was falsch ist. Dann hören sie zur Kontrolle und korrigieren die falschen Sätze. — 🔊 2.9
Lösung *1 r, 2 f (am Vormittag), 3 f (1 Stunde), 4 r, 5 f (Um 15 Uhr), 6 r*

ÜB 5 a In ÜB5a lernen die TN wichtigen Wortschatz zum Thema *Bankgeschäfte/Banküberweisung* kennen.

5 c Schreiben Sie *woher?*, *wo?* und *wohin?* an die Tafel. Bitten Sie die TN zu überlegen, wie man die Bedeutung dieser Fragepronomen symbolisch darstellen kann (*z. B. woher: ein Punkt + ein Pfeil, der von dem Punkt weggeht; wo: ein Kreis mit einem Punkt in der Mitte; wohin: ein Pfeil, der zu einem Punkt führt*). Nun lesen je 2 TN die Sätze und ordnen sie den Bildern zu.
Sie können als Überleitung zu KB5d Filmszene 16 zeigen und KB10 bereits hier bearbeiten. ▶ 16
Lösung *A4, B1, C5, D3, E4, F6*
Erweiterung Je 2 TN überlegen, wie der Tag von Julia und Tom weitergehen könnte. Dann zeichnen sie 2 Bilder und schreiben pro Bild je 1–2 Sätze auf separate Zettel. Dann sammeln Sie separat alle Bilder und alle Sätze ein. Legen Sie nun alle Bilder und alle Sätze auf einen Tisch und lassen sie alle TN gemeinsam die Bilder und Sätze zuordnen. Vergleichen Sie dann im Kurs, welche Ideen am lustigsten, interessantesten und/oder besten gemalt sind.

5 d Die TN haben ihre Bücher geschlossen. Schreiben Sie alle 5 Sätze separat auf Zettel und hängen Sie diese ungeordnet an die Tafel. Schreiben Sie die Fragewörter *wohin*, *wo* und *woher* nebeneinander an die Tafel. Fragen Sie die TN, welcher Satz zu welchem Fragewort passt. Lassen Sie einen TN die Sätze an der Tafel zuordnen. Fragen Sie die TN, was alle Sätze gemeinsam haben, wenn sie sich die Präpositionen und die Artikel ansehen (*Präpositionen, die Dativ benötigen*). Bitten Sie die TN nun ihr

57

7 Arbeitsalltag

Buch zu öffnen, sich den Grammatik- und den Tipp-Kasten mit den Kurzformen anzusehen. Sie ergänzen die passende Präposition, den Artikel im Dativ oder die Kurzform. Gehen Sie mit den TN die einzelnen Kurzformen durch. Sagen Sie Ihnen, dass sie diese direkt lernen, da diese zum aktiven Sprachgebrauch gehören.
Lösung *zur Bank, beim Chef, aus der Bank, vom Chef*

5 e Je 2 TN schreiben Sätze. Sie beginnen dabei mit den unterstrichenen Wörtern.
Lösung *1 Heute Vormittag bin ich beim Arzt. 2 Dann fahre ich zum Büro. 3 Dort gehe ich gleich zur Chefin. 4 Um 17 Uhr komme ich aus der Firma. 5 Am Abend fahre ich zu Freunden. 6 Wir essen zusammen im Restaurant.*

ÜB 5 h Im Kurs. Thematisieren Sie zu Beginn den Tipp-Kasten zu *zu* und *bei*.

5 f Projizieren Sie Vorgaben an die Wand, dann vorgehen wie beschrieben.
Variante Schreiben Sie so viele Orte auf DIN-A4-Blätter, wie es TN gibt, und legen Sie diese in zwei Reihen gegenüber auf den Boden, jeweils mit der Schrift nach außen. Die TN stellen sich jeweils so vor die Blätter, dass sich zwei Reihen TN gegenüberstehen, zwischen ihnen die Blätter. Dann fragen sich die Gegenüber gegenseitig: *Wo bist du?* Die TN antworten mit Angabe des Ortes, der vor ihnen liegt. Dann fragen sie sich gegenseitig *Wohin gehst du?* und die TN antworten, dass sie zu dem Ort gehen, der links neben ihnen liegt. Wenn alle TN fertig sind, geben Sie ein akustisches Signal und jede/-r TN geht einen Schritt nach links zum nächsten Ort. Hier kommt nun die Frage *Woher kommst du?* hinzu, hier nennt jede/-r TN, den Ort, vor dem er vorher gestanden hat und der nun rechts neben ihm/ihr ist. Dann geht es weiter wie vorher beschrieben mit den Fragen: *Wo bist du?* und *Woher kommst du?* usw. Der/TN, der/die am Ende der Reihe steht, wechselt auf den Platz gegenüber, so entsteht ein Kreislauf.

DIN-A4-Blätter

Erweiterung Schreiben Sie Orte auf Kärtchen, machen Sie einen Kärtchensatz für je 4 TN. Ein/-e TN zieht eine Karte und stellt pantomisch den Ort da, der auf dem Kärtchen steht, dabei kann er/sie entscheiden, ob er/sie darstellt, dass er dort ist, daher kommt oder dort hingeht. Ein/-e andere TN formuliert den passenden Satz und die anderen beiden TN korrigieren ggf.
Zu dieser Aufgabe gibt es ein interaktives Tafelbild. Die TN arbeiten zu zweit und üben die Ortsangaben auf die Fragen *Wo? Wohin?* und *Woher?*. Sie ziehen eine Frage in die grauen Flächen und ermitteln über den Zufallsgenerator einen Ort. Dann formulieren sie Frage und Antwort.

Blanko-Kärtchen

6 a Die TN sehen die Bilder an, lesen die Beschreibungen und ordnen diese zu. Projizieren Sie den *Gut gesagt*-Kasten an die Wand. Die TN hören die Sätze und sprechen nach. Erzählen Sie den TN, welche dieser Probleme Sie selbst oft haben, und fragen Sie sie, wie es bei ihnen ist.
Lösung *1A, 2C, 3B, 4E, 5D, 6F*

🔊 2.10

6 b Projizieren Sie das Bild und die Sprechblasen an die Wand. Fragen Sie die TN nach der abgebildeten Situation (*Tom hat ein Problem mit dem Computer*). Schreiben Sie eine Liste von *1.* bis *6.* an die Tafel. Fragen Sie die TN, was Tom *zuerst* macht/machen muss, und tippen dabei auf *1*. Sagen Sie den TN, dass sie den Wortschatz aus 6a benutzen sollen. Die TN sehen sich den Redemittel-Kasten an und ein/-e TN liest den Satz mit *zuerst* vor. Schreiben Sie den Satz zu *1.* an der Tafel. Sagen Sie den TN, dass sie *zuerst* immer dann verwenden, wenn sie mit etwas beginnen. Fragen Sie die TN danach, was Tom dann macht, und zeigen Sie auf *2.*, ein TN liest den Satz mit *dann* vor. Schreiben Sie den Satz zu *2.* an die Tafel. Fragen Sie nun wieder: *Was macht Tom dann?* Und zeigen Sie auf *3*. Sie fragen dann immer wieder *Und dann?* und zeigen auf die nächste Nummer, damit die TN merken, dass bis auf die erste Nennung immer *dann* verwendet wird. Nun besprechen die TN in PA, was Tom machen muss.
Erweiterung Kopieren Sie eine **Kopiervorlage** für je 2 TN, die Sie durchschneiden. TN A und B machen das Wechselspiel. Weisen Sie darauf hin, dass die TN die Anweisungen im Imperativ oder je nach Kontext mit den Modalverben *müssen* oder *können* formulieren sollen.
Nach KB6b eignet sich Filmszene 17 mit KB11. Auch dort geht es um ein Computer-Problem.

KV

▶ 17

6 c Je 2–3 TN sprechen darüber, was sie oft am Computer machen.

Arbeitsalltag 7

Club Español

Sprachhandlungen Briefe verstehen und beantworten
Lerninhalte Briefe schreiben

7 a Die TN lesen den oberen Abschnitt des Briefs (bis zur Anrede). Fragen Sie, wer den Brief geschrieben hat (*der Club Español*), an wen er geht (*Laura Perez García*) und worum es geht (*Informationen zum Programm und Einladung zum Jahrestreffen*). Die TN lesen dann den Brief und unterstreichen/notieren Aktivitäten, die die Mitglieder im Club Español zusammen machen. (Die nummerierten Linien werden erst in KB8 befüllt.) Sie berichten im PL.
Lösung *Deutsch und Spanisch sprechen; Leute aus der ganzen Welt kennenlernen; sich immer samstags treffen; diskutieren auf Deutsch und auf Spanisch über aktuelle Themen; eine kurze Präsentation zu einem Thema; Filme aus Spanien oder Südamerika ansehen, (etwas) kochen; ein Jahrestreffen (dort: internationale Spezialitäten essen, Spiele machen, Live-Musik hören).*

7 b Sammeln Sie zuerst Ideen der TN an der Tafel, je nach Kurssituation Kontakte im Wohn-/oder Kursort der TN zu Deutsch oder aber zu den Muttersprachen der TN. Dann bilden Sie KG (ggf. nach Muttersprache). Die TN recherchieren im Internet entsprechende Institutionen, Vereine, Clubs, Geschäfte, Kirchen usw. (im Unterricht oder zu Hause). Sollte sich direkt im Wohn- oder Kursort nichts anbieten, sollen die TN in den nächstgrößeren Städten weiterrecherchieren. Die TN wählen die interessantesten Angebote aus und berichten über ihre Ergebnisse im Kurs. Dazu erstellen sie ggf. ein Plakat mit Fotos. Abschließend machen sie eine Ausstellung im Kurs (→ **Präsentation von Ergebnissen**).

8 a Projizieren Sie den Brief aus KB8a an die Wand. Fragen Sie, was *Briefstandards* sind (*alle wichtigen Informationen und Elemente, die ein Brief enthalten muss, und die Stellen, wo sie im Brief stehen sollen*). Sammeln Sie an der Tafel, was die TN schon kennen. Lesen Sie dann gemeinsam die vorgegebenen Wörter. Klären Sie mit den TN insbesondere die Bedeutung der Begriffe *der Betreff* (= das Thema, obligatorische Zeile in formellen Briefen) und *die Anrede*. Je 2 TN ordnen die Begriffe dann den Linien im Brief in KB8a zu. Bitten Sie die TN, die zuerst fertig sind, für alle die Artikel zu den vorgegeben Wörtern herauszusuchen und sie zu nennen. Im Anschluss vergleichen sie im Kurs, ob die Wörter richtig zugeordnet sind.
Lösung 1 Absender, 2 Empfänger, 3 Adresse, 4 Datum, 5 Betreff, 6 Anrede, 7 Gruß, 8 Unterschrift

8 b Die TN sortieren die Vorgaben nach *Anrede* und *Gruß* und vergleichen im PL. Lesen Sie gemeinsam mit den TN den Tipp-Kasten.
Lösung Anrede: *Lieber Herr … / Liebe Frau …; Sehr geehrter Herr … / Sehr geehrte Frau …*
Gruß: *Viele Grüße; Mit freundlichen Grüßen*
Info Weisen Sie die TN auf den Unterschied zwischen formellen, halbformellen und nicht formellen Briefen/E-Mails hin. Formelle Briefe/E-Mails gehen an Personen, die man nicht (gut) kennt und/oder in der Hierarchie, z. B. bei der Arbeit, über einem stehen (Anrede: *Sehr geehrte/-r Herr/Frau …* Gruß: *Mit freundlichen Grüßen*). Halbformelle Briefe/E-Mails richten sich an Personen, die man bereits besser kennt oder wenn der Kontext informell ist, z. B. eine Mitteilung an den Fußballtrainer des Kindes (Anrede: *Liebe/-r Herr/Frau …;* Gruß: *Viele Grüße*). Nicht formell schreibt man, wenn man die Person schon sehr gut kennt, mit ihr per Du oder gar befreundet ist. (Anrede: *Liebe/-r Sarah/Max, …* Gruß: *Viele/Liebe/Herzliche Grüße*). Im Zweifel sollte die erste Kontaktaufnahme immer mit der förmlichen Variante beginnen.

8 c Je 2 TN lesen zusammen die Sätze und bringen sie in die richtige Reihenfolge. Dann schreiben sie gemeinsam einen Brief. Vergleichen Sie dann im PL.
Lösung 5 – 2 – 6 – 1 – 3 – 4

ÜB 8 Im Kurs ÜB8c in sprachlich schwächeren Gruppen in PA.

7 Arbeitsalltag

Small Talk im Büro
Sprachhandlungen Small Talk machen
Lerninhalte Landeskunde: Small Talk im Büro

9 a	Schreiben Sie *Small Talk* an die Tafel und sammeln Sie, was die TN damit assoziieren. Lesen Sie mit den TN dann die Themenvorschläge aus dem Buch: Welche Themen sind noch nicht an der Tafel aufgeführt? Dann kreuzt jede/-r TN an, über welche Themen er/sie normalerweise in der Mittags- oder Unterrichtspause spricht, und sie vergleichen anschließend im PL. **Variante** Erstellen Sie eine Hitliste an der Tafel.
9 b	Die TN hören drei Gespräche und notieren, über welche Themen jeweils gesprochen wird. **Lösung** *1 Wetter, 2 Sport, 3 Wochenende*
9 c	Vorgehen wie beschrieben. Dann vergleichen die TN in PA. **Lösung** Themen für Small Talk: *Wetter; (Pläne für das) Wochenende; (Pläne für den) Urlaub; Sport; Kino/Filme; Kinder/Familie (aber nicht zu persönlich fragen)*. Keine Themen für Small Talk: *Politik; Religion; Geld; Krankheiten; andere Kollegen/Kolleginnen*
9 d	Die TN lesen die Sätze in PA und ordnen sie den Themen zu. Üben Sie die Aussprache der Sätze mit → **Sprechen wie ein …** **Lösung** *A: 1, 6 – B: 3, 7 – C: 2, 4 – D: 5, 8*
9 e	Je 3 TN machen im Rahmen eines → **Kursspaziergangs** Small Talk. **Erweiterung** Notieren Sie verschiedene Orte/Situationen *(beim Friseur, im Wartezimmer beim Arzt, im Zug, in der Theaterpause, auf einer Konferenz, auf dem Sommerfest der Firma, …)* auf Kärtchen. Je 2–3 TN bearbeiten zusammen eine der Situationen: Sie überlegen sich eine Szene, legen fest, wer welche Rolle übernimmt, geben ihren Figuren Namen und überlegen, ob sie Requisiten brauchen (einen Tisch, Stühle, Bücher etc). Sie schreiben aber nichts davon auf. Dann üben sie die Szene ganz kurz, um sie anschließend den anderen TN vorzuspielen. Die Szene soll eine Minute dauern. Danach spielen sie die gleiche Szene noch einmal in 30 Sekunden und dann noch einmal in 15 Sekunden. Die anderen TN sagen, wo die Szene spielt und über welche Small-Talk-Themen gesprochen wurde, und geben → **Feedback**.

2.11

Blanko-Kärtchen

Die Netzwerk-WG
Was für ein Stress | Kannst du das bitte drucken?

10 a	Projizieren Sie Annas Foto ohne Aufgabenstellung an die Wand. Fragen Sie die TN, was los ist und wie es Anna geht. *(Sie hat Stress. / Ihre Arbeit ist stressig. / Sie hat keine Lust. / …)*
10 b	Projizieren Sie die Fotos ohne die Angaben zu den Tätigkeiten an die Wand. Je 2 TN notieren gemeinsam zu jedem Foto, wohin Anna geht bzw. wo Anna ist und was sie dort wohl machen muss. Dann sehen sie die Filmzene 16 und bringen die Fotos in die richtige Reihenfolge. Danach sprechen je 2 TN, was Anna alles machen muss. Sie benutzen dabei *zuerst* und *dann*. **Lösung** *A3, B2, C5, D4, E7, F6, G1*
11 a	Je 2 TN lesen das Gespräch und die zu ergänzenden Wörter. Sie versuchen die Wörter im Kontext zu ergänzen. Dann sehen sie Filmzene 17, vergleichen und korrigieren ggf. **Lösung** *1 das ist 2 Guten Tag 3 Freut mich 4 Hallo 5 einen Drucker 6 Kinotickets 7 Kein Problem*
11 b	Je 2 TN gehen vor wie beschrieben und sehen dann die Filmzene nochmals zum Korrigieren. **Lösung** *1 zu zweit; 2 runterladen, öffnen und drucken; 3 an; 4 nicht ausdrucken; 5 sauer; 6 eine Idee; 7 den Drucker*

▶ 16

▶ 17

▶ 17

Fit und gesund   8

Los geht's!
Sprachhandlungen Blogtexte über gesundes Verhalten verstehen
Lerninhalte WS: gesundes und ungesundes Verhalten

1 a Schreiben Sie eine Mindmap mit dem Thema *gesund leben* an die Tafel. Notieren Sie alles, was den TN dazu einfällt.
Variante Teilen Sie den Kurs in 2 Gruppen. Geben Sie eine Zeit vor, z. B. 10 Minuten; bei sprachlich stärkeren Gruppen kann es auch weniger sein. Die erste Gruppe notiert in dieser Zeit alles, was gesund ist; die zweite Gruppe notiert alles, was ungesund ist. Vergleichen Sie im Kurs. Die Gruppe mit den meisten korrekten Antworten hat gewonnen.

1 b Projizieren Sie die sechs Fotos an die Wand. Die TN versuchen, die Fotos so genau wie möglich zu beschreiben, und überlegen, welches Experiment Annika Jansen machen könnte.
Variante Machen Sie Farbkopien der Fotos. Teilen Sie den Kurs in Gruppen von je 6 TN und geben Sie jeder/-m TN ein Foto. Jede/-r in der KG beschreibt den anderen sein/ihr Foto; am Ende überlegt die KG, warum Annika das macht, und präsentiert ihre Vermutung im PL.   *Farbkopien der Fotos*

1 c Die TN lesen Annikas Kommentare und suchen in PA die passenden Fotos. Vergleich im PL.
Lösung *A5, B4, C1, D6, E3, F2*

2 a Vorgehen wie beschrieben. Die TN vergleichen zuerst in PA, dann im PL.
Lösung Thomas: *gesund, vermissen*; Claire: *super, wichtig*; Mutter: *zu wenig, gefährlich*
Erweiterung für sprachlich stärkere Gruppen: Bilden Sie 3 Gruppen und teilen Sie jeder eine der 3 Personen zu. Spielen Sie die Nachrichten noch einmal vor. Jede KG versucht dabei, weitere Aussagen der Person zu verstehen. Die TN tauschen sich erst in der KG aus und berichten dann im PL, was sie verstanden haben.   *2.12–14*

2 b Die TN arbeiten in KG. Fragen Sie, wie die TN Annikas Experiment finden. Lassen Sie erzählen, wenn ein/-e TN schon etwas Ähnliches versucht hat oder jemanden kennt, der so etwas gemacht hat. Ermutigen Sie die TN auch, von kleineren Versuchen, gesünder zu leben, zu erzählen: Hat jemand einmal versucht, kein Fleisch oder keine Süßigkeiten mehr zu essen, keinen Alkohol zu trinken oder weniger zu rauchen? Geben Sie den TN ca. 15 Minuten Zeit zum Austausch in der KG, danach gibt ein/-e Sprecher/-in interessante Punkte ans PL weiter.

ÜB 2 b Im Kurs. Die TN gehen im Kursraum herum und suchen sich eine/-n Partner/-in, dem/der sie eine der 5 Fragen stellen. Antwortet er/sie negativ, darf der/die Fragende es mit einer anderen Frage versuchen. Ist die Antwort positiv, so trägt er/sie den Namen der betreffenden Person bei der passenden Frage ein. Danach fragt der/die Partner/-in. Dann suchen die TN eine/-n neue/-n Gesprächspartner/-in. Wer in 2 (bis 5) Minuten für alle Fragen eine Person gefunden hat, darf sich setzen und hat gewonnen.

Die Fitness-App
Sprachhandlungen Aufforderungen verstehen und ausdrücken
Lerninhalte GR: Imperativsätze; Imperativ mit *du*, *ihr* und *Sie*

3 a Projizieren Sie den Comic an die Wand und lesen Sie ihn mit den TN. Fragen Sie, wer die Sätze der Sprechblasen sagt (*eine App*). Schreiben Sie an die Tafel: *Was muss Leon tun?* und erfragen Sie Antworten von den TN. Schreiben Sie diese an die Tafel, z. B. *Leon muss aufstehen, er muss fünf Minuten Sport machen* usw. Die TN überlegen, was Leon tun wird.
Variante Die TN machen GA. Kopieren Sie den Comic für jede Gruppe und schneiden Sie die einzelnen Bilder auseinander. Die TN versuchen, den Comic richtig zusammenzulegen, und korrigieren dann mit dem KB. Dann weiter wie oben.   *Kopien des Comics*
Erweiterung Die TN studieren in Gruppen (ein TN spielt Leon, zwei oder drei TN die App) den Comic als kleines Theaterspiel ein und spielen es möglichst lustig vor.

8 Fit und gesund

3 b	Lassen Sie die TN den Comic nochmal überfliegen und fragen Sie, in welcher Position die Verben stehen. (In Position 1 und nicht in Position 2) Erklären Sie, dass es sich bei den Sätzen der App um den Imperativ mit *du* handelt, also eine Aufforderung an eine einzelne Person. Bitten Sie die TN, die Verben in den Aufforderungen zu markieren bzw. zu notieren. Lesen Sie den Grammatik-Kasten mit den TN. Erläutern Sie, dass beim Imperativ mit *du* in der Regel das Personalpronomen und die Endung -*st* der konjugierten Form wegfällt. Bei Verben mit Vokalwechsel, bei denen der Vokal zum Umlaut wird, bleibt der Vokal des Infinitivs erhalten (*du hältst – Halt(e)!*), beim Wechsel *e* zu *i/ie* wird das *i/ie* im Imperativ übernommen, ein Endungs-*e* kann nicht angehängt werden (*du gibst – Gib!; du liest – Lies!*). Besprechen Sie auch den besonderen Imperativ von *sein*. Bei vielen Verben ist sowohl die Form mit Endungs-*e* (*Gehe geradeaus!*) als auch die Form ohne Endungs-*e* (*Geh geradeaus!*) geläufig. Als generelle Regel gilt, dass Verben mit der Endung -*ten* im Imperativ oft die Endung -*e* haben: *Warte! Arbeite nicht so viel!* (vgl. auch Kurz-und-klar-Seite und Grammatikanhang). Auch Verben auf -*ern*, -*eln* und -*igen* bekommen (fast) immer die Endung -*e*: *Wechsle den Verband! Klettere nicht so hoch! Entschuldige bitte!* Zudem enden Verben mit schwer aussprechbaren Konsonantenverbindungen immer mit -*e*: *Antworte! Atme tief! Öffne die Tür!*	
3 c	Die TN lesen in PA die vorgegebenen Aktivitäten und ergänzen eigene Ideen. Anschließend formulieren sie abwechselnd Aufforderungen, der/die Partner/-in führt die Anweisung pantomimisch aus. **Variante** Schreiben Sie jede Aktivität auf ein Kärtchen. Ein/-e TN zieht eine Karte und reagiert pantomimisch auf die Aktivität, die anderen TN raten, was die „Fitness-App" gesagt hat, z. B. *Hol Wasser!*	Kärtchen
3 d	Projizieren Sie den Fortgang der Geschichte an die Wand. Sprechen sie mit den TN darüber. **Lösungsmöglichkeit** *Leon hat keine Lust mehr auf die Fitness-App. Sein Nachbar sagt, er soll Sport im Fitness-Studio machen. Leon geht ins Fitness-Studio. Die Trainer im Fitness-Studio sind wie die Apps: Sie machen viel Stress. Leon möchte seine Ruhe haben. / Leon will das nicht hören.* **Variante** Für sprachlich schwächere Gruppen können sie die oben genannten Lösungssätze auf Papierstreifen schreiben, die TN ordnen sie in GA chronologisch.	
3 e	Fragen Sie die TN, ob sie Unterschiede zwischen den Aufforderungen in 3d und denen in 3a erkennen können. Erklären Sie den TN, dass sie in der Geschichte in 3d Imperativformen für mehrere Leute oder Gruppen und für die Höflichkeitsform *Sie* finden können. Die TN lesen die Aufforderungen in 3d noch einmal und markieren bzw. notieren die Imperative. Danach ergänzen Sie die Formen im Grammatik-Kasten. Der Imperativ Plural entspricht der 2. Person Plural ohne das Pronomen *ihr*, beim formellen Imperativ folgt auf Position 2 das Personalpronomen.	
4	Lesen Sie gemeinsam die Aktivitäten, die man im Sprachkurs machen kann, und sammeln Sie mit den TN weitere an der Tafel. Jede/-r TN wählt nun drei davon aus und formuliert schriftlich Aufforderungen (eine für jede mögliche Imperativ-Form: Imperativ mit *du*, mit *ihr* und mit *Sie*). Er/Sie liest die Aufforderungen im Kurs vor und nennt dazu konkrete Namen (z. B. *Lernt die Wörter, Jannis und Carla! Lesen Sie den Text vor, Frau Müller!* usw.). Sie können hier die Filmszenen 18–20 mit KB 14–16 bearbeiten, in denen Luca seinen WG-Mitbewohnern Anweisungen erteilt. **Erweiterung** Schreiben Sie auf gelbe Karten verschiedene bekannte Verben und auf 3 rote Karten die Personalpronomen *du*, *ihr* und *Sie*. Halten Sie jeweils eine gelbe und eine rote Karte hoch. Die TN werfen sich einen Ball zu und bilden jeweils den korrekten Imperativ. **Erweiterung** Die TN formulieren Sportübungen im Imperativ. Kopieren Sie dazu die **Kopiervorlage**. Die TN ordnen in KG den Beschreibungen die passenden Zeichnungen zu (*A6, B8, C5, D7, E3, F1, G4, H2*). Geben Sie genügend Zeit dafür; die TN können ein Wörterbuch benutzen. Dann formulieren sie Anweisungen aus Vorgaben (*Leg die Hände hinter den Kopf!* usw.). Die Imperative können entweder gemischt oder nacheinander für *du/ihr* und *Sie* gebildet werden. Vergleich mit einer anderen KG, dann im PL.	▶ 18–20 gelbe und 3 rote Karten, Ball KV

Fit und gesund 8

Im Fitness-Studio

Sprachhandlungen persönliche Angaben machen; Körperteile nennen
Lerninhalte WS: Körperteile | Aussprache: *p* und *b*, *t* und *d*, *k* und *g*

5 a Schreiben Sie FITNESS-STUDIO vertikal in die Mitte der Tafel. Die TN nennen zu jedem Buchstaben etwas, das ihnen spontan dazu einfällt, der Buchstabe kann am Anfang, in der Mitte oder am Ende stehen. Beispiel:

    FAHRRAD
  SCHW**I**TZEN
       TRAINIEREN
        NICHT BILLIG
  MUSK**E**LN BEKOMMEN
     SCHLANK SEIN
PILATE**S**

Fragen Sie die TN, was der Fitness-Trainer beim ersten Besuch eines Fitness-Studios wohl wissen will. Notieren Sie die Fragen an der Tafel. Die TN lesen dann die Fragen im KB, hören das Gespräch und ordnen die Antworten zu. Lassen Sie zum Vergleich Frage und Antwort paarweise vorlesen. Lesen Sie mit den TN den Tipp-Kasten zu den Maßen.
Lösung 1B, 2C, 3A

🔊 2.15

5 b Kopieren Sie die Fotos größer und hängen Sie sie auf. Je 3 TN spekulieren über Alter, Größe und Gewicht und verwenden dabei die angegebenen Redemittel. Die TN tragen ihre Vermutungen in die Tabelle ein. Danach vergleichen sie ihre Eintragungen mit denen der anderen KG. Welche Durchschnittswerte ergeben sich?
Erweiterung Bringen Sie Fotos von Prominenten mit. Die TN spekulieren im Kurs über Alter, Größe und Gewicht. Sie können mit den Fotos auch einen → **Kursspaziergang** machen.

Kopien der Fotos

Fotos von Prominenten

6 a Je 2 TN ordnen die vorgegebenen Körperteile der Zeichnung zu. Weisen Sie die TN darauf hin, dass die angegebenen englischen Wörter ihnen helfen können, weil englische Wörter oft eine starke Ähnlichkeit mit deutschen Wörtern aufweisen. Korrigieren Sie im PL. Sprechen Sie die Körperteile mit Artikel vor, die TN sprechen nach. Fragen Sie die TN, ob es in ihrer Sprache auch ähnliche Wörter gibt. In ÜB6b lernen die TN weitere Bezeichnungen für Körperteile.
Zu dieser Aufgabe gibt es ein interaktives Tafelbild. Die TN üben die Körperteile. Starten Sie den Zufallsgenerator und spielen Sie mehrere Varianten. Variante 1: Die TN nennen das Nomen mit Artikel (*der Bauch*). Variante 2: Die TN nennen den Plural (*die Bäuche*). Variante 3: Die TN nennen das „Gegenteil" (*der Rücken*).
Variante Kopieren Sie die Zeichnung so groß, dass Sie sie auf ein Plakat kleben können. Schreiben Sie die Körperteile auf Kärtchen. Die TN befestigen gemeinsam die Kärtchen an der richtigen Stelle der Zeichnung. Helfen und korrigieren Sie ggf. Sprechen Sie die Körperteile mit Artikel vor, die TN sprechen nach. Hängen Sie das → **Lernplakat** im Kursraum auf, damit die TN sich die neuen Vokabeln immer wieder ansehen können.

Plakat mit der Zeichnung, Kärtchen

ÜB 6 b+c Die TN betrachten das Foto und lesen die Bezeichnungen für die Teile des Gesichts. Abwechselnd nennen sie die Bezeichnungen, der/die Partner/-in zeigt sie im Gesicht.
Variante Die TN machen die Übung in Dreiergruppen als Wettspiel. Ein/-e TN nennt eine Bezeichnung, die anderen beiden TN zeigen sie im Gesicht. Wer schneller war, bekommt einen Punkt.

6 b Je 2 TN arbeiten zusammen. Der/Die erste TN zeigt auf einen Körperteil, der/die Partner/-in nennt das Wort, möglichst mit Artikel. Dann zeigt der/die Partner/-in auf einen anderen Körperteil usw.
Erweiterung Die TN machen eine → **Kettenübung**. Ein/-e TN zeigt auf einen Körperteil, nennt aber einen anderen. Zum Beispiel zeigt er/sie auf den Arm und sagt *Das ist mein Bein*. Der/Die nächste TN dreht den Satz um, zeigt auf das Bein und sagt *Das ist mein Arm*. Dann zeigt er/sie wieder auf einen Körperteil und nennt einen anderen und der/die nächste TN dreht den Satz um. Usw.

63

8 Fit und gesund

7 a Die TN hören 3 Werbetexte. Sie hören zweimal und kreuzen an, welche Version sie hören. Korrigieren Sie im PL.
2.16
Variante Schreiben Sie die Stichworte auf DIN-A4-Papier. Hängen Sie alle a-Stichworte links neben die Tafel, alle b-Stichworte rechts neben die Tafel. Die TN stellen sich vor die Tafel und begeben sich beim Hören immer zur korrekten Seite. Hängen Sie den korrekten Satz nach dem zweiten Hören an die Tafel in die Mitte.
Lösung *1b, 2a, 3a*

7 b Die TN hören Einzelwörter aus den Hörtexten aus KB7a, von denen sich jeweils zwei in einem Laut unterscheiden. Die TN hören die Wörter und sprechen nach. Sprechen oder spielen Sie den TN ggf. noch einmal die einzelnen Minimalpaare vor, die TN wiederholen im Chor.
2.17
Erweiterung Jede/-r TN hält sich ein Blatt Papier vor den Mund und spricht die Wörter. Bei *p, t, k* muss sich das Papier stark bewegen, bei *b, d, g* nur leicht. Die TN können auch eine brennende Kerze vor den Mund halten, um den Unterschied zwischen *p, t, k* und *b, d, g* zu erfahren. Die TN sammeln dann Wörter mit *p, t, k* und versuchen in PA in einem Wettstreit, mit diesen Wörtern die Kerze auszublasen.

ÜB 7 Zum weiteren Üben der Aussprache.

Der Unfall
Sprachhandlungen Anweisungen wiedergeben; Gespräche beim Arzt führen
Lerninhalte WS: Krankheiten; Medikamente | GR: Modalverb *sollen*

8 a Projizieren Sie die Bilder an die Wand. Die TN lesen die Sätze laut vor. Klären Sie ggf. das Vokabular (*Rezept, Verband, Salbe*). Die TN ordnen die Sätze den Fotos zu.
Lösung *A2, B3, C1*
Variante für sprachlich stärkere Gruppen: Kopieren Sie die Fotos für je 2–3 TN. Die TN beschreiben in KG die Fotos und bringen sie in die richtige Reihenfolge. Danach ordnen sie die Sätze den Fotos zu. Korrigieren Sie im Kurs.
Kopien der Fotos

8 b Die TN lesen den Dialog und ordnen zu zweit die Antworten zu. Danach hören sie den Dialog und kontrollieren ihre Reihenfolge. 2 TN lesen den Dialog laut vor. Klären Sie ggf. Vokabelfragen. Danach lesen die TN den Dialog in PA, einmal in der Rolle der Ärztin, einmal in der Rolle der Patientin.
2.18
Variante für sprachlich stärkere Gruppen: Kopieren Sie den Dialog für je 2 TN und zerschneiden Sie ihn, sodass Sie Streifen mit Ziffern und Streifen mit Buchstaben erhalten. Je 2 TN bringen ihn in die richtige Reihenfolge und kontrollieren, indem sie das Gespräch einmal hören. Weiter wie oben beschrieben.
Kopien des Dialogs
Lösung *1D, 2C, 3E, 4A, 5B*
Sehen Sie sich mit den TN den Kasten *Gut gesagt: Das tut weh!* an und hören Sie die Beispiele. Fragen Sie die TN, wie man in ihrer Sprache Schmerz ausdrückt.
2.19

8 c Projizieren Sie die Aufgabe an die Wand. Lesen Sie jeden Satz vor und fragen Sie die TN, ob die Ärztin das wirklich gesagt hat. Kreuzen Sie dann an. Lassen Sie die TN die entsprechenden Redeteile aus dem Dialog in KB8b heraussuchen und notieren Sie sie an der Tafel. Lesen Sie mit den TN den Grammatik-Kasten. Erklären Sie, dass man Aufforderungen (Imperative) in der indirekten Rede mit dem Modalverb *sollen* wiedergibt. Erinnern Sie an die Satzklammer bei Modalverben.
Lösung *1 (aber nur halb richtig: auch jeden Abend), 3, 4*

9 Die TN arbeiten in PA. TN 1 formuliert mit einem Ausdruck aus den links abgedruckten Vorgaben einen Imperativ, TN 2 antwortet mit einem Ausdruck aus den Vorgaben rechts und dem Modalverb *sollen*. Beim nächsten Satz tauschen die TN die Rollen. Usw.

Fit und gesund 8

Variante In sprachlich stärkeren Gruppen erhalten je 2 TN jeden Ausdruck auf einem Kärtchen. Die TN suchen die zusammengehörigen Karten und spielen die Dialoge. Die TN können auch in KG → **Paare finden** spielen. Bei jeder richtigen Kombination müssen sie die korrekten Sätze bilden. Danach können sie mehr Beispiele suchen und im PL vorspielen.
Lösung *Steh bitte auf! – Ich soll viel schlafen. Koch bitte das Mittagessen! – Ich soll den Arm nicht bewegen.; Hol bitte die Kinder ab! – Der Arzt sagt, ich soll nicht Auto fahren.; Ruf deine Mutter an! – Ich soll nicht so viel sprechen.; Wasch bitte das Auto! – Ich soll nicht arbeiten*

Kärtchen

ÜB 9 PA: Die TN würfeln und schreiben Sätze

Würfel

Beim Arzt
Sprachhandlungen Gespräche beim Arzt führen; Anweisungen verstehen und geben
Lerninhalte WS: Krankheiten; Medikamente | GR: Modalverben *sollen, müssen, (nicht) dürfen*

10 a Die TN betrachten die Bilder und lesen die Texte. Klären Sie ggf. das Vokabular. Die TN beschreiben kurz die Bilder und ordnen die Sätze zu.
Lösung *A: 4, 5 – B: 1, 6 – C: 2, 3*

10 b Die TN betrachten die Bilder und hören die 3 Gespräche ohne mitzulesen. Die TN werden merken, dass die Gespräche 1 bis 3 der Reihenfolge nach zu den Bildern A bis C passen. Danach ordnen die TN die einzelnen Aussagen Bild A, B oder C aus KB 10a zu. Die TN hören die Gespräche noch einmal und korrigieren.
Lösung *1A, 2C, 3B, 4B, 5B, 6A, 7B, 8C, 9A*
Zeichnen Sie eine Tabelle mit 3 Spalten an die Tafel. Lassen Sie sich in der ersten Spalte von den TN die Sätze mit *müssen* diktieren, in der zweiten die Sätze mit *nicht dürfen* und in der dritten die Sätze mit *dürfen*. Sehen Sie mit den TN den Grammatik-Kasten an. Erklären Sie, dass *müssen* für Gebote, *nicht dürfen* für Verbote und *dürfen* für eine Erlaubnis verwendet werden. Geben Sie ggf. noch weitere Beispiele zur Verdeutlichung.

🔊 2.20–22

ÜB 10 d Im Kurs zur Bewusstmachung der Bedeutung der Modalverben. Erklären Sie den TN zudem, dass im Deutschen *nicht müssen* kein Verbot ausdrückt (wie im Englischen), sondern das Nichtvorhandensein einer Vorgabe / eines Gebots, und somit eine Erlaubnis bzw. Möglichkeit: *Ich muss nicht arbeiten. = Ich darf/kann etwas anderes machen.*

10 c Lesen Sie die erste Situation mit dem Beispiel vor. Sehen Sie mit den TN den Grammatik-Kasten an und erklären Sie die Konjugation von *dürfen*. Lesen Sie dann die weiteren Situationen und lösen Sie auch die erste Anweisung zu Situation 2 gemeinsam. Weisen Sie darauf hin, dass mit der Kombination *Körperteil + …schmerzen* bzw. *…weh*, oder dem Ausdruck *Körperteil tut/tun mir weh* fast jede Krankheit gebildet oder beschrieben werden kann. Fragen Sie die TN, welche Anrede/Verbform der Arzt für Situation 2 und 3 benutzen muss (*Imperativ mit* Sie). Die TN schreiben nun zu zweit alle Sätze zu den Situationen 1 bis 3 und verwenden auch das Modalverb *müssen*. Korrigieren Sie im Kurs.
Lösung *1 Du darfst nicht rausgehen. Du musst Tee trinken. 2 Sie dürfen nicht joggen. Sie müssen Medikamente nehmen. 3 Sie dürfen nicht arbeiten. Sie müssen Tabletten nehmen.*
Variante für sprachlich stärkere Gruppen: Die TN notieren für jede der 3 Situationen weitere Ratschläge mit *müssen* und *nicht dürfen*.
Erweiterung Die TN sammeln gemeinsam Krankheiten und schreiben sie auf Karten, z. B. *Bauchschmerzen, Halsschmerzen, das Knie tut weh* usw. Wenn Sie *Erkältung* und *Schnupfen* verwenden möchten, klären Sie das Vokabular im Kurs. Kleben Sie jedem/-r TN eine Karte mit dem Namen einer Krankheit auf die Stirn oder auf den Rücken. Die anderen TN geben ihm/ihr so lange Ratschläge mit *müssen* oder *nicht dürfen*, bis er/sie seine/ihre Krankheit errät.

ÜB 11 a Als Vorbereitung für KB11.

8 Fit und gesund

11 Klären Sie mit den TN die Redemittel für den Arztbesuch. Je 2 TN bereiten die Dialoge vor, jede/-r ist einmal Arzt/Ärztin und einmal Patient/-in. Dann spielen sie beide Situationen. Lassen Sie einige Dialoge im Kurs vorspielen.
Im Redemittel-Clip können Sie den TN zwei Situationen aus der WG zeigen, in denen einige Redemittel in der du-Form verwendet werden.
Variante für sprachlich schwächere Gruppen: Die TN schreiben mit den Redemitteln 2 Dialoge. Korrigieren Sie die Dialoge. Die TN lernen die Dialoge auswendig und spielen sie dann möglichst frei zu zweit. Lassen Sie einige Dialoge im Kurs vorspielen.
Alternative für sprachlich stärkere Gruppen: Schneiden Sie die Kärtchen der **Kopiervorlage** für Rollenspiele aus und verteilen Sie sie an 6 TN. Diese spielen die Patienten. Weitere 6 TN spielen einen Arzt / eine Ärztin. Bei weniger als 12 TN können Rollenkarten weggelassen werden. Bei mehr als 12 TN können die Ärzte/Ärztinnen noch einen Assistenten / eine Assistentin bekommen, mit denen sie sich beraten. Jede/-r Patient/-in spielt mit jedem Arzt / jeder Ärztin einen möglichst authentischen Dialog und notiert, was diese/-r für sein Problem rät. Am Ende stellen alle Patienten kurz ihr Problem dar und berichten, welcher Arzt / welche Ärztin ihnen (wie) am besten weiterhelfen konnte. Dabei sollen sie so weit wie möglich das Modalverb *sollen* benutzen. Geben Sie den TN vorab genügend Zeit, um ggf. unbekannten Wortschatz mit einem → **Wörterbuch** zu klären.

▶ R4

KV

Unsere Hausmittel
Sprachhandlungen Gesundheitstipps verstehen und geben
Lerninhalte Landeskunde: Hausmittel gegen Krankheiten

12 a Projizieren Sie die Bilder der kranken Personen ohne Text an die Wand oder die Tafel. Fragen Sie die TN, welche Krankheiten oder gesundheitlichen Probleme diese Leute haben. Die TN vergleichen anschließend ihre Vermutungen mit den Angaben im KB. Danach überlegen je 2 TN, welches der Hausmittel bei welcher Krankheit hilft. Vergleichen Sie im Kurs.
Lösung *A Der Mann hat Zahnschmerzen. Da helfen Nelken. B Die Frau kann nicht schlafen. Da hilft Milch mit Honig. C Die Frau hat Schnupfen. Da hilft Hühnersuppe.*

2.17

12 b Vorgehen wie beschrieben. Die TN vergleichen erst in PA und dann im PL.
Lösung *1 @Jack Jacket; 2 @eva@seattle; 3 @MimiWe*
Erweiterung Die TN schreiben auf ein Kärtchen ein gesundheitliches Problem als Forumsbeitrag. Sammeln Sie die Kärtchen ein, mischen Sie sie und teilen Sie sie wieder an die TN aus. Alle TN schreiben nun auf ein anderes (am besten andersfarbiges) Kärtchen einen Tipp für das Problem. Sammeln Sie alle Kärtchen wieder ein, mischen Sie sie und hängen Sie sie an die Wand oder an die Tafel. Die TN versuchen gemeinsam, die zusammengehörigen Kärtchen zu finden.

Kärtchen in 2 Farben

12 c Verteilen Sie DIN-A3-Blätter an die TN. Jede/-r TN beschreibt ein gesundheitliches Problem. Hängen Sie die Blätter im Kursraum auf. Geben Sie jedem/-r TN einen dicken Stift. Die TN gehen durch den Raum, lesen die verschiedenen Probleme und schreiben Tipps darunter, was die TN tun können. Lesen Sie anschließend alle Probleme und Tipps gemeinsam im Kurs und fragen Sie die TN, welche Tipps sie am besten finden.

DIN-A3-Blätter, dicke Stifte

Berufe im Krankenhaus
Sprachhandlungen Wörter erschließen
Lerninhalte WS Berufe im Krankenhaus

13 a Projizieren Sie die Fotos an die Wand. Die TN beschreiben jedes Foto mit 2–3 Sätzen (*Welche Personen kann man sehen? Wo sind sie? Was machen sie? …*). Die TN lesen die Sprechblasen, markieren die Berufsbezeichnungen und schreiben die Berufe mit Artikel zu den Fotos.
Lösung *1A der Notarzt, 2D die Laborantin, 3C der Krankenpfleger, 4B die Physiotherapeutin*

Fit und gesund   8

13 b Projizieren Sie die Tabelle an die Tafel. Lesen Sie mit den TN den Strategie-Kasten. Erklären Sie jede Strategie anhand des Beispiels. Je 2 TN suchen weitere Beispiele im Kapitel und vergleichen dann im Kurs.

13 c 👥+ Ggf. mit Hilfe eines Wörterbuchs oder einer Internetrecherche erstellen die TN in PA ein Wortschatzplakat mit Wörtern und Ausdrücken zum Thema *Krankenhaus*. Sie können auch passende Zeichnungen anfertigen oder Fotos (z. B. aus Zeitschriften oder Broschüren) aufkleben.

Wörterbuch/ Handy, Schere, Klebstoff, Stifte, ggf. Bildmaterial

Die Netzwerk-WG
Aua! | Hol bitte …! | Der arme Luca

14 a Die TN betrachten in PA die Fotos und überlegen, welches Problem Luka hat und wie Max darauf reagiert. Sie können die Fotos auch an die Wand projizieren und im PL sprechen.
Variante Kopieren Sie die beiden Fotos und teilen Sie die TN in zwei Gruppen ein. Geben Sie jeder Gruppe eines der Fotos. Die Gruppe überlegt, was passiert sein könnte. Dann schreiben jeweils 2 Personen einen Dialog zwischen den abgebildeten Personen. Kombinieren Sie nun jeweils eine Gruppe von Bild A mit einer von Bild B und lassen sie die Dialoge nacheinander vorlesen. Passen die Dialoge zusammen? Lassen Sie die Gruppen entscheiden.

14 b Die TN überlegen in PA, wer von den beiden Personen das sagen könnte.
Lösung *1 Luca, 3 Max, 4 – (Bea), 5 Max, 6 Max, 7 Luca, 8 Max*

14 c Zeigen Sie Filmszene 18. Die TN ordnen die Sätze ▶ 18
Lösung *2 – 8 – 4 – 7 – 5 – 1 – 3*

15 a Fragen Sie die TN, was man bei Rückenschmerzen machen kann, und notieren Sie die Vorschläge an ▶ 19 der Tafel. Betrachten Sie dann mit den TN die Bilder im KB. Lesen Sie die neuen Vokabeln und Ausdrücke (*Kissen*, …). Fragen Sie nach den bekannten Vokabeln, die nicht als Hilfe unter den Bildern angegeben sind *(ein Apfel, eine Tasse Tee, ein Glas)*. Sehen Sie Filmszene 19 einmal zur Orientierung. Lesen Sie dann die drei Fragen. Sehen Sie die Filmszene noch einmal. Die TN besprechen die Lösung erst in PA, dann im PL.
Lösung Luca möchte *ein Glas Wasser, einen Tee, ein Buch, ein Kissen, eine Decke, einen Apfel* haben. Max muss *ein Glas Wasser, einen Tee und ein Buch* holen. Anna muss *das Fenster aufmachen und das Fenster wieder zumachen. Und sie muss die Tür zumachen und einen Apfel holen.* Bea muss *ein Kissen und eine Decke und Zeitschriften bringen.*

15 b Vorgehen wie beschrieben. Vergleich im PL. ▶ 19
Variante für sprachlich stärkere TN: Die TN schreiben zuerst die Aufforderungen, an die sie sich erinnern, und sehen die Filmszene dann noch einmal zum Vergleich und zum Korrigieren.
Lösung A: *Hol bitte ein Glas Wasser für mich! Und vielleicht einen Tee. Bring mir mal mein Buch!* B: *Mach bitte das Fenster auf. Mach das Fenster bitte wieder zu! Mach bitte die Tür zu! Einen Apfel bitte!* C: *Hol bitte noch ein Kissen und eine Decke … und Zeitschriften!*

16 a Lassen Sie die TN spekulieren, wie es weitergeht. Zeigen Sie dann Filmszene 20. Die TN kreuzen die ▶ 20 richtige Lösung an.
Lösung *1 nicht mehr helfen 2 nicht sehr schlecht 3 steht auf und geht zu seinen Freunden 4 versteht den Spaß*

16 b Je 4 TN arbeiten zusammen und spielen die Szenen 18 bis 20 nach. Einige Gruppen können ihr Rollenspiel im PL vorspielen.
Variante Sprachlich schwächere TN wählen eine der drei Szenen und spielen sie nach. Sprachlich stärkere TN variieren und ergänzen die Szenen mit eigenen Ideen und überlegen sich ein anderes Ende.

9 Meine Wohnung

Los geht's!
Sprachhandlungen eine Wohnung beschreiben
Lerninhalte WS: Zimmer; Möbel und Geräte

1 a	Schreiben Sie *Möbel* und *Zimmer* an die Tafel. Sammeln Sie im Kurs den Wortschatz, den die TN schon kennen. Betrachten Sie dann die Möbel im KB. Lesen Sie die Namen der Möbel laut vor, die TN sprechen im Chor nach, um sich die Wörter einzuprägen. Lesen Sie auch die Zimmer laut vor. Schreiben Sie die Möbel auf Kärtchen und spielen Sie mit den TN → **Montagsmaler**. Geben Sie dazu einem/einer TN ein Kärtchen, die anderen TN dürfen nicht sehen, was darauf steht. Der/Die TN malt das Möbelstück auf der Karte an die Tafel, die anderen TN raten, was es ist. Der/Die TN, der/die richtig geraten hat, kommt mit der nächsten Karte an die Reihe.	Kärtchen mit Möbeln
	Danach besprechen je 2 TN, welche Möbel und Geräte in welchen Zimmern stehen, und zeichnen sie in den Plan. Geben Sie vorher jeweils für ein Zimmer mit maskulinem, mit femininem und mit neutralem Artikel ein Beispiel an (*Der Sessel ist im Flur. Der Herd ist in der Küche. Das Regal ist im Bad.*) und schreiben Sie es an die Tafel. Weisen Sie darauf hin, dass man … *auf dem Balkon*. sagt. Die TN vergleichen ihre Einrichtung mit einem anderen Paar. Danach können Sie auch einige Beispiele im Kurs vorlesen lassen.	
	Variante Kopieren Sie die Möbel der Doppelseite. Kleben Sie jedes Möbelstück auf ein Kärtchen. Schreiben Sie zudem jedes Möbelstück mit Artikel jeweils auf ein Vokabelkärtchen. Bereiten Sie so viele Sets vor, dass die TN in KG (3–4 TN) arbeiten können. Die TN ordnen die Bildkarten den Vokabelkarten zu und korrigieren selbstständig mit dem KB. Um sich die Vokabeln merken zu können, können sie danach → **Paare finden** spielen. Beschriften Sie danach DIN-A3-Blätter mit den Zimmern der Wohnung. Die TN überlegen in der Gruppe, welches Möbelstück oder Gerät wo sinnvoll ist, und legen die Kärtchen auf das dazugehörige Blatt mit dem Zimmer und vergleichen mit anderen Gruppen.	Kopien der Fotos auf Kärtchen, Vokabelkärtchen DIN-A3-Blätter
	Spielen Sie dann mit dem Ball. Ein/-e TN fragt: *Wo steht …?* und wirft den Ball einem anderen TN zu. Dieser antwortet *… steht in/im/auf …* Danach stellt er/sie eine andere Frage und wirft den Ball der/dem nächsten TN zu. → **Lernen mit Bewegung/Ballrunde**	Ball
1 b	Die TN überlegen in KG, was sie noch brauchen, und machen eine Liste (mit Wörterbuch).	Wörterbuch
	Variante Geben Sie den TN eine Liste mit Gegenständen vor (z. B. *Pflanzen, eine Uhr, Fernseher, Spiegel, …*). Die TN überlegen in Gruppen, ob sie die Dinge brauchen oder nicht.	
2 a	Die TN hören einmal und notieren ggf., was die Leute machen. Dann überlegen sie mit einer-/m Partner/-in, für welches Zimmer das sein könnte. Im Anschluss hören sie noch einmal, überprüfen ihre Vermutungen und notieren, wo die Leute besonders gern in ihrer Wohnung sind. Vergleichen Sie im Kurs.	🔊 2.23
	Lösung 2 Küche, 3 Wohnzimmer, 4 Balkon	
2 b	Die TN befragen in einem Kurs-Interview mindestens 3 weitere TN, welches ihr Lieblingszimmer ist, weshalb das so ist und was sie dort gerne machen, und notieren kurz die Antworten. Danach schreibt jede/-r einen kurzen Text über eine/-n Interviewpartner/-in, ohne deren/dessen Namen zu nennen. Hängen Sie die Texte auf. Die TN lesen sie und überlegen, wer das sein kann.	
	Alternative Schreiben Sie die verschiedenen Zimmer auf je ein DIN-A3-Papier und legen Sie diese im Raum aus. Die TN gehen zu dem Blatt ihres Lieblingszimmers und notieren darauf, was sie hier gern machen. Hängen Sie die Ergebnisse im Klassenzimmer auf.	DIN-A3-Papier
	Sie können die TN hier bereits Filmszene 21 zum Thema *Zimmer zeigen* ansehen lassen.	▶ 21

Meine Wohnung   9

Die Wohnungssuche
Sprachhandlungen eine Wohnung beschreiben; Wohnungsanzeigen verstehen
Lerninhalte Eigenschaften einer Wohnung | GR: *sein* + Adjektiv

3 a Die TN lesen die Nachricht und markieren alle wichtigen Informationen.
Info In D-A-CH bezieht man sich, wenn man von einer *3-Zimmer-Wohnung* spricht, auf die Anzahl der Wohn- und Schlafzimmer (3). Dazu kommen dann noch Küche, Flur und Bad.
Lösung *zusammen wohnen, 3 Zimmer, ungefähr 80 m2, maximal 800 Euro, im Zentrum; gerne Balkon/Terrasse, ruhig und hell*

3 b Die TN gehen vor wie beschrieben und vergleichen erst in PA, dann im PL.
Lösung *3 Zimmer, 80 qm, maximal 800 Euro, im Zentrum, Balkon oder Terrasse, ruhig und hell*

3 c Lesen Sie mit den TN die Wohnungsanzeigen. Klären Sie ggf. Vokabular. Fragen Sie die TN, wo solche Anzeigen zu finden sind (*im Internet*). Die TN hören das Gespräch zweimal und finden heraus, über welche Wohnung Carla und Alex sprechen, ob die Wohnung die richtige für sie ist und warum (nicht). Sie besprechen ihre Lösung zuerst in KG, dann im PL.   2.24
Lösung *Wohnung 3; Nein, sie ist zu teuer.*

3 d Lesen Sie mit den TN die Adjektiv-Gegensätze und klären Sie ggf. die Bedeutung. Lesen Sie dann die Sätze im Grammatik-Kasten und klären Sie gemeinsam die Verwendung der Adjektive mit *sein* und die Bedeutungsveränderung der Adjektive durch *sehr* und *zu*. Besprechen Sie die erste Wohnung im Kurs. *Warum passt die Wohnung (nicht) zu Carla und Alex?* (*sie ist in der Nähe der Universität und sehr billig, aber sie hat keinen Balkon und ist zu klein*) Die TN sprechen dann in KG über die anderen Wohnungen und überlegen gemeinsam, welche am besten für Carla und Alex geeignet ist. Vergleichen Sie im Kurs.
Lösung *Wohnung 5*
Erweiterung Kopieren Sie die Rollenkarten auf der **Kopiervorlage**. Die eine Hälfte der TN möchte eine Wohnung mieten, die andere Hälfte versucht, ihre Wohnung zu vermieten. Die TN lesen ihre Rollenkarte. Jede/-r Mieter/-in macht einen Dialog mit jeder/-m Vermieter/-in und macht Notizen. Am Ende entscheidet er/sie sich für die Wohnung, die am ehesten seinen Bedürfnissen entspricht, und erklärt seine/ihre Entscheidung kurz im Kurs.   KV
Variante Wenn Sie mit authentischen Wohnungsanzeigen aus dem Internet arbeiten möchten, verteilen Sie nur die Mieter-Karten der **Kopiervorlage** an die TN. Diese versuchen nun im Internet eine geeignete Wohnung zu finden (auch als HA geeignet), z. B. unter www.immonet.de oder www.immoscout24.de. Geben Sie einen Ort vor oder lassen Sie die TN wählen. Wenn die TN eine zu ihrer Rollenkarte passende Wohnungsanzeige gefunden haben, drucken sie sie aus und stellen sie zusammen mit ihren Wünschen als Mieter im Kurs vor.   KV

Die neue Wohnung
Sprachhandlungen die Wohnungseinrichtung planen; eine Einladung beantworten
Lerninhalte GR: Präposition *in* + Akkusativ

4a Die TN hören das Gespräch und ergänzen die Tabelle. Korrigieren Sie gemeinsam im Kurs. Besprechen Sie anschließend mit den TN den Grammatik-Kasten. Erklären Sie, dass auf die Frage *wohin?* in der Antwort nach der Präposition *in* der Akkusativ folgt. Zeichnen Sie zur visuellen Verdeutlichung einen Kreis an die Tafel: ein Pfeil von außen führt bis in die Mitte des Kreises. Schreiben Sie auf den Pfeil *wohin?*. Machen Sie mit Gestik klar, dass hier eine Aktion mit Bewegung erfolgt. Vergleichen Sie die Artikel im Grammatik-Kasten miteinander und analysieren Sie mit den TN: *Welchen Artikel haben die einzelnen Zimmer? Wie ist dieser Artikel im Akkusativ? Wo wird der Artikel mit der Präposition zusammengezogen und wo nicht?*
Wichtigen Wortschatz zum Thema *Umziehen* lernen die TN in ÜB4f kennen.   2.25
Lösung ins Schlafzimmer: *Carla – Fernseher, Alex – Lampe*; ins Wohnzimmer: *Carla –Lampe, Alex – Fernseher*; in die Küche: *Alex – Kühlschrank*; ins Arbeitszimmer: *Carla – Regal; Alex – Computer*; in den Flur: *Carla – Kühlschrank, Alex – Regal*

9 Meine Wohnung

4 b Kopieren Sie für jede/-n TN den Wohnungsplan der ersten Doppelseite des Kapitels. Jede/-r TN zeichnet in Grün die vorgegebenen Dinge ein. Dann fragt er/sie eine/-n Partner/-in *Wohin stellst du …?* Der/Die andere antwortet nach der eigenen Zeichnung. Die TN zeichnen die erfragten Dinge in Rot ein und vergleichen am Ende. — **Kopien**

Erweiterung Geben Sie an Gruppen von 3–4 TN je ein DIN-A3-Papier. Erklären Sie den TN, dass sie gemeinsam in eine Wohnung einziehen sollen. Die TN zeichnen die Wohnung, benennen die Zimmer und wählen in einem Einrichtungskatalog ca. 10 Möbelstücke aus, die sie kaufen möchten. Dann bespricht die KG, in welches Zimmer welches Möbelstück kommen soll. Achten Sie darauf, dass die KG dabei möglichst viel diskutiert und nicht sofort einer Meinung ist. Danach gehen jeweils 2 KG zusammen und stellen sich ihre Wohnung vor. — **DIN-A3-Papier, Einrichtungskataloge**

ÜB 4 e In PA: Die TN würfeln 2x und formulieren Sätze wie im Beispiel. — **Würfel**

5 a Projizieren Sie die Einladung an die Tafel oder die Wand. Die TN überlegen, welche Textsorte das ist (*eine Einladung*) und wozu eingeladen wird (*eine Einweihungsparty: Carla und Alex haben eine neue Wohnung gefunden und sind eingezogen*). Ein/-e TN liest die Einladung laut vor. Die TN sagen, welche Informationen fehlen.
Lösung *Es fehlt, wann die Feier stattfindet (Datum und Uhrzeit).*

5 b Die TN hören den Dialog und notieren die fehlenden Informationen. Vergleichen Sie im Kurs.
Lösung *Datum: 3. Juni; Uhrzeit: 19 Uhr* — 🔊 2.26

5 c Klären Sie im Kurs die Redemittel. Sie können dazu die Redemittel einzeln auf DIN-A4-Blätter schreiben und sie mischen. Lesen Sie jedes Blatt mit den TN und klären Sie ggf. das Vokabular. Schreiben Sie auf die linke Seite der Tafel *Sie können kommen*, auf die rechte Seite *Sie können nicht kommen*. Die TN entscheiden, zu welcher Gruppe die Redemittel gehören bzw. ob sie zu beiden passen (wie z. B. die Anrede und der Dank). Befestigen Sie die Redemittel unter dem passenden Satz. Verteilen Sie Kärtchen mit lachenden und weinenden Gesichtern. Die TN, die ein lachendes Gesicht haben, können zur Party kommen, die TN mit einem weinenden Gesicht können nicht kommen. Die TN beantworten in PA entsprechend die Einladung. Hängen Sie die E-Mails im Kursraum aus, an einer Wand die Zusagen, auf der anderen die Absagen. Die TN gehen durch den Raum und lesen die E-Mails. — **DIN-A4-Blätter, Kärtchen mit lachenden und weinenden Gesichtern**

Variante Die TN schreiben *Liebe/-r* und ihren Namen oben auf ein Blatt. Sammeln Sie die Blätter ein und geben Sie sie vermischt wieder aus. Niemand darf seinen eigenen Namen haben. Jede/-r TN schreibt der auf dem Blatt genannten Person eine Einladung zu einer Wohnungseinweihung. Spielen Sie den „Briefträger" und bringen Sie den Empfängern ihre „E-Mails". Die TN beantworten die Einladung positiv oder negativ und schicken die „E-Mails" über Sie an den Absender zurück. Hängen Sie die Texte paarweise im Kursraum aus. Die TN gehen durch den Raum und lesen die Korrespondenz.

Alles fertig

Sprachhandlungen über eine Wohnungseinrichtung sprechen; Ortsangaben machen; Gefallen und Missfallen ausdrücken; Farben nennen
Lerninhalte WS: Farben | GR: Wechselpräpositionen mit Dativ | Aussprache: langes und kurzes *e*

6 a Projizieren Sie das Bild an die Wand. Fragen Sie die TN, welche Zimmer sie sehen können (*ein Wohnzimmer, ein Arbeitszimmer, ein Schlafzimmer, eine Küche, einen Flur*). Fragen Sie dann *Welche Möbel sind im Wohnzimmer, in der Küche, …?* Die TN benennen die Möbel. Schreiben Sie die Möbel an die Tafel. Besprechen Sie mit den TN den Grammatik-Kasten. Erklären Sie, dass auf die Frage *wo?* in der Antwort nach der Präposition *in* der Dativ folgt. Zeichnen Sie zur visuellen Verdeutlichung einen Kreis an die Tafel. Machen Sie in die Mitte des Kreises einen Punkt. Schreiben Sie darüber *wo?*. Machen Sie mit Gestik klar, dass hier eine Situation ohne Bewegung beschrieben wird. Erklären Sie außerdem, dass *in* und *dem* zu *im* wird. Danach arbeiten die TN in PA und fragen sich gegenseitig *Wo ist der Kühlschrank?* usw. Der/Die Partner/-in antwortet.

Meine Wohnung 9

Erweiterung Die TN vergleichen das Bild mit KB4a. Besprechen Sie im Kurs: *Wohin wollte Carla die Möbel stellen? Wohin wollte Alex die Möbel stellen? Wo stehen die Möbel jetzt?*

6 b Erklären Sie den TN, dass es weitere 8 Präpositionen für Ortsangaben gibt, die bei der Frage *wo?* den Dativ verlangen. Sehen Sie sich gemeinsam die Häuser mit den Präpositionen an. Erklären Sie ggf. die Bedeutung der Präpositionen genauer. Schwirig ist oft die Unterscheidung von *auf* (direkter Kontakt der Dinge) und *über* (kein direkter Kontakt) sowie von *an* (direkter Kontakt der Dinge) und *neben* (kein direkter Kontakt).
Zu den Wechselpräpositionen gibt es einen Grammatik-Clip, den Sie hier nutzen können. ▶ G3
Zu dieser Aufgabe gibt es ein interaktives Tafelbild. Die TN platzieren Möbel in einem Zimmer. Weitere Möbel können mit dem Stift gemalt werden; diese sind jedoch nicht verschiebbar. Anschließend beschreiben die TN, wo was ist, und verwenden dabei die Präpositionen mit Dativ: *Der Schrank ist neben dem Regal. Der Teppich ist unter dem Tisch.* usw.
Erweiterung Malen Sie eine Schnecke an die Tafel und stellen Sie sie den TN als *Susi* vor. Je 3 TN machen eine Collage: Sie schneiden 9 Gegenstände aus Zeitschriften aus und kleben sie auf das Blatt. Danach malen sie Susi darauf, darunter, dahinter usw. und schreiben den passenden Satz dazu, z. B. *Susi ist auf dem Haus.* — Zeitschriften, Plakate
Hinweis Die Wechselpräpositionen werden in Netzwerk neu A2 in Kapitel 2 wiederholt und vertieft. Ziel ist hier also noch nicht, dass sich die TN nach der Unterrichtseinheit schon vollkommen sicher in diesem komplexen Thema fühlen.

6 c Die TN arbeiten zu dritt. Sie fragen sich gegenseitig nach Möbeln/Gegenständen im Kursraum oder in der Wohnung der anderen TN und beantworten die Fragen (z. B.: *Wo ist der Schrank? Der Schrank ist neben dem Fenster.*).
Variante Die TN machen eine einfache Skizze ihres Schlaf-oder Wohnzimmers und beschreiben es den anderen TN.

ÜB 6 d Im Kurs. Je 2 TN machen ein Bilddiktat. Dazu zeichnen sie die Gegenstände in das Bild und beschreiben das Bild anschließend mithilfe der Wechselpräpositionen. Der/Die Partner/-in versuchen das Bild so genau wie möglich zu kopieren.
Erweiterung Erklären Sie, dass diese 9 Ortspräpositionen auf die Frage *wo?* den Dativ, auf die Frage *wohin?* den Akkusativ nach sich ziehen. Machen Sie einige Beispiele im Kurs. Kopieren Sie dann das → **Domino** zu den Wechselpräpositionen auf der **Kopiervorlage** für je 3–4 TN. Weisen Sie darauf hin, dass in diesem Spiel die Wechselpräpositionen sowohl mit Dativ als auch mit Akkusativ vorkommen. Die TN legen gemeinsam das Domino. — KV
Hinweis Bei diesem Domino gibt es nicht nur eine richtige Karte, die anschließt, sondern mehrere Kombinationen sind möglich; es kann also sein, dass am Ende Karten übrig bleiben.

7 a Die TN lesen zuerst die Sätze. Dann hören sie das Gespräch und kreuzen an, wer was sagt.
Lösung Carla: *3, 5, 6, 7* – Vanessa: *2, 4, 8, 9* — 2.27

7 b Vorgehen wie beschrieben. Vergleichen Sie im Kurs.
Erweiterung Hängen Sie ein grünes Plakat mit einem lachenden Gesicht und ein rotes Plakat mit einem weinenden Gesicht auf. Die TN suchen gemeinsam alle wertenden Äußerungen aus den Sätzen. Ein TN schreibt diese auf Papierstreifen. Die TN kleben sie abwechselnd auf das passende Plakat. Die TN hören die Äußerungen aus *Gut gesagt: Begeisterung ausdrücken* als Hörbeispiele. Erklären Sie, dass *ganz, echt, total* und *wirklich* mit besonderer Betonung oft dafür gebraucht werden, positive und negative Äußerungen zu verstärken. Die Beispiele hier sind positiv und drücken Begeisterung aus. — rotes und grünes Plakat, Papierstreifen, 2.28
Erweiterung Die TN sprechen in KG über die Wohnung von Carla und Alex und erzählen, was ihnen gefällt und was nicht. Geben Sie den KG dann Seiten von Einrichtungskatalogen. Die TN sprechen in KG darüber, wie sie die Einrichtung finden. Die TN schneiden ein möglichst ungewöhnliches Möbelstück aus einem Katalog oder einer Zeitschrift aus und kleben es auf ein Blatt Papier. Sie machen damit einen → **Klassenspaziergang**. Dabei fragen sie sich gegenseitig *Wie findest du / finden Sie …?* Der/Die andere antwortet und beide tauschen das Blatt. Usw. — Einrichtungskataloge, Zeitschriften, Schere, Klebstoff

9 Meine Wohnung

8 a+b Die TN hören und markieren, ob sie ein langes oder ein kurzes *e* hören. Vergleich im PL. Besprechen Sie anschließend im PL die Regel.
🔊 2.29
Variante Teilen Sie den Kurs in 2 Gruppen. Bitten Sie die Gruppe 1 aufzustehen, wenn sie ein langes, die Gruppe 2, wenn sie ein kurzes *e* hören. Hören Sie die Beispiele einige Male, bis die Übung gut funktioniert. Alternativ können sich die TN auch ein einer Reihe aufstellen. Bei einem langen *e* gehen sie einen Schritt nach vorne, bei einem kurzen *e* einen Schritt nach hinten (→ **Lernen mit Bewegung**).
Lösung kurzes *e*: *1, 3, 5, 6, 11, 12* – langes *e*: *2, 4, 7, 8, 9, 10*
eh oder ee spricht man immer lang; e allein spricht man lang oder kurz.
Hinweis Die Dehnung beim langen Vokal können Sie demonstrieren, indem sie einen Gummiring auseinanderziehen, während sie den Vokal sprechen.

8 c Die TN hören und sprechen nach. Danach üben sie in PA.
🔊 2.30

ÜB 8 a+b Die TN hören und markieren, ob sie ein langes oder ein kurzes *e* hören. Dann notieren sie 6 Namen und diktieren sie einer/-m Partner/-in. Dann Kontrolle in PA.
🔊 ÜB 2.22

9 a Lesen Sie die Farben im KB laut vor, die TN lesen mit und sprechen nach. Die TN verbinden in PA die Möbelstücke mit den Farben und formulieren Aussagen wie im Beispiel.

9 b 💬 Schreiben Sie jede Farbe (am besten in der passenden Farbe) in die Mitte eines DIN-A3-Blattes. Fragen Sie die TN, wie die Farben in ihrer Muttersprache heißen, und lassen sie die Sprachen auf die Blätter schreiben. In Auslandskursen können sie auch gemeinsam andere Sprachen sammeln, die die TN sprechen. Weisen Sie darauf hin, dass sich die Farbbezeichnungen in vielen Sprachen ähneln (z. B. *blau–blue–bleu, grau–gris–grey, …*)
DIN-A3-Blätter
Erweiterung Lassen Sie die TN in KG Gegenstände zu den einzelnen Farben sammeln, z. B.: *grün: das Gras, die Weinflasche, meine Augen* usw. Sie können die Wörter auf den DIN-A3-Blättern notieren und ggf. eine Zeichnung dazu machen.
Wenn Sie die Farbwörter noch mehr vertiefen möchten, können sich die TN gegenseitig nach ihren Lieblingsfarben und den Farben, die sie gar nicht mögen, fragen.

9 c Verteilen Sie Fotos von Wohnungen oder Zimmern aus Zeitschriften, Möbelkatalogen oder aus dem Internet oder lassen Sie die TN selbst Fotos suchen. Die TN sprechen in GA und sagen ihre Meinung wie im Beispiel. Sie können auch die Farben benutzen, z. B. *Der Tisch ist rot und grün, das finde ich total modern.*
Zeitschriften, Möbelkataloge
Variante Die TN bringen Fotos ihrer Wohnung mit. Oder die TN machen eine Skizze von einem oder mehreren Zimmern ihrer Wohnung. Sie zeigen in KG ihre Fotos oder Skizzen und stellen ihre Einrichtung vor und erklären, was sie daran schön finden.

Wer wohnt denn da?

Sprachhandlungen über Wohnformen sprechen; einen Text über eine Wohnung schreiben
Lerninhalte WS: Wohnformen | Landeskunde: Wohnformen in D-A-CH | Strategie: mit Textbausteinen schreiben

10 a Machen Sie Farbkopien der KB-Seite. Schneiden Sie die Fotos aus. Schreiben Sie die Bildunterschriften auf Kärtchen. Fertigen Sie für je 5 TN ein Set an. Geben Sie zuerst jeder/-m TN der 5er-Gruppe nur ein Foto, das er/sie den anderen so genau wie möglich beschreiben soll. Danach ordnen die TN gemeinsam die Fotos den Kärtchen zu und vergleichen mit dem KB. Sprechen Sie im Kurs über die Fotos. Was finden die TN besonders? Fragen Sie die TN, welche dieser Wohnformen es auch in ihrem Land gibt.
Farbkopien der KB-Seite, Kärtchen
Lösung *A4, B1, C5, D3, E2*

Meine Wohnung 9

10 b Jede/-r TN nimmt sich noch einmal ihr/sein Foto. Alle stehen auf, suchen weitere Personen mit dem gleichen Foto und setzen sich so in neuen Gruppen zusammen. In ihrer Gruppe spekulieren die TN jetzt gemeinsam, welche Vor- und Nachteile es haben könnte, in dieser Wohnform zu wohnen. Danach hören die TN, was die Bewohner erzählen, und notieren die genannten Vor- und Nachteile in einer Tabelle. Die TN vergleichen mit ihren Vermutungen.
🔊 2.31–35
Lösung die Wohnung im Hochhaus: *Vorteile: man sieht über die ganze Stadt, Zimmer hell; Nachteile: viele Menschen, man kennt die Nachbarn nicht.* – das Loft: *Vorteile: großes Zimmer und große Fenster, viel Platz, hell; Nachteile: im Winter oft kalt* – das Reihenhaus: *Vorteile: Haus mit Garten, gut für die Kinder, man kann grillen; Nachteile: alles sieht gleich aus, langweilig, man ist nie allein* – die Altbauwohnung: *Vorteile: schön, Zimmer groß, Decken hoch, Nachbarn nett, man kennt sich; Nachteile: man hört die Nachbarn, kein Aufzug* – das Fachwerkhaus: *Vorteile: Haus hat Geschichte, sehr schön und gemütlich; Nachteile: Haus nicht groß, Zimmer klein und dunkel, immer was zu tun in altem Haus, Bad alt und hässlich*

10 c Die TN arbeiten wieder in den Gruppen aus KB10a; in einer Gruppe sind dadurch alle Wohnformen vertreten. Jede/-r TN stellt die Vor- und Nachteile seiner Wohnform den anderen Gruppenmitgliedern vor.
🔊 2.30

11 a Vorgehen wie beschrieben. Danach Austausch in PA. Erklären Sie den TN, dass sie die von ihnen markierten Sätze/Satzteile als *Textbausteine* fürs Schreiben eigener Texte nutzen können. Weisen Sie die TN darauf hin, dass Textbausteine den Vorteil haben, dass sie fehlerfrei sind, dass die TN aber darauf achten müssen, sie richtig in die eigene Satzstruktur und den neuen Textzusammenhang einzubauen. Lesen Sie im PL den Strategie-Kasten.

11 b+c Die TN notieren ihre markierten Textbausteine. Anschließend nutzen sie die Sammlung ihrer Textbausteine und schreiben einen kurzen Text über ihre Wohnung oder über eine Fantasie-Wohnung. Tipps zur Kontrolle finden Sie unter → **Schreibaufgaben auswerten**.

ÜB 11 Die TN entscheiden, ob sie einen Text schreiben oder zusammen mit einer/-m Partner/-in über eine Person sprechen möchten. In beiden Fällen spekulieren sie über die Wohnsituation von Dana oder/und Maximilian.

12 Die TN bereiten in KG (in heterogenen Kursen nach Herkunftsland) eine Präsentation vor. Sie bringen von zu Hause Fotos von typischen oder auch ungewöhnlichen Häusern und Wohnungen mit und stellen sie dem Kurs in einer Kurzpräsentation vor.
Alternative Die TN bereiten alleine eine Kurzpräsentation mit Bildmaterial für die nächste Stunde vor. Dabei können sie ihre eigene Wohnung vorstellen oder eine andere, die sie kennen und die ihnen interessant oder ungewöhnlich erscheint.

Die Netzwerk-WG
Unsere Wohnung | Ich habe eine Idee

13 a Zeigen Sie Filmszene 21. Fragen Sie die TN, wann sie das letzte Mal ihre Wohnung gezeigt haben. Fragen Sie auch, ob die TN normalerweise alle Zimmer oder nur einige zeigen. Ist es in den Heimatländern der TN üblich, die Wohnung zu zeigen, wenn jemand das erste Mal zu Besuch kommt? Sprechen Sie mit den TN darüber. Zeigen Sie die Filmszene noch einmal. Die TN kreuzen an, welche Zimmer Anna ihrer Freundin zeigt.
▶ 21
Lösung Anna zeigt: *den Flur, das Bad, die Küche, das Esszimmer (bzw. den Esstisch), (das Zimmer von Luca und das Zimmer von Bea nur von außen), das Wohnzimmer, ihr eigenes Zimmer*

9 Meine Wohnung

13 b Die TN sehen die Filmszene noch einmal und notieren, wie die Freundin die Zimmer findet. ▶ 21
Lösung *Das Bad ist praktisch, die Küche ist (ein bisschen) klein, das Wohnzimmer ist toll und groß, Annas Zimmer ist sehr gemütlich.*
Variante Die TN machen GA. Schreiben Sie für jede Gruppe die Adjektive (*praktisch, klein, groß, toll, gemütlich*) auf Kärtchen. Die TN sehen die Filmszene und legen die Adjektivkärtchen zum passenden Zimmer.   Kärtchen

13 c Die TN sprechen in PA darüber, wie sie die Wohnung finden, und vergleichen ihre Eindrücke dann mit denen einer anderen Gruppe.

14 a Zeigen Sie den TN Filmszene 22. Danach beschreiben die TN, was die beiden Frauen nacheinander machen. Sie können auch nach jedem Umstellen stoppen und gemeinsam formulieren, was passiert ist, z. B. *Anna und ihre Freundin stellen die Pflanze ans Fenster.* ▶ 22
Lösung *Die Freundin stellt die Lampe auf den Tisch. Anna stellt die Pflanze ans Fenster. Anna und ihre Freundin hängen das Bild an die Wand. Die Freundin stellt den Stuhl in die Ecke (und wieder zurück), Anna legt die Zeitung und die Bücher aufs Bett. Anna und ihre Freundin stellen den Tisch an die andere Wand / vor das Bett – und wieder zurück neben das Bett.*
Variante Die TN raten erst, was Anna und ihre Freundin in der Wohnung verändern werden. Dazu können sie z. B. in PA drei Aussagen schreiben (z. B.: *Anna und ihre Freundin stellen die Pflanze neben die Tür.*). Dann sehen sie die Szene. Jede korrekte Aussage bekommt einen Punkt.

14 b Die TN sehen die Filmszene noch einmal. Fragen Sie, ob Luca Recht hat. Bitten Sie die TN, nun noch einmal nur das zu beschreiben, was am Ende im Raum anders/neu ist. Erinnern Sie die TN daran, dass sie nun nicht mehr Sätze auf die Frage *Wohin?* wie in 14a, sondern auf die Frage *Wo?* formulieren, nach der Präposition also den Dativ verwenden müssen, z. B. *Die Pflanze steht jetzt am Fenster.*
Erweiterung Ein/-e TN geht vor die Tür. Bitten Sie die TN, drei Dinge zu verändern und dies zu formulieren (z. B. *Ich hänge meine Schultasche an die Tafel*). Der/Die TN kommt in den Raum zurück und versucht herauszufinden, was sich verändert hat (z. B. *Deine Schultasche hängt jetzt an der Tafel.*). Wiederholen Sie die Aktivität mehrere Male.

14 c Schreiben Sie *Besuch von Freunden* in einen Wortigel an die Tafel. Fragen Sie die TN, was sie mit ihren Freunden machen, wenn sie von diesen zu Hause besucht werden. Notieren Sie die Vorschläge an der Tafel. Betrachten Sie dann die Fotos. Lassen Sie sie von den TN beschreiben und schreiben sie auch diese Aktivitäten, falls noch nicht geschehen, in den Wortigel (*Kaffee/Tee trinken und reden, Computerspiele machen / Videos / etwas/Fotos auf dem Handy ansehen, zusammen Pizza machen / zusammen kochen, einen Film sehen / fernsehen, erzählen und lachen, …*). Fragen Sie die TN, ob es in ihren Heimatländern normal ist, die abgebildeten Aktivitäten mit Besuchern zu machen, oder was man sonst macht. Was macht man oft, was nie?

Plattform 3

Wiederholungsspiel

1 Je 3 TN spielen zusammen das Wiederholungsspiel. Wer im Jahr zuerst Geburtstag hat, beginnt, legt eine Figur auf ein Feld seiner/ihrer Wahl und löst die dazugehörige Aufgabe. Die anderen TN kontrollieren, ob die Aufgabe richtig gelöst wurde. Falls ja, bleibt die Figur auf dem Feld stehen, falls nicht, nimmt der/die Spieler/-in die Figur wieder weg. Dann ist der/die Nächste dran. Ziel ist es, 3 Figuren in einer Reihe (waagrecht, senkrecht, diagonal) zu haben. Wer dies zuerst schafft, hat gewonnen. Schafft es niemand, spielt die Gruppe noch einmal.
je TN 10 gleiche Spielfiguren/ Zettelchen/ Münzen/ Bonbons o. Ä.
Variante Je 4 TN spielen zusammen, sie wählen einen Experten oder eine Expertin. Diese/-r kontrolliert mit der **Kopiervorlage**, ob die anderen TN die Aufgabe richtig lösen.
KV

Fitness und Alltag

2 a Die TN bearbeiten zunächst allein den Fragebogen.

2 b Je 2 TN befragen sich, kreuzen an, was der/die andere antwortet, und notieren ggf. Weiteres.

2 c Vorgehen wie beschrieben. Halten Sie die zusätzlichen Aktivitäten an der Tafel fest.
Variante Fragen Sie die TN, welche ihre Lieblingsaktivität ist, und bitten sie sie, sich in einer Schlange von A–Z nach dem ersten Buchstaben der Aktivität aufzustellen. Sie dürfen aber nicht sprechen, sondern müssen die Aktivität pantomisch oder mit Gesten darstellen. Wenn sich die Schlange gebildet hat, nennen die TN nach und nach ihre Aktivitäten und alle TN kontrollieren, ob die TN dem Alphabet nach in der richtigen Reihenfolge stehen. Sie können diese Schlange nutzen, um KG mit jeweils 2–3 TN für die Schreibaufgabe KB3 zu bilden.

3 Schreiben Sie die Namen aller TN auf kleine Zettel. Alle TN ziehen einen Zettel und schreiben als HA einen Text für den/die gezogene/-n TN. In der nächsten Stunde geben sie ihm/ihr den Text. Der/die TN liest ihn und korrigiert. → **Schreibaufgaben auswerten**.
Variante Wenn Sie in 2c die Variante gemacht haben, schreiben die dort gebildeten KG gemeinsam einen Text für eine andere KG. Legen Sie vorher fest, welche KG ihren Text für welche andere KG schreibt → **Schreibkonferenz**. Anschließend geben sie ihren Text der anderen KG, die TN dort korrigieren ihn → **Schreibaufgaben auswerten**.

4 a Die TN lesen und hören die Anweisungen. Vorgehen wie beschrieben.
Lösung *2f, 3u, 4f, 5u, 6u.*
2.36

4 b Je 2 TN sprechen die Sätze aus 4a, der/die Partner/-in rät, ob es freundlich oder unfreundlich sein soll. Regen Sie die TN an, auch eigene Sätze zu bilden.
Variante → **Lernen mit Bewegung**: Je 2 TN bekommen einen Ball. Während sie vorgehen wie beschrieben, werfen sie ohne zu stoppen einen Ball hin und her. So konzentrieren sie sich nicht nur auf die Sätze und können den Sätzen zugleich beim Werfen eine Intention mitgeben.
je ein Ball für 2 TN

5 a Je 2 TN arbeiten zusammen. Jede/-r nimmt eins der Chaosbilder, sieht sich sein/ihr Bild an und notiert 9 Wörter mit Artikel und Plural. Wenn die TN einen Artikel oder einen Plural nicht wissen, können sie in der Wörterliste oder im → **Wörterbuch** nachschlagen.
Wörterbuch

5 b Die TN berichten wie beschrieben nach dem Muster des Beispiels, was auf ihrem Bild zu sehen ist. Der/die Partner/-in fragt nach Artikel und Pluralform und notiert diese.

6 Je 3–4 TN arbeiten zusammen. Sagen Sie den TN, dass es um die Wiederholung des Wortschatzes der Kapitel 7–9 geht. Malen Sie die Wörtertreppe wie im Buch an die Tafel. TN 1 zeichnet unten links auf ein Blatt Papier die erste Stufe, nennt sein/ihr Wort und notiert es auf die erste Stufe der Treppe. TN 2 nennt sein/ihr Wort, das mit dem letzten Buchstaben des vorherigen Wortes beginnen muss, zeichnet die nächste Stufe und notiert das Wort darauf. Am Ende zeigen die KG ihre Wörtertreppen im PL. → **Präsentation von Ergebnissen**
Blanko-Papier
Variante Gehen Sie vor wie oben beschrieben, geben sie aber eine Zeit vor, z. B. 5 Minuten; die Gruppe, die danach die Wörtertreppe mit den meisten Stufen gemacht hat, gewinnt.

3 Plattform

Like, like

7 a Die TN haben die Bücher geschlossen. Sie hören das Lied einmal und notieren die Wörter, die sie verstehen. Fragen Sie die TN zuerst, wie ihnen das Lied (die Musik, die Melodie, die Stimme) gefällt. Sammeln Sie dann gemeinsam die bekannten Wörter an der Tafel.
Variante Schreiben Sie so viele Schlüsselwörter, wie sie TN haben, auf DIN-A5-Karten: *Likes und Klicks, Links und Likes, mein Chat, neue Technik, teilen, skypen, ein neues Fotoalbum, kommentieren, die Welt, Selfie, …* Jedes Wort sollte nur einmal vorkommen. Geben Sie jeder/-m TN eine Karte. Nun hören die TN das Lied. Wenn sie ihr Wort hören, stehen sie auf und stellen sich nach und nach in eine Reihe.

2.38
DIN-A5-Karten

7 b Die TN stellen im Kurs Vermutungen an, worum es in dem Lied gehen könnte (siehe KB7c).

7 c Beim zweiten Hören lesen die TN den Liedtext mit und bringen die 3 Strophen in die richtige Reihenfolge. Fragen Sie, worum es im Lied geht (*um den Umgang mit/in sozialen Netzwerken*).
Info Das Lied ist von der Münchner Band *Eins hoch 6*, deren Songs sich sehr gut für den Deutschunterricht eignen. Informationen zur Band finden sie hier: https://www.dw.com/de/bandtagebuch-willkommen-bei-einshoch6/av-16959868
Erweiterung Je 3–4 TN überlegen gemeinsam, wie sie das Lied pantomimisch begleiten können (evtl. mit Notizen für eine Art Drehbuch). → **Präsentation von Ergebnissen**, **Feedback**. Anschließend sehen die TN das Video zum Song, das sie im Internet finden, und vergleichen, welche der eigenen Ideen am besten zu dem Originalvideo passt.
Erweiterung Singen Sie das Lied gemeinsam im Kurs.

2.38

Wohntypen

8 a Die TN machen den Wohntypen-Test allein.

8 b Die TN zählen die Punkte zusammen und lesen die Auswertung des Tests. Dann tauschen sich 4–6 TN in Gruppen darüber aus, ob die Auswertung zu ihnen passt.
Variante Je 4–6 TN arbeiten zusammen. Sie lesen zuerst die Auswertung und überlegen gemeinsam, welcher Wohntyp zu den einzelnen TN ihrer Gruppe passen könnte, ohne dass diese/-r sich dazu äußert. Danach zählt jede/-r seine Punkte zusammen. Die TN vergleichen, ob sie sich gegenseitig für den richtigen Wohntyp gehalten haben.
Erweiterung Schreiben Sie die 4 Wohntypen an die Tafel und fragen Sie die TN, wer welcher Wohntyp ist. Erstellen Sie so eine Kursstatistik und kommentieren Sie im PL das Ergebnis.

ÜB Plattform 3 In den Plattformen im Übungsteil bereiten sich die TN auf A1-Prüfungen vor. Sie machen das am Beispiel der Prüfung *Start Deutsch A1*. Zu Beginn von Plattform 1 finden die TN eine Übersicht über alle Prüfungsteile und darüber, wo sie diese im ÜB finden.
Hier in Plattform 3 bekommen die TN Tipps und trainieren die Prüfungsteile *Lesen*: Teil 2, *Hören*: Teil 3 und *Sprechen*: Teil 3.

2.24–38

Studium und Beruf 10

Los geht's!
Sprachhandlungen über Arbeit und Beruf sprechen
Lerninhalte WS: Berufe und Jobs; Arbeitsorte

ÜB 1 Im Kurs zur Vorentlastung von KB1. Die TN lernen hier Vokabular zu Arbeitsorten.

1 a Kopieren Sie die Fotos groß und hängen Sie sie im Raum auf. Fragen Sie die TN, was sie denken, was das Thema des Kapitels ist (*Studium und Beruf*). Schreiben Sie die vorgegebenen Tätigkeiten auf einzelne Kärtchen. Die TN arbeiten in Gruppen von 3–4 TN. Jede Gruppe bekommt 1–2 Kärtchen. Die TN gehen durch den Raum und sehen sich die Fotos an. Sie ordnen den Fotos die Tätigkeiten zu und heften diese mit Büroklammern dazu. Kontrollieren Sie kurz, ob die TN die Tätigkeiten richtig zugeordnet haben. Schreiben Sie folgende Fragen an die Tafel: *Wie viele Personen sehen Sie? Wo sind die Leute? Was machen sie? Welchen Beruf hat die Person? / Was studiert die Person?* Dann gehen die Gruppen herum und beschreiben die Fotos mit Hilfe der Fragen und der zugeordneten Tätigkeiten. Zusätzlichen Wortschatz bietet ÜB1.

Kopien der Fotos, Kärtchen, Büroklammern

Variante Bereiten Sie die Aufgabe vor wie oben beschrieben. Geben Sie je 2 TN Kärtchen mit einem Bildbuchstaben A–E, ohne dass die anderen den Buchstaben sehen können. Die Paare fertigen zu ihrem Foto eine Bildbeschreibung an. Dann beschreibt jedes Paar sein Foto im Kurs und die anderen raten, um welches Foto es sich handelt. Wenn Sie eine Klasse mit mehr als 10 TN haben, teilen Sie sie in zwei Gruppen.

Kärtchen mit Buchstaben A–E

Erweiterung Je 3–4 TN arbeiten zusammen. Jede/-r TN überlegt sich, mit welchem Foto er/sie sich am meisten identifizieren kann, sagt es aber nicht. Dann formuliert er/sie einen Satz in der Ich-Form, den die Person auf dem Foto sagen oder denken könnte. Die anderen raten, um welches Foto es sich handelt.

1 b Die TN hören eine Radiosendung, in der Personen darüber sprechen, was sie von Beruf sind, welche Tätigkeiten sie gerne machen und welche nicht. Die TN machen Notizen. Die Vorgaben helfen ihnen, aber nicht alle Vorgaben passen.

2.38

Erweiterung Die TN ordnen die Fotos aus 1a den Personen aus dem Hörtext zu (*A1, B3, C4, D5, E2*).
Lösung 1. Julia Wimmer, *Segellehrerin; Vorteil: ist jeden Tag im Freien; findet Segeln cool und sie kann damit ihr Geld verdienen; Nachteil: im Winter kann sie mit ihren Schülern nicht segeln gehen; sie muss auch als Kellnerin arbeiten* – 2. Miriam Sommer, *Informatik-Studentin; Vorteil: sie kann lernen, wo sie will (sie lernt gern draußen); Nachteil: sie verdient noch kein Geld* – 3. Beatrix Hattich, *Architektin; Vorteil: ein super Team, die Kollegen sind sehr nett; Nachteil: hat oft Stress* – 4. Stefan Schmidinger, *Reiseführer; Vorteil: sein Hobby ist sein Beruf; er reist gern, sieht viele Städte und Länder; hat oft nette Leute in der Reisegruppe; Nachteil: ist nicht oft zu Hause, hat wenig Zeit für seine Freunde* – 5. Sven Kolb, *Erzieher in einem Kindergarten; Vorteil: er mag Kinder und arbeitet gern mit Kindern; Nachteil: er verdient nicht so gut*

2 a Die TN wählen drei Sätze aus, die sie am wichtigsten finden, und kreuzen an, was für sie von den dreien wiederum am wichtigsten (3), wichtig (2) und nicht ganz so wichtig (1) ist.
Variante Führen Sie eine Ampeldiskussion im Kurs. Verteilen Sie dafür einen roten, einen grünen und einen gelben Kreis aus Karton auf dem Boden. Alle TN stellen sich in die Mitte des Raums. Projizieren Sie dann die Sätze nach und nach an die Wand oder/und lesen Sie die Sätze einzeln vor und bitten Sie die TN jeweils, sich zu positionieren. Roter Kreis: ist mir nicht wichtig; gelber Kreis: ich weiß nicht; grüner Kreis: ist mir sehr wichtig. In den Gruppen kommentieren die TN kurz, warum sie sich so positioniert haben. Bei welcher Aussage stehen die meisten auf dem grünen Kreis?

je ein roter, grüner und gelber Kreis aus Karton

2 b Projizieren Sie die Aussagen aus KB2a an die Wand oder schreiben Sie sie an die Tafel. Gehen Sie die einzelnen Aussagen noch einmal durch. Die TN melden sich für die Aussagen, denen sie zustimmen. Schreiben Sie hinter die Aussagen die Anzahl der Meldungen und erstellen Sie so eine Kursstatistik.
Variante Teilen Sie große Klassen in kleinere Gruppen. Die TN erstellen zunächst eine Gruppenstatistik und anschließend im Plenum aus den Gruppenstatistiken eine Kursstatistik.
Erweiterung Die TN schreiben ein → **Elfchen** zum Thema *Arbeit* und illustrieren es, wenn sie möchten. Die TN machen eine → **Ausstellung** im Kurs.

77

10 Studium und Beruf

Mein Tag
Sprachhandlungen einen Tagesablauf beschreiben; über Vergangenes sprechen
Lerninhalte WS: Studium | GR: Perfekt: Satzklammer; Partizip II: regelmäßige Verben

3 a Projizieren Sie zuerst nur die Bilder mit den Sprechblasen an die Tafel. Schreiben Sie die Frage *Was passiert hier?* an die Tafel. Die TN sehen die Bilder an und beschreiben sie *(junger Mann hat um 22 Uhr Hunger und kauft Pizza; eine junge Frau und zwei junge Männer sitzen an einem Tisch und reden; ein junger Mann lernt nachts am Schreibtisch; eine Gruppe Studenten und Studentinnen im Kurs; zwei junge Männer beim Frühstück, einer ist schon fertig)*. Fragen Sie *Wer ist die Hauptperson des Comics?* (*junger Mann*) und *Welchen Beruf hat die Hauptperson?* (*Student*). Woher wissen Sie, dass der Mann Student ist? (*ein junger Mann lernt nachts am Schreibtisch; eine Gruppe Studenten und Studentinnen im Kurs*). Die TN lesen anschließend die Nachrichten und bringen zu zweit die Bilder in die richtige Reihenfolge.
Variante Kopieren Sie die Bilder mit den Sprechblasen größer und schneiden Sie sie aus. Kopieren Sie die Nachrichten auf DIN-A3-Größe und nummerieren Sie die Sätze von Daniel (= die blauen Chatblasen) von 1–4 durch. Geben Sie je 3–4 TN ein Bilderset und eine Kopie der Nachrichten. Schreiben Sie die Frage *Was passiert hier?* an die Tafel. Die TN sehen die Bilder an und lesen die Nachrichten. Sie ordnen die Bilder den Sätzen aus den Nachrichten zu und bringen alles in die richtige Reihenfolge. Die TN beschreiben, was auf den Bildern passiert (*zwei junge Männer in ihrer WG beim Frühstück; …*). Fragen Sie *Wer ist die Hauptperson des Comics?* (*junger Mann*) und *Welchen Beruf hat die Hauptperson?* (*Student*). Anschließend kleben die TN die Bilder neben die Nachrichten.
Erweiterung Zur Sicherung des Verständnisses bilden Sie zwei Gruppen, die Ja-Gruppe und die Nein-Gruppe. Stellen Sie nun Ja-/Nein-Fragen zu den Sprechblasen und den Nachrichten. Ist die Antwort *ja*, stehen alle TN der Ja-Gruppe auf und rufen laut *ja*, ist die Antwort *nein*, stehen alle TN der Nein-Gruppe auf und rufen laut *nein*. Sie können die folgenden Fragen stellen: 1. War Daniel im Seminar von Professor Wasser? (*nein*) 2. War Daniel um halb 10 im Seminar? (*nein*) 3. War das Seminar langweilig? (*ja*) 4. Hat Professor Masser viel geredet? (*ja*) 5. Haben sie eine Präsentation geplant? (*ja*) 6. Hat Daniel 8 Stunden gelernt? (*nein*) 7. Hat er Sushi geholt? (*nein*)
Lösung *A5, B3, C4, D2, E1*

Kopien der Bilder und der Nachrichten

3 b Projizieren Sie Bild B und die Nachricht aus Aufgabe 3a nochmals an die Wand. Schreiben Sie zu dem Bild die Frage *Was ist hier passiert?*. Fragen Sie die TN, was der Unterschied ist zwischen dem Bild *(Gegenwart)* und der Nachricht *(Vergangenheit)*. Die TN lesen anschließend den Satz neben der Uhrzeit *14 Uhr* in 3b, sie suchen in der Nachricht in 3a die passende Verbform, ergänzen diese und vergleichen im Kurs *(hat geplant)*. Danach ergänzen je 2 TN die Sätze. Vergleichen Sie im Kurs. Erklären Sie den TN, dass es für Aussagen über die Vergangenheit verschiedene Zeitformen gibt, z. B. *war, hatte* (Präteritum) und *hat geredet, geplant, gemacht, geholt* (Perfekt der regelmäßigen Verben). Die TN nennen die passenden Infinitive. Danach lesen Sie mit den TN den Grammatik-Kasten. Fragen Sie, wie das Perfekt gebildet wird (*haben* + Partizip II). Die TN markieren die Vorsilbe und die Endungen des Partizip II der regelmäßigen Verben. Schreiben Sie ein Beispiel an die Tafel (*hat gelernt*). Markieren Sie das *ge-* und die Endung *-t*. Erklären Sie den TN, dass *ge-* das typische Zeichen für das Partizip II der meisten Verben ist und die Endung *-t* die typische Endung für regelmäßige Verben. Weisen Sie noch auf die Besonderheiten hin: Regelmäßige Verben, deren Stamm auf *-t* endet, haben die Endung *-et*. Danach lösen je 2 TN die Aufgabe wie oben beschrieben. Verdeutlichen Sie anschließend die Satzklammer und fragen Sie die TN, woher sie diese bereits kennen (*Modalverben, trennbare Verben*). Weisen Sie die TN auf die Verben, deren Stamm auf *-t* oder *-d* endet, hin (*gered*et, *gewart*et, *gearbeit*et).
Lösung *hat … geredet, hat … geplant, hat … gelernt [ab 16 Uhr], hat … gemacht, hat … geholt*
Erweiterung Spielen Sie mit einigen Sätzen aus der Aufgabe → **Lebendige Sätze**, damit die TN sich die Satzstruktur gut einprägen. Bitten Sie einzelne TN des lebendigen Satzes, sich nach und nach umzudrehen. Die TN, die den Satz organisiert haben, sagen den Satz und ergänzen das fehlende Wort, zur Kontrolle dreht sich der TN wieder um. Am Ende drehen sich alle TN des lebendigen Satzes um und die anderen TN rekonstruieren den ganzen Satz.

Studium und Beruf 10

ÜB3 In sprachlich schwächeren Gruppen machen Sie ÜB3a–d im Kurs.

So war das
Sprachhandlungen über Vergangenes sprechen
Lerninhalte WS: Studium | GR: Partizip II: unregelmäßige Verben; Verben auf *-ieren*

4 a	Die TN sehen das Bild an und beschreiben die Situation (*Daniel sitzt am Computer, neben dem Computer liegt eine Sporttasche, Tina kommt dazu.*) Dann vorgehen wie beschrieben. **Lösung** Tina: *1, 2, 7*; Daniel: *3, 4, 5, 6*.	🔊 2.39
4 b	Die TN lesen den Grammatik-Kasten. Fragen Sie die TN, was der Unterschied zwischen den regelmäßigen Verben aus KB3 und den Verben ist, die auf *-ieren* enden. Je 2 TN arbeiten zusammen und formulieren ausgehend von den Angaben in KB4a im Perfekt, was Tina und Daniel gemacht haben; sie kontrollieren sich gegenseitig. Die TN können zur Kontrolle auch den Dialog aus KB4a noch einmal hören. Vergleichen Sie auch im Kurs. **Lösung** Tina: *hat für ein Seminar recherchiert, hat Statistik gelernt, hat in der Bäckerei gearbeitet*; Daniel: *hat eine Prüfung gemacht, hat eine Präsentation gemacht, hat Fußball gespielt, hat im Studio trainiert.*	
5 a	Die TN lesen die Satzteile. Dann hören sie das Gespräch und ordnen zu. **Lösung** *1D, 2C, 3A, 4E, 5B.* **Variante** für sprachlich stärkere TN: Kopieren Sie die Satzteile groß und schneiden Sie sie auseinander. Geben Sie je 3–4 TN ein Set. Die TN versuchen die Satzteile über den Inhalt zuzuordnen. Dann hören sie den Dialog und korrigieren ggf. ihr Ergebnis.	🔊 2.40 Kopien der Satzteile
5 b	Die TN markieren die Partizipformen in KB5a und notieren sie wie im Beispiel mit dem zugehörigen Infinitiv. Weisen Sie die TN darauf hin, dass sie die Liste so anlegen, dass sie sie später noch ergänzen können. In KB 8b können sie dann auf diese Liste zurückgreifen. Die TN sehen sich dann den Grammatik-Kasten zu den unregelmäßigen Verben an und markieren bei den Partizipien in ihrer Liste, was bei allen gleich ist (*Vorsilbe* ge- *und Endung* -en). Sie vergleichen mit dem Grammatik-Kasten. Erklären Sie, dass das Partizip II aller unregelmäßigen Verben mit *ge-* und *-en* gebildet wird; außerdem kann sich der Verbstamm (meist der Vokal, z. B. bei *gefunden*, manchmal zusätzlich Konsonanten wie z. B. bei *gegangen*) verändern. Lesen Sie mit den TN auch den Tipp-Kasten und lassen Sie die TN kurz im Anhang die Liste mit den unregelmäßigen Verben suchen. **Lösung** *sehen – gesehen; treffen – getroffen; geben – gegeben; finden – gefunden*	
ÜB 5 a	Im Kurs als Wettspiel: Je 2 TN arbeiten zusammen, die Gruppe, die zuerst die 10 Partizipien gefunden und notiert hat, ruft *Stopp!*. Dann vergleichen die TN die Partizipien im Kurs. Die Gruppe mit den meisten richtigen Partizipien hat gewonnen.	DIN-A4-Blätter
ÜB 5 b	Im Kurs. Sprachlich schwächere TN wählen Aufgabe A. Sie ergänzen die Verben, die unten über Kopf stehen, in der richtigen Form und vergleichen zu zweit ihre Lösung. Danach lesen sie die einzelnen Gespräche zu zweit. Sprachlich stärkere TN bearbeiten Aufgabe B. Sie ergänzen in PA die fehlenden Verben in der richtigen Form (Partizip II) und vergleichen zu zweit ihre Lösung. Danach lesen sie die einzelnen Gespräche zu zweit. Weisen Sie die TN auf den Tipp-Kasten mit den unregelmäßigen Partizipien hin.	
6	Die TN arbeiten in Gruppen. Sie notieren aus den Aufgaben 3–5 5 Infinitive auf einzelne Zettel. Dann werden die Zettel gemischt. Dann zieht ein TN einen Zettel und formuliert einen Satz im Perfekt. Die anderen TN helfen und korrigieren ggf. **Erweiterung** Sammeln Sie gemeinsam weitere Verben. Notieren Sie regelmäßige und unregelmäßige Verben in 2 Gruppen an der Tafel. Je 4–5 TN arbeiten zusammen. Sie erstellen eine Liste mit regelmäßigen Verben und schreiben daneben das Partizip II, außerdem schreiben sie die Infinitive einzeln auf kleine Zettel. Dann legen sie die kleinen Zettel verdeckt auf den Tisch. Ein/-e TN ist Spielleiter/-in und bekommt die Liste, ein/-e andere/-r TN beginnt und zieht einen Infinitiv. Er/Sie	Zettel

10 Studium und Beruf

liest den Infinitiv vor und nennt das Partizip II. Der/Die Spielleiter/-in kontrolliert und korrigiert. Hat der/die TN das Partizip II richtig gebildet, darf er/sie den Zettel behalten, wenn nicht, legt er/sie ihn unter die anderen Zettel. Dann ist der/die nächste Spieler/-in dran. Wer am Ende die meisten Zettel hat, hat gewonnen.

Der Weg zum Job

Sprachhandlungen Aussagen über die Jobsuche verstehen; über Vergangenes sprechen; von einem Tag berichten
Lerninhalte WS: Bewerbungen; Arbeitsorte | GR: Perfekt mit *haben* und *sein* | Aussprache: *h* hören und sprechen

ÜB 7 a Zur Vorentlastung von KB7a im Kurs.

7 a Je 2 TN arbeiten zusammen. Ein/-e TN liest die Texte von Felix M. und Lea S., der/die andere TN liest die Texte von Claudia L. und Freddy K. Danach informieren sie sich gegenseitig.
Variante → **Kooperatives Lesen**.
Lösung Felix M: *Krankenpfleger, Anzeige im Internet gelesen und Bewerbung geschickt*; Lea S.: *arbeitet in einem Hotel, Hotelchef hat ihr Profil in einem Job-Portal gesehen*; Claudia L. *Sekretärin, Anzeige in einer Zeitung gesehen und Bewerbung geschrieben*; Freddy K.: *Koch, hat die Chefin gefragt*

7 b Vorgehen wie beschrieben. In sprachlich schwächeren Gruppen bearbeiten die beiden TN aus 7a die Aufgabe gemeinsam.
Erweiterung → **Heißer Stuhl**, → **Aufgaben selbst erstellen**
Lösung *1 richtig, 2 Claudia ist vorher jeden Tag zwei Stunden zur Arbeit gefahren. 3 Freddy hat zwei Jahre lang nicht gearbeitet. 4 richtig*

Blanko-Kärtchen

8 a Fragen Sie die TN, ob ihnen im Text von KB7a beim Perfekt Abweichungen zu den Verben, die sie bisher im Perfekt gelernt haben, aufgefallen sind (*bisher wurde die Perfektform mit* haben *gebildet, jetzt kommen Verben hinzu, bei denen sie mit* sein *gebildet wird*). Gehen Sie anschließend vor wie beschrieben und lesen Sie mit den TN den Grammatik-Kasten. Fragen Sie weiter, was die ersten vier Verben dort gemeinsam haben (*Bewegungsverben für eine Bewegung von A nach B*), und weisen Sie auf die Ausnahmen *bleiben* und *passieren* hin.
Zu 8a gibt es einen Grammatik-Clip. Zeigen Sie ihn ggf., bevor Sie die Erweiterung machen.
Erweiterung Je 2–3 TN erstellen ein Lernplakat für alle Perfektformen, die sie bisher gelernt haben. Sie notieren dort alle nötigen Regeln, sowohl für die Bildung der Partizipien als auch für die Satzstellung. Machen Sie dann eine → **Ausstellung** der Plakate.

▶ G4

8 b Die TN gehen vor wie beschrieben.
Zu dieser Aufgabe gibt es ein interaktives Tafelbild. Die TN nennen zu jedem Foto ein Verb und die Perfektform. Manchmal gibt es mehrere Möglichkeiten. Passende Verben finden sich im Hilfefenster. Danach bilden die TN zu den Fotos kurze Sätze im Perfekt, am besten mit Zeitangaben wie *gestern, heute Morgen, gestern Abend, vor einer Woche, am Wochenende …*
Erweiterung Kopieren Sie die **Kopiervorlage** für je zwei TN. Knicken die Kopiervorlage längs in der Mitte. Je zwei TN arbeiten zusammen. Sie setzen sich einander gegenüber und nennen abwechselnd zu dem Infinitiv auf ihrer Seite das Partizip bzw. umgekehrt. Der/Die Partner/-in kontrolliert jeweils.

KV

ÜB 8 Im Kurs: 8a–c zur Festigung, 8d zur Auswertung des Sprachvergleichs.

8 c Die TN machen einen → **Kursspaziergang** und formulieren dabei mit den Vorgaben Fragen im Perfekt. Sie machen sich Notizen zu den Antworten.
Variante für sprachlich schwächere Kurse: Erarbeiten Sie die Fragen vorab gemeinsam und halten Sie diese an der Tafel fest. Gehen Sie dann weiter vor wie beschrieben.
Lösung *Wo bist du / sind Sie zur Schule gegangen?; Was hast du / haben Sie studiert/gelernt?; Wie lange bist du / sind Sie zur Schule / zur Uni gegangen?; Wie hast du deine / haben Sie Ihre Stelle gefunden?; Wann bist du / sind Sie nach … gekommen?; Wo hast du / haben Sie letztes Jahr gearbeitet?*

80

Studium und Beruf 10

8 d Bilden Sie einen Kreis. Fragen Sie die TN, wer Informationen zu einer bestimmten Person hat. Jede/-r TN, der/die mit dieser Person gesprochen hat, nennt nun eine Information über diese Person im Perfekt. Dann fragt ein/eine TN nach einem anderen TN usw.

9 a Die TN sehen zunächst das erste Bild an und lesen die Sprechblase dazu. Fragen Sie die TN *War es wirklich so? Wie war es wirklich? Was hat er wirklich gemacht?* (*Er war mit Freunden in einer Bar etwas trinken. / Er hat etwas mit Freunden getrunken.*) Dann arbeiten je 2 TN zusammen und sprechen darüber, was Florian wirklich gemacht hat.
Lösung *A Er ist zum Tennisplatz gefahren. B Er hat Tennis gespielt. C Er hat mit einem Freund zu Mittag gegessen. D er hat Nachrichten im Internet gelesen. E Er hat einen Spaziergang gemacht.*

9 b Eignet sich als Hausaufgabe.   *Zeitschriften, DIN-A3-Papier, Kleber, bunte Stifte*
Variante Je 2–3 TN spielen „Detektiv". Dafür schneiden sie ein Foto einer Person aus einer Zeitschrift aus. Sie stellen sich vor, dass sie den Auftrag hatten, diese Person einen Tag lang zu observieren, und nun ihrem Auftraggeber Bericht erstatten müssen. Sie schreiben im Perfekt über den Tag dieser Person und kleben das Foto dazu. Sie können die Verben aus dem Buch zur Inspiration nehmen. Anschließend lesen die TN ihren Text noch einmal Korrektur und achten dabei vor allem auf die Verbposition, Verbkonjugation und das Partizip II. Sie können hierfür die Lernplakate, ihre Listen und das Buch zu Hilfe nehmen. Dann tauschen 2 KG die Texte, lesen die Texte und formulieren dazu W-Fragen im Perfekt. Dann tauschen sie wieder mit einer anderen Gruppe, die die Fragen im Perfekt beantwortet. Hängen Sie dann die Texte im Kursraum auf und korrigieren Sie gemeinsam mit den TN etwaige Fehler.
Erweiterung Kopieren Sie die **Kopiervorlage** für je 4–5 TN. Die TN spielen das Perfektspiel. Sie können entscheiden, ob sie eine Frage an alle TN stellen oder nur an einen. Die TN, die gefragt werden, beantworten die Frage. Dann wird im Uhrzeigersinn weitergespielt. Die TN kontrollieren und korrigieren sich gegenseitig.   *KV, Spielfiguren, Würfel*

ÜB 9 a Im Kurs. Sprachlich schwächere TN wählen Aufgabe A. Sprachlich stärkere TN bearbeiten Aufgabe B. Gehen Sie vor wie beschrieben.

ÜB 9 c Im Kurs wie beschrieben, eignet sich gut als Wiederholung in der nächsten Stunde. → **Autogrammjagd**.

10 a Vorgehen wie beschrieben. Vergleichen Sie dann im Kurs. Sprechen Sie die Wörter vor, die TN sprechen sie nach. Sprechen Sie dann noch einmal das Wortpaar vor, um den Gegensatz mit und ohne *h* zu verdeutlichen. Die TN sprechen ebenfalls die Wortpaare nach.   *2.41*
Lösung *1 heiß, 2 er, 3 aus, 4 Hund.*
Erweiterung Jede/-r TN erhält einen Wattebausch, legt diesen auf den Handrücken und spricht die Wörter nach. Wenn die TN das *h* richtig aussprechen, fliegt der Wattebausch weg, wenn nicht, bewegt er sich nicht. Die TN sammeln weitere Wörter mit *h* und üben diese mit Hilfe des Wattebauschs. Sie können auch *Wattebauschpusten* spielen. Zeichnen Sie dafür eine Art Rennbahn mit einer Start- und einer Ziellinie auf ein DIN-A3-Papier. 2 TN stellen sich nebeneinander auf. Jede/-r legt seinen/ihren Wattebausch auf die Startlinie. Auf ein Loszeichen beginnen beide, Wörter, die sie vorher gesammelt haben, zu sagen und so den Wattebausch voranzubringen. Wer diesen zuerst über die Ziellinie pustet, hat gewonnen.   *ein Wattebausch pro TN*

10 b Die TN hören die Sätze und sprechen sie nach.
Erweiterung Die TN bilden Sätze, in denen möglichst viele Wörter mit *h* vorkommen. Dann üben sie diese Sätze mit Hilfe des Wattebauschs.   *2.42*

ÜB 10 Zum weiteren Üben der Phonetik.

10 Studium und Beruf

Ein Anruf bei …
Sprachhandlungen telefonieren und nachfragen
Lerninhalte WS: Redemittel zum Telefonieren | Strategie: Telefonieren

11 a	Je 2 TN lesen die Dialogteile und erstellen gemeinsam die richtige Reihenfolge. **Lösung** *1C, 2E, 3F, 4B, 5A, 6D.*	
11 b	Die TN hören den Dialog zur Kontrolle und korrigieren ggf. ihre Reihenfolge.	🔊 2.43
11 c	Lesen Sie mit den TN den Strategie-Kasten. Erklären Sie den TN, dass es beim Telefonieren in bestimmten Situationen sinnvoll ist, wenn man typische Redemittel als Bausteine parat hat (vorher notiert und auswendig gelernt). Das gibt ihnen mehr Sicherheit, da sie schneller reagieren können, wenn sie auf die (wiederkehrenden) Situationen vorbereitet sind. Die TN lesen die Redemittel-Sprechblase und ergänzen das Redemittel für *Sie verabschieden sich (Auf Wiederhören).* Lesen Sie den TN die Redemittel einzeln vor, die TN sprechen im Chor nach. Achten Sie dabei auf die Intonation. **Erweiterung** Geben Sie je 4–5 TN vier bis fünf DIN-A4-Blätter und einen dicken Stift. Auf jedes Blatt schreiben sie groß eines der Redemittel. Dann legen die TN die Blätter mit der Schrift nach oben auf den Fußboden. Die TN lernen die Redemittel nun mit dem unter → **Auswendig lernen** beschriebenen Verfahren auswendig.	DIN-A4-Blätter, dicke Stifte
12	Je 2 TN lesen die Rollenkärtchen und wählen eine Situation. Dann bereiten die TN mit Hilfe der Redemittel aus KB11c bzw. anhand des Telefongesprächs in KB11a ihre eigenen Telefongespräche vor. Die TN sollen dazu die Informationen aus dem Kasten *Gut gesagt: Am Telefon* nutzen. Sagen Sie ihnen, dass sie sich eine Geste oder Aktivität überlegen sollen, die sie beim Telefonieren immer wieder wiederholen (z. B. mit dem Kuli etwas auf ein Papierkritzeln, sich am Kopf kratzen, mit dem Fuß wippen, …). Stellen Sie zwei Tische mit Stühlen so hin, dass sich die TN nicht anschauen können. Lassen Sie ein paar Telefonate im Kurs vorspielen. Die TN sollen dabei ein Handy am Ohr simulieren oder sich ein echtes Handy ans Ohr halten. Sprachlich Stärkere können sich auch selbst eine Situation überlegen.	2 alte Handys, Telefone, Spielzeugtelefone

Jobs rund ums Jahr
Sprachhandlungen über Jobs sprechen
Lerninhalte Landeskunde: Jobs rund ums Jahr (Saisonjobs) in D-A-CH

13 a	Je 2–3 TN sehen die Fotos an und sammeln Wörter, die zu den Fotos passen. Sammeln Sie den Wortschatz danach an der Tafel und klären Sie ggf. neue Wörter (*Karussell fahren, Weihnachtsmarkt, die Bühne, die Zuschauer, die Besucher*). Im Anschluss lesen die TN die Texte und ordnen sie den Fotos zu. Hängen Sie eine Deutschlandkarte im Kurs auf oder sehen Sie sich mit den TN die innere Umschlagseite des KB an bzw. projizieren Sie sie an die Wand. Die TN suchen Dresden, München und Bregenz (Österreich) auf der Landkarte. **Lösung** *A 2, B 3, C 1.*	Deutschlandkarte
13 b+c	Vorgehen wie beschrieben. Die 3 TN können sich dabei mit dem Rücken zueinander setzen. **Alternative** falls sie in KB 7b die Variante für sprachlich stärkere Gruppen nicht gemacht haben. → **Aufgaben selbst erstellen**	
13 d	Die TN hören die 3 Hörtexte und notieren die Jobs der Personen. Dann ordnen sie die Fotos zu. Sie können im Anschluss Filmszene 23 und 24 mit den zugehörigen Aufgaben bearbeiten. **Lösung** *A3 (auf dem Oktoberfest), B2 (auf dem Weihnachtsmarkt in Dresden), C1 (bei den Festspielen in Bregenz)*	🔊 2.45 ▶ 23–24

Studium und Beruf 10

13 e Die TN lesen die 3 Sätze, hören dann noch einmal und kreuzen dabei an, wer was sagt.
Variante Die TN überlegen zuerst selbst, wer was sagen könnte. Sie vergleichen im Kurs und begründen, warum sie sich so entschieden haben. Dann hören sie zur Kontrolle.
Info *Hendl* sagt man in Bayern für *Hähnchen*.
Lösung *Der Job …: Person 3; Die Arbeit …: Person 1; Wir verkaufen…: Person 2.*

13 f Die TN suchen im Internet Fotos von (Saison-)Jobs in ihrem eigenen Land und bringen sie mit. Je 4–5 TN zeigen sich gegenseitig die Fotos und erzählen, was sie über diese Jobs wissen.
Alternative Sammeln Sie mit einem Wortigel alles, was Ihren TN zu *(Saison-)Jobs* einfällt, an der Tafel. Je 3–4 TN arbeiten dann zusammen (in sprachlich heterogenen Gruppen nach Nationalität) und beschreiben einen typischen Saison-Job oder einen interessanten Job aus ihrem Land. Sie bereiten eine → **Präsentation** (Poster, Powerpoint) mit Fotos und weiteren Infos über diesen Job (z. B. Arbeitszeiten, Arbeitsort, Verdienst, Vor- und Nachteile, …) vor und stellen ihn im PL vor.

Die Netzwerk-WG
Und wie ist dein Job? | Frag nicht!

14 a Die TN lesen die verschiedenen Jobmöglichkeiten. Dann sehen sie die Filmszene 23 und kreuzen an, welchen Job Anna und Bea machen.
Lösung Bea: *Arbeit in einer Filmfirma*; Anna: *Praktikum in einer Firma*

14 b Die TN lesen die verschiedenen Aufgaben und versuchen diese Anna und Bea zuzuordnen. Dann sehen sie die Filmszene noch einmal und korrigieren ggf. ihre Zuordnung.
Lösung Bea: *B, F, G, H*; Anna: *A, C, D, E, I*.

14 c Je 2–3 TN sprechen darüber, welchen Job aus 14a Max gefunden haben könnte. Die Lösung (*Job für eine Marketing-Firma*) erfahren die TN in Filmszene 24.

15 a Je 2 TN gehen gemeinsam vor wie beschrieben.

15 b Projizieren Sie das Foto und fragen Sie die TN: *Wo ist Max? Was macht er dort?* Dann sehen die TN die Filmszene 24 und machen sich Notizen zu den im KB angegebenen Fragen.
Lösung *Um 8 Uhr steht Max auf und geht ins Bad. Um 9:51 Uhr kommt er in der Firma zum Bewerbungsgespräch an, er kontrolliert die Namensliste, er setzt sich auf einen Stuhl und wartet, er checkt sein Handy. Um 10:23 wartet er immer noch. Um 10:39 Uhr kommt er aus dem Büro, er ist als Rentier mit einer roten Nase verkleidet und hat einen Karton dabei, er stellt sich auf einen Platz und verteilt Flyer. Er versteckt sich vor Bea. Max findet den Job nicht gut. Er findet ihn peinlich.*

15 c Je 2 TN notieren, was Max vor dem Bewerbungsgespräch denken könnte. → **Ausstellung**

15 d Je 4 TN lesen die Nachricht von Max, sie machen sich Notizen dazu, wie er den Job findet, was die Vor- und was die Nachteile sind. Dann schließt ein/-e TN das Buch und fasst die Nachricht zusammen. Die anderen TN korrigieren und ergänzen, wenn nötig mit Hilfe der Nachricht. Das macht jede/-r TN einmal.

11 Die Jacke gefällt mir!

Los geht's!
Sprachhandlungen über Kleidung sprechen
Lerninhalte WS: Kleidung

1 a Die TN sehen im Kurs den Comic an und beschreiben jedes Bild mit 1–2 Sätzen. Lesen Sie die Aussagen 1–11 vor und lassen Sie die TN nachsprechen. Achten Sie dabei auf die korrekte Intonation. Die TN ordnen in PA die Aussagen dem Comic zu und vergleichen im Kurs.
Lösung *A2, B9+4, C5, D7+3, E1, F6, G10+8*
Variante Kopieren Sie die Bilder aus dem Comic und die Aussagen größer und schneiden Sie alles aus. Geben Sie je 3–4 TN einen Satz Kopien. Die TN ordnen die Aussagen den Bildern zu. Sie vergleichen erst mit einer anderen Gruppe, dann gemeinsam im Kurs.
Variante für sprachlich stärkere Gruppen: Kopieren Sie die 9 Bilder aus dem Comic für je 3–4 TN größer. Die TN überlegen, was die Personen im Comic sagen könnten, und schreiben ihre Ideen in die Sprechblasen. Hängen Sie die Comics auf, die TN gehen umher und vergleichen. Danach machen die TN die Zuordnungsübung im KB und korrigieren gemeinsam im Kurs. Anschließend können einige TN den Comic in ihrer eigenen Version oder der des KB nacherzählen. Geben Sie → **Tipps zum freien Sprechen**.

Kopien des Comics und der Aussagen

1 b Die TN hören die beiden Gespräche und überlegen, welches Gespräch zur Geschichte passt.
Lösung *Gespräch 2*

2.46–47

2 a Halten Sie mit den TN an der Tafel fest, welche Kleidungsstücke im Comic und im Gespräch in den Hörtexten in 1b vorgekommen sind (*T-Shirt, Kleid*). Notieren Sie weitere Kleidungsstücke, die die TN kennen, die TN können dazu auch das Wörterbuch benutzen. Auch in ÜB2a können die TN ihren Wortschatz zum Thema *Kleidung* erweitern.
Alternative Bilden Sie Gruppen mit 3–4 TN. Die TN schneiden Kleidung aus einem Modekatalog aus und kleben sie auf ein DIN-A3-Papier. Dann suchen sie die Vokabeln im Wörterbuch und notieren sie mit Artikel und Plural neben dem Kleidungsstück. Hängen Sie die Blätter im Kursraum auf.
Die TN arbeiten in 4 Gruppen. Jede Gruppe übernimmt einen Wortigel auf einem DIN-A3-Blatt und sammelt ca. 10 Minuten Kleidungsstücke zu ihrem Thema. Dann werden die Wortigel an die nächste Gruppe weitergegeben usw., bis alle Gruppen die Möglichkeit hatten, zu allen Wortigeln etwas hinzuzufügen. Hängen Sie die Wortigel für alle sichtbar auf. Jeweils ein/-e TN fasst den Wortigel seiner/ihrer Gruppe zusammen.
Sie können hier die Filmsequenzen 25–26 zeigen und KB13 und 14 bearbeiten.

Wörterbuch

Modekataloge, Schere, Kleber, DIN-A3-Papier

▶ 25–26

2 b Die TN überlegen, ob die gefundenen Wörter in anderen Sprachen ähnlich oder gleich sind, z. B. *der Pullover – the pullover* (engl.), *der Hut – the hat* (engl.). Halten Sie die Ergebnisse an der Tafel fest.
Erweiterung Teilen Sie die **Kopiervorlage** für das Spiel *Wörter versenken* aus. Die Spielanleitung finden Sie auf der Kopiervorlage. Die Aktivität ist an das bekannte Spiel *Schiffe versenken* angelehnt und dient dazu, verschiedene Wortfelder spielerisch zu wiederholen.

KV

Ich brauche neue Kleidung!
Sprachhandlungen über Kleidung sprechen
Lerninhalte WS: Kleidung | GR: Interrogativartikel: *Welcher? Welches? Welche?*; Demonstrativartikel: *dieser, dieses, diese*

3 a Die TN betrachten die Bilder und sprechen im Kurs darüber, wo sie normalerweise ihre Kleidung kaufen.
Variante Kopieren Sie die 5 Fotos groß und befestigen Sie sie an der Tafel. Schreiben Sie die Alternativen für den Kleiderkauf auf größere Kärtchen. Die TN ordnen die Karten den Fotos gemeinsam zu, bevor sie über ihre Kleiderkäufe berichten.

Kopien der Fotos, 5 Kärtchen

Die Jacke gefällt mir! 11

	Erweiterung Die TN erstellen eine Tabelle. Schreiben Sie vertikal die Alternativen für den Kleiderkauf in jeweils eine Zeile und horizontal in jeweils eine Spalte die Häufigkeiten *fast immer – oft – manchmal – selten – nie*. Übernehmen Sie die Tabelle ggf. auch an die Tafel. Jede/-r TN notiert in der Tabelle, welche der Einkaufsmöglichkeiten er wie oft wahrnimmt, und vergleicht dann mit einer/-m Partner/-in. Im Anschluss können Sie eine Kursstatistik machen: Schreiben Sie die 5 Einkaufsmöglichkeiten jeweils auf ein DIN-A4-Papier und geben Sie den TN Klebepunkte. Die TN verteilen auf jedem Papier für die Antwort *fast immer* 3 Klebepunkte, für die Antwort *oft* 2 Klebepunkte und für die Antwort *manchmal* 1 Klebepunkt. Ordnen Sie nun die Einkaufsmöglichkeiten nach der Häufigkeit der Punkte. Kommentieren Sie kurz gemeinsam das Ergebnis.	DIN-A4-Papier, Klebepunkte
3 b	Vorgehen wie beschrieben. **Variante** Die TN bleiben vor den Aushängen aus 3a mit den Einkaufsmöglichkeiten stehen und hören dort das Gespräch. Fragen Sie die TN, wo Andreas Kleidung kaufen will. Die TN stellen sich vor das korrekte Plakat und setzen sich dann. **Lösung** *im Internet unter www.topanziehen.de*	🔊 2.48
3 c	Die TN hören das Gespräch weiter und notieren, wer was gut findet. Vergleichen Sie im PL. **Lösung** Andreas: *das T-Shirt (in Schwarz), das Hemd, die Hose (in Schwarz)*; Jana: *das T-Shirt (in Schwarz), der Pullover, die Jeans*	🔊 2.49
3 d	Die TN hören das Ende des Gesprächs und sagen, was Andreas schließlich bestellt. **Lösung** *einen Hut und ein T-Shirt (in Schwarz)*	🔊 2.50
4 a	Schneiden Sie Bilder von verschiedenen Kleidungsstücken aus. Halten Sie z. B. 2 Pullover hoch und fragen Sie die TN: *Welcher Pullover gefällt Ihnen besser? Dieser* (zeigen Sie den ersten) *oder dieser* (zeigen Sie den zweiten)*?* Verfahren Sie genauso mit 2 femininen, 2 neutralen und 2 Kleidungsstücken im Plural. Statt ausgeschnittenen Kleidungsstücken können Sie natürlich auch echte Kleidung verwenden. Erklären Sie, dass es sich bei *welcher* um einen Interrogativartikel handelt, mit dem man nach etwas Konkretem fragt oder aus mehreren Dingen auswählt, bei *dieser* um einen Demonstrativartikel, mit dem man seine Auswahl deutlich macht. Beide verändern ihre Form nach dem Nomen, das sie begleiten. Verweisen Sie auf den Grammatik-Kasten. Die TN lesen dann den in 3d gehörten Dialog. Danach ergänzen sie die Regel und vergleichen im Kurs. Weisen Sie die TN auf die Parallelen zu den Endungen des bestimmten Artikels hin. Zeigen Sie den TN jetzt noch einmal die (ausgeschnitten) Kleidungsstücke und machen Sie Beispiele zum Tipp-Kasten: *Ich finde diesen Pullover gut, aber ich finde diesen Pullover hier noch besser*. Zeigen Sie die anderen Kleidungsstücke und stellen Sie den TN Fragen: *Findest du … gut?, Welche … findest du besser?* usw. **Lösung** *Welcher? – dieser; diesen; Welche? – diese*	Kleidungsstücke (ausgeschnittene Bilder oder real)
4 b	Die TN variieren das Gespräch von 4a schriftlich, indem sie die farbigen Wörter durch die vorgegebenen Wortpaare ersetzen. Weisen Sie darauf hin, dass *welcher* und *dieser* entsprechend verändert werden müssen. Je 2 TN arbeiten zusammen. Je nachdem, wie schnell die Gruppe arbeitet, können die TN einen oder mehrere Dialoge verfassen. Achten Sie darauf, dass jedes Wortpaar von mindestens einem TN-Team verwendet wird. Lassen Sie einen Dialog zu jedem Wortpaar vorlesen. Sprachlich stärkere TN können den Dialog auch auswendig lernen und frei vorspielen → **Tipps zum freien Sprechen**.	
ÜB 4	4a und b als HA oder im Kurs vor c, falls vor der Sprechaufgabe die Formen des Interrogativ- und Demonstrativartikels noch mehr gefestigt werden sollen; c im Kurs. **Alternative** zu c: Geben Sie je 3–4 TN einen Modekatalog. Erklären Sie den TN, dass sie gemeinsam zu einem wichtigen Ereignis eingeladen sind (z. B einem Empfang, einer Party, einer Vernissage mit wichtigen Leuten …) und sich dafür neu einkleiden möchten. Geben Sie eine Summe vor, die die TN maximal ausgeben dürfen. Geben Sie den TN 15–20 Minuten Zeit, um in der Gruppe über die verschiedenen Kleidungsstücke zu diskutieren (*Welche Jacke gefällt dir besser? Diese oder diese?*	Modekataloge

11 Die Jacke gefällt mir!

Nehmen wir diesen Anzug oder diesen? usw.). Danach erfolgt die Präsentation. Jede Gruppe erzählt kurz, welche Kleidungsstücke sie kaufen will und was sie kosten. Ggf. kann man die Kleidungsstücke zur besseren Übersichtlichkeit auch ausschneiden und auf DIN-A3-Papier kleben. Wenn mehrere Computer vorhanden sind, kann das Projekt auch mit einem Internet-Katalog (z. B. www.qiero.de, www.baur.de, www.laredoute.de) stattfinden.

DIN-A3-Papier, Scheren, Kleber

Die Reaktionen

Sprachhandlungen Komplimente verstehen; über Vergangenes berichten
Lerninhalte GR: Partizip II: trennbare und nicht trennbare Verben | Aussprache: Betonung von Verben mit Präfix

5 a Vorgehen wie beschrieben. Die TN lesen die entsprechenden Stellen im Chat vor.
Lösung *das T-Shirt gefällt Jana, Andreas und Susi; der Hut gefällt Andreas und Timo*
Variante Kopieren Sie für je 2–3 TN den Chat und zerschneiden Sie ihn. Geben Sie ggf. den Anfang vor. Die TN versuchen die richtige Reihenfolge zu finden. Vergleich mit dem KB.

Kopien des Chats

5 b Die TN lesen den Chat noch einmal und markieren alle Verben im Perfekt. Danach ergänzen Sie die Partizip-II-Formen in der Tabelle und markieren das *ge*. Projizieren Sie die Tabelle an die Wand und vergleichen Sie im PL die Lösungen. Wiederholen Sie mit den TN die bereits gelernten Regeln für das Partizip II der regelmäßigen Verben (*ge-* + Verbstamm + *-t*) und der unregelmäßigen Verben (*ge-* + Verbstamm mit möglicher Veränderung von Vokalen und/oder Konsonanten + *-en*) und führen Sie das Partizip bei trennbaren (mit *-ge-* zwischen Präfix und Stamm) und nicht trennbaren Verben (ohne *ge*) ein. Erinnern Sie daran, dass *ab-, an-, auf-, aus-, ein-, mit-, zu-* und *zurück-* trennbare Präfixe sind, *be-, emp-, ver-* und *ge-* dagegen untrennbar.
Kopieren Sie dann für je 3-4 TN die **Kopiervorlage** auf Karton und schneiden Sie die Kärtchen aus. Die TN bilden aus den Präfixen und den Verbstämmen trennbare und nicht trennbare Verben, ordnen diese einer der beiden Gruppen zu und schreiben sie auf 2 unterschiedliche Blätter Papier. Danach notieren die TN in der Gruppe die korrekten Partizipien. Die TN vergleichen zuerst mit einer anderen Gruppe und dann im Kurs. Im Anschluss gestalten die TN daraus ein → **Lernplakat**.
Erweiterung Die TN beschriften Kärtchen so, dass auf der Vorderseite der Infinitiv eines Verbs mit Präfix steht, auf der Rückseite das Partizip II. Bei sprachlich stärkeren Gruppen können alle bisher bekannten Infinitive (auch ohne Präfix) verwendet werden. Die TN arbeiten zu zweit oder in KG. Zuerst legen sie alle Kärtchen mit der Partizip-Seite vor sich hin. Abwechselnd drehen sie eine Karte um und nennen den Infinitiv. Ist er richtig, dürfen sie die Karte behalten. Anschließend machen die TN das Gleiche mit der Infinitiv-Seite und nennen das Partizip II.

KV

6 a Nutzen Sie zunächst den Phonetik-Clip. Hier wird den TN die Betonung von trennbaren und untrennbaren Verben mit Präfix anschaulich erklärt. Die TN hören anschließend die Verben mit Präfix aus 6a zwei Mal. Beim zweiten Hören sprechen die TN mit. Schreiben Sie die Wörter an die Tafel und lassen Sie von den TN die betonte Silbe markieren. Die TN hören noch einmal. Sie können bei der betonten Silbe auch klatschen oder mit dem Fuß stampfen wie im Phonetik-Clip. Die TN vergleichen die Wortpaare und notieren die Regel.
Lösung *Präfix betont: Das Verb ist trennbar.– Präfix nicht betont: Das Verb ist nicht trennbar.*

▶ P3
🔊 Q
2.51

6 b Die TN hören Infinitive und Sätze mit den passenden Partizipien und sprechen nach.
Erweiterung Sammeln Sie mit den TN möglichst viele Verben mit Präfix und schreiben Sie sie ungeordnet an die Tafel. Zeigen Sie auf ein Verb. Die TN stehen auf und werfen sich einen Ball zu. Derjenige, der den Ball fängt, spricht das Verb aus. Ist die Betonung korrekt, darf er stehen bleiben, hat er falsch betont, setzt er sich und scheidet aus. Der nächste TN spricht das Wort dann korrekt aus. Sprachlich stärkere TN können auch einen ganzen Satz formulieren.

🔊 Q
2.52
Ball

ÜB 6 Zur weiteren Vertiefung der Phonetik.

Die Jacke gefällt mir! 11

7 Die TN schreiben 5 Sätze mit jeweils einer Zeitangabe und einem Verb aus den Vorgaben. Lassen Sie einige Beispiele im Kurs vorlesen.
Variante Die TN schreiben 4 Sätze mit den vorgegebenen Zeitangaben und Verben, wobei 2 Informationen richtig und 2 falsch sind. Danach bilden sie 3er-Gruppen. Ein TN liest seine Sätze vor, die beiden anderen raten, ob diese richtig oder falsch sind. Für jede richtige Antwort gibt es einen Punkt. Dann ist der/die nächste TN an der Reihe. Am Ende werden alle Punkte zusammengezählt, der/die Gewinner/-in bekommt einen kleinen Preis

ÜB 7 Die TN machen in PA das Wechselspiel.

Kann ich Ihnen helfen?
Sprachhandlungen Gespräche beim Kleiderkauf führen
Lerninhalte WS: im Kaufhaus | GR: Personalpronomen im Dativ; Verben mit Dativ

8 a Die TN sehen das Foto an und beschreiben es. Helfen Sie ggf. mit den folgenden Fragen nach: *Wer ist auf dem Foto?* (*eine Frau/Verkäuferin und ein Mann/Kunde*) *Wo sind sie?* (*in einem Bekleidungsgeschäft*) *Was machen sie?* (*der Mann möchte etwas kaufen, die Frau berät ihn / zeigt ihm einen Pullover*) Danach hören die TN den Dialog im Geschäft und kreuzen an, ob die Frage vom Kunden oder der Verkäuferin stammt.
2.53
Variante Schreiben Sie jeden Satz groß auf ein Blatt Papier. Wählen Sie 8 TN aus und geben Sie jeder/-m TN ein Blatt in die Hand. Wählen Sie eine Ecke des Klassenraums für den Kunden und eine für die Verkäuferin aus. Während die TN den Dialog hören, gehen die 8 ausgewählten TN in die jeweils richtige Ecke, die restlichen TN helfen mit Gesten bei der Entscheidung.
DIN-A4-Papier
Lösung Verkäuferin: *A, B, C, E, G*; Kunde: *D, F, H*

8 b Vorgehen wie beschrieben.
2.53
Variante Wenn Sie nach der Variante von KB8a vorgegangen sind, geben Sie nun 8 weiteren TN ein Blatt mit jeweils einer der Antworten. Diese stellen sich zu den TN mit den passenden Fragen. Die TN stellen sich so auf, dass der gesamte Dialog in der richtigen Reihenfolge ist. Jede/-r TN liest seinen/ihren Satz. Danach wird der Dialog gemeinsam an der Wand oder Tafel befestigt. Hat der Kurs weniger als 16 TN, ordnen alle TN gemeinsam die Antworten zu. Erklären Sie den TN, dass dieser Dialog die wichtigsten Redemittel für den Kleiderkauf bereitstellt.
DIN-A4-Papier
Lösung *C1, B2, D3, F4, G5, E6, A7, H8*
Erweiterung Legen Sie die Blätter mit dem Dialog auf den Boden, Frage und Antwort immer nebeneinander. Neben jedes Blatt stellt sich ein/-e TN. Die TN lesen den Dialog als → **Zick-Zack-Dialog**. Lassen Sie den Dialog mehrere Male von verschiedenen TN lesen. Beginnen Sie danach einzelne Blätter (und nach und nach immer mehr) wegzunehmen. Diese Sätze sollen von den TN nun frei wiedergegeben werden. Machen Sie weiter, bis alle Blätter weg sind und die TN den Dialog auswendig sprechen können (→ **Auswendig lernen**).

8 c Die TN lesen die Sätze von KB8a–b (oder bei der **Variante** den geordneten Dialog) noch einmal und nennen zuerst alle Personalpronomen, die sie im Dialog finden. Überlegen Sie dann gemeinsam, in welchem Kasus diese stehen. Wahrscheinlich können die TN die Personalpronomen im Nominativ und Akkusativ gut identifizieren, da diese bereits bekannt sind. Erklären Sie den TN auf Rückfrage, dass *mir* und *Ihnen* Personalpronomen im Dativ sind. Lesen Sie mit den TN den Grammatik-Kasten. Die TN markieren nun alle Personalpronomen im Dativ in KB8a–b. Die TN analysieren, warum die Personalpronomen in diesem Text im Dativ stehen. Bisher kennen die TN nur Präpositionen, die den Dativ fordern, hier sollen sie erkennen, dass es auch bestimmte Verben gibt, die den Dativ nach sich ziehen.
Variante Bereiten Sie ein → **Lernplakat** mit den Personalpronomen im Nominativ für die TN vor. Beschriften Sie auch Kärtchen mit den Personalpronomen im Akkusativ und Dativ. Die TN befestigen die Kärtchen an der richtigen Stelle. Dann Vergleich mit dem Grammatik-Kasten.
Lernplakat, Kärtchen mit Personalpronomen

11 Die Jacke gefällt mir!

8 d In PA vorgehen wie beschrieben. Geben Sie → **Tipps zum freien Sprechen**.
Variante für sprachlich schwächere TN: Die TN nehmen den Musterdialog und variieren nur Farbe, Kleidungsstück, Größe und Preis.
Variante Die TN schreiben einen → **Rechts-Links-Dialog**: Jede/-r TN schreibt zuerst den Satz des Verkäufers *Kann ich Ihnen helfen?* auf ein Blatt und gibt das Blatt dann an den rechten Nachbarn weiter. Dieser antwortet nun als Kunde einen Satz und gibt das Blatt dann wieder nach links zurück. Durch den ständigen Wechsel von rechts nach links entstehen nun Dialoge, bei denen jede/-r TN einmal in die Rolle des Kunden und einmal in die Rolle des Verkäufers schlüpft. Im Anschluss werden einige Dialoge vorgelesen bzw. vorgespielt.

9 a Die TN ergänzen zu zweit die Dialoge. Danach hören sie zur Kontrolle und lesen im Anschluss die Dialoge mehrere Male in PA.
Variante für sprachlich schwächere TN: Machen Sie den ersten Dialog gemeinsam im Kurs. Verweisen Sie auf den Grammatik-Kasten.
Lösung *1 mir, dir; 2 mir, ihm; 3 dir, mir*

🔊 2.54

9 b Je 2 TN spielen zusammen. Jede/-r Spieler/-in würfelt zweimal. Beim ersten Mal würfelt er/sie das Subjekt und das Verb, beim zweiten Mal das Personalpronomen, das im Dativ stehen muss. Damit formuliert er/sie einen korrekten Satz oder eine Frage, der/die Partner/-in korrigiert ggf.
Erweiterung Die TN schneiden Personen und/oder Kleidungsstücke aus und kleben sie auf DIN-A3-Blätter, dann kommentieren sie mit Sätzen wie *Das Kleid steht ihr sehr gut. Seine Schuhe gefallen uns gar nicht. ...*
Zu dieser Aufgabe gibt es ein interaktives Tafelbild. Die TN üben die Verben *gefallen*, *stehen* und *passen* und die Dativpronomen. Die TN ermitteln über den Zufallsgenerator ein Kleidungsstück, ein Verb und ein Personalpronomen und bilden damit kurze Dialoge: *Wie steht ihr die Hose? – Sie steht ihr (sehr / nicht so) gut.* Lernstärkere TN können bei der Antwort einen Grund ergänzen: *Die Farbe finde ich (nicht) schön. / Sie ist zu eng/weit/groß.*

DIN-A3-Blätter
Modekataloge,
Zeitschriften,
Klebstoff,
Schere

Im Kaufhaus
Sprachhandlungen sich im Kaufhaus orientieren; nach Auskunft fragen und antworten
Lerninhalte WS: im Kaufhaus; Geschäfte | Strategie: Informationen auf Tafeln verstehen

10 a Zeigen Sie den TN ein Foto von einem Kaufhaus. Bei homogenen Gruppen kann es ein bekanntes Kaufhaus ihres Landes sein. Fragen Sie die TN, was man in so einem Kaufhaus alles kaufen kann, und notieren Sie die Ergebnisse in einem Wortigel. Projizieren Sie die Kaufhaus-Tafel an die Wand und lesen sie Sie mit den TN. Die TN vergleichen mit dem Wortigel. Kann man alles kaufen? Sehen Sie mit den TN danach die Bilder an und erläutern Sie ggf. die Vokabeln. Die TN hören das Gespräch im Kaufhaus und achten darauf, was Herr und Frau Wagner kaufen möchten. Beim zweiten Hören kreuzen sie an, was von den vorgegebenen Gegenständen gekauft werden soll.
Info Im deutschsprachigen Raum wird der Gebrauch von *Stock(werk)* unterschiedlich gehandhabt: In manchen Regionen wird unter dem *1. Stock* das Erdgeschoss verstanden, in anderen (und überwiegend) das 1. Obergeschoss, also das Stockwerk über dem Erdgeschoss. Für *Stock* wird auch oft das Wort *Etage* oder *OG (= Obergeschoss)* verwendet.
Lösung *Sie möchten ein Parfüm, ein Duschgel, einen Schal, Tee und einen USB-Stick kaufen*

Foto eines Kaufhauses

Kopie auf Folie

🔊 2.55

10 b Die TN sprechen in PA darüber, wo Herr und Frau Wagner ihre Produkte finden können.
Lösung *Parfüm und Duschgel im Erdgeschoss, Schal im 2. Stock, USB-Stick im 4. Stock, Tee im Untergeschoss*

Die Jacke gefällt mir! 11

10 c Besprechen Sie mit den TN zuerst den Strategie-Kasten. Überlegen Sie gemeinsam, wie man Informationen auf Tafeln besser verstehen kann. Tipp 1: Zeigen Sie, wie man Wörter zerlegen kann. Erklären Sie den TN, dass, auch wenn sie das Wort *Fotozubehör* nicht kennen, das Wort sicher mit dem ihnen bekannten *fotografieren* zusammenhängt; das Wort *Foto* steckt in beiden. Tipp 2: Erklären Sie, nach welchen Wörtern man suchen kann, um ein Wort auf der Tafel zuordnen zu können: nach Oberbegriffen, verwandten Wörtern oder Wörtern, die normalerweise mit dem gesuchten zusammen verwendet werden.
Bearbeiten Sie dann gemeinsam die 5 Sätze im Kurs. Die TN erklären jeweils, wie sie zur Lösung kamen.
Lösung 1: Untergeschoss (kochen → verwandtes Wort: Küche; Gerichte → oft zusammen verwendet mit dem Wort Lebensmittel), 2: Erdgeschoss (mit dem Bleistift auf Papier schreiben → Oberbegriff: Schreibwaren); 3: 4. Stock (fotografieren → verwandtes Wort: Fotozubehör); 4: 3. Stock (Spiel → Oberbegriff: Spielwaren; 5: 5. Stock (Tennis → Oberbegriff: Sport)

11 a Lesen Sie mit den TN die Redemittel in der Sprechblase. Lesen und hören Sie dann gemeinsam die Beispiele zu *Gut gesagt: Ich hab'* … Erklären Sie den TN, dass im Deutschen in der gesprochenen Sprache sehr oft das *e* am Wortende beim Verb in der ersten Person Singular verschluckt wird. Jede/-r TN schreibt dann 3 Dinge auf je ein Kärtchen, die er/sie in einem Kaufhaus kaufen möchte. Er fragt seine/-n Partner/-in, wo er/sie diesen Gegenstand kaufen kann. Diese/-r antwortet mit Hilfe der Kaufhaus-Tafel aus KB10a und fragt dann nach seinen/ihren Gegenständen. Die TN bewahren die Kärtchen für KB11b auf.

🔊 2.56
3 Kärtchen pro TN

11 b Die TN hängen die Kärtchen aus KB11a an die Tafel. Ordnen Sie gemeinsam die Gegenstände in verschiedene Gruppen (z. B. *Lebensmittel, Kleidung, Möbel,* …). Überlegen Sie mit den TN, in welchen Geschäften – außer in einem Kaufhaus – man diese Dinge noch kaufen kann. Ggf. nehmen die TN ein Wörterbuch zu Hilfe. Notieren Sie die Ideen in einem Assoziogramm zum Thema *Wo kaufe ich ein?* Ergänzen Sie ggf. weitere Ideen der TN.
In ÜB11b geht es um den Wortschatz für Öffnungszeiten.
Erweiterung Gespräch im PL, in welchen Geschäften die TN (nicht) oft/gern kaufen.

Wörterbuch

Berlin, Berlin

Sprachhandlungen Informationen über Berlin verstehen und recherchieren
Lerninhalte WS: Geschäfte | Landeskunde: Trendstadt Berlin

12 a Machen Sie einen Wortigel zu *Berlin*. Notieren Sie dabei alles, was den TN spontan zu Berlin einfällt. Danach lesen die TN den Infotext und kreuzen an, welche Überschrift dazu passt.
Lösung Trendstadt Berlin

12 b Die TN lesen die Texte und notieren, zu welchen Stichpunkten sie passen.
Variante Die TN arbeiten in 5er-Gruppen. Jede/-r TN liest nur einen Text und fasst ihn für die anderen zusammen. Die TN überlegen gemeinsam, zu welchen Bereichen die Texte passen. Korrigieren Sie zusammen im Kurs.
Lösung Architektur D, Taschen B, Kleidung 0, Souvenirs/Geschenke C, E, Bilder 0; Dinge für den Haushalt 0, Schuhe A, Essen D, Möbel 0, Bücher 0, Ausstellungen 0, Mode A, B, (D)

12c Die TN *wählen in KG oder allein als HA 2 Texte, die sie besonders interessieren, und recherchieren dazu im Internet eine neue Information zu jedem Ort. Achten Sie darauf, dass zu allen Orten recherchiert wird.*
Variante Die TN sehen sich in KG oder allein als HA im Internet eine der Adressen von KB12b an, notieren sich interessante Informationen, drucken Fotos aus und bereiten ihr Material für eine Plakat-Präsentation über ihren Ort vor. Erstellen Sie mit den TN 5 Plakate, eines für jeden Ort. Die TN tragen ihre Informationen auf dem jeweils passenden Plakat zusammen. Dann präsentieren sie es im Kurs. Ggf. stellen Sie den TN einige Redemittel zur Verfügung, z. B. *Wir haben uns im Internet über … informiert. Dabei haben wir Folgendes herausgefunden: … Besonders interessant finden wir … Für uns war neu, dass … ; … hat am …. von … bis … geöffnet.*

11 Die Jacke gefällt mir!

Erweiterung Die TN *führen in GA oder allein ein Mini-Projekt zu ihrer eigenen Stadt mit dem Thema „Interessante Orte und Geschäfte in meiner Stadt" durch. Dafür suchen sie im Internet Informationen und Fotos und erstellen Texte wie im KB Machen Sie eine → **Ausstellung im Kurs**.*

Die Netzwerk-WG
Was ziehe ich an? | Das steht dir gut.

13 a Projizieren Sie die beiden Fotos an die Wand und bitten Sie die TN, diese zu beschreiben. Was macht Max? Danach überlegen die TN in PA, was Max in den beiden Situationen denken könnte, und zeichnen je eine Denkblase. Die TN sehen anschließend Filmszene 25. Fragen Sie die TN, wohin Max wohl gehen will und woran sie das erkennen. ▶ 25
Variante Die TN machen GA. Kopieren Sie für jede Gruppe die Fotos und schreiben Sie zwei Denkblasen zu Max. Die TN überlegen in ihrer Gruppe, was Max denkt und schreiben ihre Ideen in die Denkblasen. Dann weiter wie oben beschrieben.
Lösung Max geht es sehr gut. Er will zu einer Party gehen. (Er hat sehr gute Laune. Er sucht coole Kleidung. Er summt ein Lied mit dem Text *It's a party*.)

13 b Zeigen Sie die Filmszene noch einmal. Die TN machen Notizen, welche Kleidungsstücke Max aus dem Schrank nimmt und welches Kleidungsstück er am Ende wählt. ▶ 25
Lösung Max nimmt eine Jeans, ein Shirt, 3 T-Shirts und ein Hemd aus dem Schrank. Er wählt ein Hemd.
Variante Sammeln Sie mit den TN Bezeichnungen für Kleidungsstücke und für Farben an der Tafel. Sehen Sie dann die Filmszene noch einmal. Die TN nennen jetzt die Kleidungsstücke, die sie in der Filmszene sehen.

14 a Die TN sehen Filmszene 26 und notieren, wer wohin gehen will. Stoppen Sie den Film, sobald Luca und Bea die Wohnung verlassen, um für 14c alles noch offen zu halten. ▶ 26
Lösung Luca will zu einer Hochzeit gehen. Anna will klettern gehen.

14 b Projizieren Sie die drei Fotos an die Wand. Die TN beschreiben, welche Kleidung Luca auf den Bildern trägt und nennen die Farben dazu, z. B. *Die Hose auf Bild 1 ist beige*.
Variante Die TN arbeiten in 3 Gruppen. Kopieren Sie die 3 Fotos (evtl. vergrößert), schneiden Sie sie aus und kleben Sie sie auf jeweils ein DIN-A3-Blatt. Geben Sie jeder Gruppe ein Blatt. Die TN beschriften erst die Kleidungsstücke. Danach suchen sie in Zeitschriften oder Katalogen nach weiteren Kleidungsstücken, die zum Stil des Fotos (lässig, halbelegant, elegant) passen, kleben sie auf das Blatt und beschriften sie ebenfalls. DIN-A3-Blätter
Erweiterung Die TN beschreiben die Kleidung eines/-r anderen TN, die anderen TN raten, um wen es sich handelt.

14 c Die TN überlegen in PA, was die Nachbarin und Max denken könnten. Sie können den Film auch zu Beginn der jeweiligen Szene (02:23 und 02:37) stoppen und die TN spekulieren lassen. (Nachbarin z. B.: *Wohin gehen die beiden, was planen sie? Oh, ihre Kleidung ist ganz verschieden/passt nicht zusammen. Was haben die denn an?* Max z. B.: *Wo ist mein Hemd? Was ist hier los? Hier war doch mein Hemd? Wo ist Luca? Wer hat mein Hemd genommen?*)

14 d Die TN sprechen in KG oder im PL darüber, was sie auf einer Hochzeit anziehen würden. Sie können auch erzählen, wie die typische Kleidung von Braut, Bräutigam und Hochzeitsgästen in ihren Heimatländern aussehen.

Ab in den Urlaub! 12

Los geht's!
Sprachhandlungen über Urlaubsarten und Reisevorbereitungen sprechen
Lerninhalte WS: Urlaubsarten und Reiseziele; Reiseutensilien

1 a	Legen oder hängen Sie die 4 Fotos des KB groß kopiert im Kursraum aus. Sie können auch Postkarten oder Fotos aus Zeitschriften, die zum Thema *Urlaub* passen und verschiedene Arten von Urlaub repräsentieren (z. B. schöne Landschaften, große Städte, Gebirge, Meer usw.) mitverwenden. Fragen Sie die TN nach ihren ersten Assoziationen (*Was zeigen die Bilder? Welche Stimmungen geben sie wieder?*) und lassen Sie sie vermuten, was das Thema des Kapitels ist. Dann sehen je 2 TN die Fotos im KB an und überlegen, welcher Urlaub passt. Sie suchen die Urlaubsziele auf der Karte auf der vorderen KB-Innenseite. Projizieren Sie die Karte an die Tafel oder die Wand und vergleichen Sie im PL. **Erweiterung** Die TN versuchen in GA mit möglichst jedem Buchstaben des Alphabets ein Wort zu finden, das für sie persönlich zum Thema *Urlaub* passt → **ABC**. Danach stellt sich jede/-r TN zu der Postkarte / dem Foto, das ihm/ihr am besten gefällt, und begründet seine/ihre Entscheidung im Kurs, dazu kann er/sie auch die gesammelten Wörter benutzen. Beispiel: *Ich mag Stadturlaub. Ich finde Museen sehr interessant.* **Lösung** A3, B2, C4, D1	Kopien der Fotos, Postkarten oder Fotos aus Zeitschriften
1 b	Vorentlastung: Kopieren Sie die KV auf Karton. Die TN spielen in Gruppen (3–5 TN) → **Paare finden**. Sie können das Spiel auch am Ende von KB1 zur Vertiefung nutzen und/oder die Kärtchen für die Variante verwenden. Je 2 TN überlegen dann gemeinsam und notieren, was im KB in welche Tasche kommt. Weisen Sie darauf hin, dass einige Gegenstände auch zu mehreren Urlauben passen können. Sie können anschließend Filmszene 27 zeigen und die TN KB 14 bearbeiten lassen. **Lösung** *1* Campingurlaub: *das Zelt, der Schlafsack, das Geschirr, der Löffel / die Gabel / das Messer, das Handtuch, die Seife, die Regenjacke, … 2* Stadturlaub: *die Handtasche, der Reiseführer, der Regenschirm, die Regenjacke, die Sonnenbrille,… 3* Ski-Urlaub: *die Sonnenbrille, der Helm, die Winterjacke … 4* Badeurlaub: *der Bikini, der Badeanzug, die Badehose, das Handtuch, die Sonnencreme …* **Variante** Kopieren Sie die Reisetasche, den Rollkoffer, den Rucksack und die Handtasche groß oder zeichnen Sie sie auf jeweils ein Plakat oder DIN-A3-Blatt. Schreiben Sie die Begriffe auf Kärtchen und verteilen Sie sie gleichmäßig an die TN. Je 3 TN arbeiten zusammen und machen zu jedem Begriff eine Zeichnung. Wenn die Bedeutung nicht klar ist, können die TN ein → **Wörterbuch** verwenden. Legen Sie die Kopien der Reisetaschen im Raum aus und verteilen Sie die Kärtchen neu. Jede/-r TN versucht, die erhaltenen Kärtchen in die richtige Reisetasche zu legen. Korrigieren Sie im Kurs. **Erweiterung** Die TN notieren noch weitere Gegenstände und „packen" diese in die passende Tasche. Sie können die Kärtchen anschließend aufkleben und die Blätter im Kursraum aufhängen.	KV ▶ 27 Kopien der Reisetaschen, Kärtchen, Wörterbuch, DIN-A3-Blätter Klebstoff
2 a	Vorgehen wie beschrieben. **Lösung** *Foto B*	🔊 2.57
2 b	Die TN hören das Gespräch noch einmal und notieren, was Katharina einpackt. **Lösung** *Reiseführer, zwei Hosen, einen Rock, drei T-Shirts, zwei Blusen, einen Pulli, eine Regenjacke*	🔊 2.57
2 c	Je 4 TN arbeiten zusammen. Sie überlegen, was Katharina noch braucht, wenn sie einen perfekten Stadturlaub verbringen will. Sammeln Sie die Ergebnisse an der Tafel. **Erweiterung** für sprachlich stärkere Gruppen: Jede/-r TN denkt an einen Gegenstand, den er/sie immer dabei hat, wenn er/sie Urlaub macht. Die anderen versuchen diesen durch Fragen, die nur mit *Ja* oder *Nein* beantwortet werden dürfen, zu erraten. Beispiel: *Ist der Gegenstand sehr groß? – Nein. – Brauchst du ihn in der Nacht? – Ja. – Ist es ein Teddybär? – Ja!*	
2 d	Die TN spielen *Kofferpacken*. Ein/e TN beginnt und sagt z. B. *Ich fahre in Urlaub und packe eine Hose ein.* Der/Die nächste TN muss den eingepackten Gegenstand wiederholen und fügt einen weiteren hinzu, z. B. *Ich fahre in Urlaub und packe eine Hose und eine Sonnenbrille ein.* usw. Wer dabei einen Fehler macht, scheidet aus. Beenden Sie das Spiel z. B. nach 2 Durchläufen oder wenn der/die 5. Spieler/-in ausgeschieden ist o. Ä.	
ÜB 2	im Kurs.	

12 Ab in den Urlaub!

Städtereise

Sprachhandlungen Vorschläge für eine Stadttour machen; eine Wegbeschreibung verstehen; einen Weg beschreiben; eine Postkarte schreiben
Lerninhalte WS: Sehenswürdigkeiten | GR: Pronomen: *man*; Sätze verbinden: *denn*

3 a Schreiben Sie *Urlaub in einer Stadt* in einen Wortigel an die Tafel. Fragen Sie die TN, was man in einer fremden Stadt unternehmen kann. Notieren Sie die Vorschläge im Wortigel (z. B. *typisches Essen und Trinken probieren, Kirchen besichtigen, eine Bootsfahrt machen, Ausflüge in die Umgebung machen …*). Die TN sollen in ganzen Sätzen antworten (*Man kann… Ich möchte …*). Betrachten Sie die Vorschläge im KB. Wurden alle genannt?
Erweiterung Je 3 TN überlegen sich eine Stadt, die sie gerne besuchen möchten (z. B. Madrid), und schreiben auf, was sie dort unternehmen wollen (z. B. *Wir möchten den Prado besuchen. Wir möchten die Plaza Mayor sehen. Wir möchten am Fluss Manzanares spazieren gehen. Wir wollen Chocolate und Churros probieren …*). Jede KG liest ihre Sätze vor, die anderen TN raten, um welche Stadt es sich handelt.

3 b Projizieren Sie die Fotos an die Wand und decken Sie die Untertitel ab. Die TN sagen zu jedem Foto 1–2 Sätze. Zeigen Sie die Untertitel und klären Sie ggf. Vokabular. Lesen Sie mit den TN die verschiedenen Vorschläge. Danach hören die TN das Gespräch an der Hotelrezeption und kreuzen an, welche Vorschläge der Hotelmitarbeiter macht.
🔊 2.58
Lösung *in der Altstadt spazieren gehen, eine Stadttour mit der Tram machen, ins Restaurant gehen, Museen besichtigen, ein Theater besuchen.*

ÜB3a Die TN erwerben hier Wortschatzkenntnisse zu Hotelaufenthalt.

3 c Schreiben Sie einen Satz mit *man* an die Tafel, z. B. den Satz aus der Beispiel-Sprechblase. Fragen Sie die TN, durch was man *man* ersetzen kann (z. B. durch einen Namen, *Die Studenten, Alle Leute, …*). Erklären Sie, dass es sich bei *man* um ein Pronomen handelt, dass alle Menschen im Allgemeinen einschließt. Lesen Sie dazu den Grammatik-Kasten und lassen Sie weitere Beispielsätze mit *man* bilden.

3 d Betrachten Sie mit den TN die Zeitleiste und klären Sie die temporalen Adverbien. Erklären Sie, dass diese Adverbien wichtig sind, wenn man einen Ablauf, z. B. den Verlauf eines Tages, beschreiben will. Die TN hören das Gespräch noch einmal. Fragen Sie die TN, was Katharina und Johannes in Basel unternehmen wollen.
🔊 2.58
Lösung *Zuerst wollen sie gemütlich frühstücken, dann machen Sie eine Stadttour mit der Tram, danach besichtigen sie das Vitra-Design-Museum, später essen sie im Restaurant Löwenzorn und zum Schluss gehen sie in einen Club.*

3 e Die TN machen GA (3–4 TN). Sie können den TN Informationsmaterial über Basel zur Verfügung stellen (Broschüren können bestellt werden unter: https://www.basel.com/de/Tourist-Services) oder die TN informieren sich direkt im Internet. Die TN stellen sich vor, sie würden gemeinsam einen Tag in Basel verbringen und erstellen einen Plan. Danach präsentieren die KG ihren Plan z. B. mit der Methode → **Marktplatz**.
Sie können dann Filmszene 28 zeigen, in der Bea Stationen ihres Bremenaufenthalts vorstellt.
▶ 28

4 a Erklären Sie, dass Katharina wissen möchte, wie sie und Johannes zur Stadttour kommen, und sich in ihrem Handy informiert. Lesen Sie gemeinsam den Tipp-Kasten zur *Tram/Straßenbahn*. Zur Vorentlastung des Wortschatzes von KB4a können Sie zudem ÜB4b vorschalten. Die TN hören dann den Dialog und vervollständigen die Notizen von Katharina.
🔊 2.59
Lösung *Haltestelle, 8/10, aussteigen*

Ab in den Urlaub! 12

4 b Bringen Sie mehrere Stadtpläne des Kursortes mit, suchen Sie mit den TN ihr Sprachinstitut und lassen Sie es auf dem Plan markieren. Sammeln Sie Attraktionen, die man in ihrem Kursort besuchen kann. Die TN markieren diese auf dem Stadtplan. Lesen Sie mit den TN die Redemittel. Die TN machen PA oder GA. Geben Sie jeder KG einen Stadtplan oder eine Kopie davon. Die TN fragen sich abwechselnd, wie man zu einer Touristenattraktion kommt, und erklären sich den Weg. Weisen Sie die TN darauf hin, dass sie sich die Nummern der Buslinien und die Namen der Haltestellen natürlich auch einfach ausdenken können, wenn sie sie nicht wissen. Alternativ zu Stadtplänen können Sie auch einen Online-Kartendienst verwenden, falls die TN eine solche App auf ihrem Handy installiert haben.
Zu dieser Aufgabe gibt es ein interaktives Tafelbild. Die TN legen einen Startpunkt und ein Ziel im Münchner U-Bahn-System fest und spielen kleine Dialoge. Sie beschreiben den Weg und erklären, wo man ein-, um- und aussteigen muss.

Stadtpläne

5 a Fragen Sie die TN, welche Informationen man auf einer Urlaubspostkarte üblicherweise bekommt (*Informationen über den Urlaubsort, Wetter, Aktivitäten, Pläne*). Lesen Sie die 3 Fragen vor. Die TN lesen die Postkarte und beantworten zu zweit die Fragen.
Lösung *1 Sie finden Basel sehr schön. 2 Sie haben das Vitra Design Museum besucht und eine Stadttour gemacht. 4. Morgen gehen sie in den Zoo und shoppen.*

5 b Schreiben Sie an die Tafel: *Katharina und Johannes möchten Urlaub machen. Warum?* Die TN spekulieren über mögliche Gründe. Sie schreiben die Ideen an die Tafel (Schreiben Sie anschließend DENN vor die genannten Gründe und lesen sie die Sätze mit *denn* vor, z. B.: *Katharina und Johannes möchten Urlaub machen, denn sie möchten andere Länder kennenlernen*. Lesen Sie dazu mit den TN den Grammatik-Kasten. Die TN verbinden daraufhin in PA die Sätze 1–4 mit *denn*.
Lösung *1C; 2 D, 3A, 4B*

6 a Je 2 TN überlegen, in welche Stadt in D-A-CH sie gerne fahren möchten. Dann recherchieren sie im Kurs oder zu Hause entsprechende Informationen und Bildmaterial (Sehenswürdigkeiten, Aktivitäten, …). Weisen Sie die TN darauf hin, dass man die wichtigsten Städteinformationen im Internet unter *www.* + Name der Stadt + dem Kürzel *.de* für Deutschland, *.at* für Österreich und *.ch* für die Schweiz finden kann, z. B. www.hamburg.de, www.wien.at, www.zuerich.ch. Wenn Ihnen keine Computer oder Handys zur Verfügung stehen, können Sie den TN auch verschiedene Städte-Prospekte anbieten, die Sie sich von den Fremdenverkehrsbüros in Deutschland, Österreich und der Schweiz zuschicken lassen können. Die TN gestalten mit allen Informationen eine → **Collage**. Lesen Sie mit den TN die Redemittel. Die TN benutzen diese und stellen die Collage über ihre Stadt im Kurs vor.
Variante für 6a und 6b: Die TN machen das Projekt auf der KV.

Städte-Prospekte, Plakate für Collage

6 b Die TN lesen die Postkarte von KB 5a noch einmal und markieren Ausdrücke, die typisch für Urlaubspostkarten sind. Erstellen Sie aus weißem Karton Postkarten oder verwenden Sie die Postkarte der KV. Verteilen Sie diese im Kurs. Die TN schreiben Ihnen aus ihrer in KB6a gewählten Stadt eine Postkarte, dazu verwenden sie auch die Ausdrücke aus 5a. Sie können auf der Rückseite etwas Typisches ihrer Stadt zeichnen oder ein passendes Foto aufkleben. Sammeln Sie die Postkarten ein und lesen Sie sie im Kurs vor, ohne die Stadt zu erwähnen. Die TN raten, um welche Stadt es sich handelt. Hängen Sie die Postkarten (und die zugehörigen Collagen aus KB6a) dann im Kursraum auf.
Variante Weisen Sie die TN auf die virtuellen Postkarten hin, die man auf vielen Städte-Homepages finden kann. Die TN können Ihnen als HA eine dieser Postkarten schicken. Drucken Sie die Postkarten aus und lesen Sie sie im Kurs vor. Dann weiter wie oben beschrieben. Sie können auch die Namen aller TN auf Zettel schreiben. Jede/-r TN zieht einen Namen und schreibt dieser Person eine virtuelle Postkarte, die er/sie ausdruckt und in den Kurs mitbringt. Möglichkeiten mit den geschriebenen Texten umzugehen, können Sie im Glossar unter → **Schreibaufgaben auswerten** finden.

KV

12 Ab in den Urlaub!

Wie war's?

Sprachhandlungen Reiseberichte verstehen und schreiben; Fragen zu einer Reise stellen und beantworten
Lerninhalte GR: Fragewörter: *Wer? Wen? Wem? Was? …*; Zeitangaben: Präpositionen mit Dativ | Aussprache: *f, v, w*

7 a Die TN lesen die Reiseberichte und ordnen jedem Text die passende Überschrift zu. Sie vergleichen in PA und danach im PL. Projizieren Sie die Texte an die Wand. Einige TN kommen nach vorne und markieren die Stelle, die zur gefundenen Überschrift passt.
Variante für sprachlich stärkere Gruppen: → **Kooperatives Lesen**: TN machen PA. Sie lesen jeweils einen der beiden Texte und fassen ihn für den/die Partner/-in zusammen. Sie können auch ein → **Wörterbuch** benutzen. Die Gruppe entscheidet nun gemeinsam, welche Überschriften zu welchem Text passen.
Lösung *A4, B2*

7 b Je 2 TN lesen Text A und decken ihn dann ab. Danach stellen sie sich abwechselnd die Fragen und versuchen sich an die richtige Antwort zu erinnern. Anschließend korrigieren Sie mit dem Text und markieren die richtige Antwort. Lesen Sie die Fragen vor, die TN geben die Antwort. Fragen Sie die TN, welche Fragewörter sie in den Sätzen finden. Die TN nennen die Fragewörter und markieren diese. Fragen Sie die TN, ob sie noch mehr Fragewörter kennen. Sammeln Sie an der Tafel. Vergleichen Sie dann mit dem Grammatik-Kasten. Weisen Sie die TN darauf hin, dass sich bestimmte Fragewörter je nach Kasus und der Frage nach Person oder Sache unterscheiden. Lesen Sie die angegebenen Fragewörter und erklären Sie ggf. die Bedeutung. Bitten Sie die TN mit jedem Fragewort einen Satz und eine passende Antwort zu bilden und schreiben Sie sie an die Tafel.
Lösung *1 in München, 2 im August, 3 mit ihrer Freundin Tina, 4 etwas außerhalb, sauber und günstig 5 Sie hatten die Adresse nicht und die Handy-Akkus waren leer. 6 ein Taxifahrer*

7 c Die TN ergänzen die Fragewörter und beantworten die Fragen. Je 2 TN vergleichen ihre Ergebnisse. Korrigieren Sie auch im Kurs.
Lösung *1 im Herbst; 2 Was, eine Radtour; 3 Wie lange, eine Woche; 4 Warum, Sie sind eingeschlafen.; 5 Wer, der Schaffner; 6 Wen, Freunde*

7 d Die TN lesen den Bericht von Christian. Je 2 TN formulieren 6 W-Fragen zum Text. → **Aufgaben selbst erstellen**. Die Fragen sollten über den ganzen Text verteilt sein. Danach tauschen sie mit einem anderen Paar die Fragen und beantworten diese. Sie geben die Fragen wieder zurück und kontrollieren die Antworten. Für jede richtig gestellte und jede richtig beantwortete Frage gibt es einen Punkt. Welches Paar schafft 12 Punkte?

ÜB 7 b Im Kurs. Je 2 TN bearbeiten das Wechselspiel und fragen sich gegenseitig nach den fehlenden Informationen. Ggf. erarbeiten Sie mit den TN zunächst die Fragen nach den 4 Rubriken am Beispiel von Jan. Schreiben Sie dazu folgenden Text an die Tafel: *Jan war in New York. Er war eine Woche dort. Er hat die Stadt besichtigt. Das Wetter war sonnig.* Die TN stellen Fragen nach Ort, Zeit, Aktivität und Wetter (*Wo war Jan im Urlaub? Wie lange war er im Urlaub? Was hat er dort gemacht? Wie war das Wetter?*), Sie schreiben diese an die Tafel.

8 a Vorgehen wie beschrieben. Danach ergänzen die TN gemeinsam die Tabelle. Schreiben Sie diese an die Tafel und lassen Sie sich alle Zeitangaben nennen, die Sie dann darin ergänzen. Lesen Sie den Grammatik-Kasten und erklären Sie, dass die hier genannten temporalen Präpositionen einen Dativ verlangen.
Erweiterung Zeichnen Sie zur Verdeutlichung der temporalen Präpositionen eine Zeitlinie, auf der sie *jetzt* ankreuzen und die verschiedenen Präpositionen darstellen und/oder markieren.
Je 3 TN arbeiten zusammen. Jede/-r TN übernimmt einen der drei Texte, liest ihn und markiert alle Zeitangaben mit den dazugehörigen Präpositionen. Vorgehen wie beschrieben. Danach ergänzen die TN gemeinsam die Tabelle. Schreiben Sie die Tabelle an die Tafel und lassen Sie sich alle Zeitangaben nennen, ergänzen Sie die Tabelle. Lesen Sie den Grammatik-Kasten und erklären Sie, dass die hier genannten temporalen Präpositionen einen Dativ verlangen.

Ab in den Urlaub! 12

8 b   Bitten Sie die TN, mögliche Fragen zu den Vorgaben rechts im KB zu formulieren, und schreiben Sie diese an die Tafel. Beispiele: *Was machst du am Wochenende? Was machst du ab Dezember? Was machst du vor der Prüfung?* etc. Danach schreiben die TN in EA oder PA Antwortsätze. Vergleichen Sie im PL.
       Variante Jede/-r TN schreibt mit jeder Präposition einen Satz, dabei sollen drei Informationen wahr und drei gelogen sein. Die TN suchen eine/-n Partner/-in, lesen sich die Sätze gegenseitig vor und versuchen zu erraten, welche richtig und welche falsch sind.
       Variante für sprachlich stärkere Gruppen: Die TN machen GA. Jede Gruppe schreibt die Präpositionen und die Nomen (und evtl. noch weitere) auf Kärtchen in zwei verschiedenen Farben. Die TN ziehen abwechselnd zwei Karten und formulieren Aussagen   *Kärtchen in zwei Farben*

9   Die TN machen sich 5–10 Minuten lang zu möglichst vielen Fragewörtern aus dem Grammatik-Kasten Notizen zu einer Fantasie-Reise (z. B. *Wer? Meine Schwester und ich. Wohin? Nach London. Was? Viele Clubs besucht …*). Sie können während dieser Zeit auch typische Urlaubsmusik spielen und Urlaubsfotos oder Postkarten zur Inspiration aufhängen. Ermutigen Sie die TN, die temporalen Präpositionen zu benutzen und die Texte mit *zuerst*, *dann*, *später* und *zum Schluss* zu strukturieren. Fragen Sie, in welcher Position das Verb steht (*Position 2*), wenn die Adverbien am Satzanfang (auf Position 1) stehen, und was das für das Subjekt bedeutet (*steht nach dem Verb*). Nun sollen die TN ihren Text ausformulieren. → **Schreibaufgaben auswerten**   *Musik, Fotos oder Postkarten*
       Variante für sprachlich schwächere Gruppen: Nachdem die TN Notizen zu ihrem Urlaub gemacht haben, suchen sie sich eine/-n Partner/-in und erzählen von ihrem Urlaub. Der/Die Partner/-in darf auch nachfragen, selbst Fragen stellen und Notizen machen. Nach Klärung der Adverbien wie oben schreiben die TN einen Text über den Urlaub ihres Gegenübers.
       Erweiterung Hängen Sie alle Berichte im Kursraum auf. Verteilen Sie Klebepunkte an die TN. Diese gehen herum, lesen die Texte und verteilen 3 Klebepunkte für den Text, der ihnen am besten gefällt, 2 für den zweitbesten und einen Klebepunkt für den drittbesten. Die 3 am besten bewerteten Texte bekommen einen kleinen Preis. Während die TN die Berichte lesen, notieren sie 4 W-Fragen zu unterschiedlichen Texten, z. B. *Wer war im Juni auf Mallorca? Wen hat Max im Hotel getroffen? Wie war das Wetter in England? Was hat Carlos am Abend oft gemacht?* Nach dem Lesen stellen alle ihre Fragen im PL, die anderen TN antworten.   *Klebepunkte, 3 Preise*

10 a   Sie können mit dem Phonetik-Clip einsteigen. Sprechen Sie dann den TN *finden* und *wohnen* vor, die TN sprechen nach. Danach hören sie zweimal die Wörter und kreuzen an, ob sie den Laut *f* wie in *finden* oder den Laut *w* wie in *wohnen* hören. Korrigieren Sie im Kurs. Die TN ergänzen die Regel. Dann hören Sie ein weiteres Mal und sprechen nach.   ▶ P4 2.60
       Erweiterung Arbeiten Sie weiter mit dem Phonetik-Clip: Lassen Sie die TN alle relevanten Wörter aus dem Monolog sammeln. Sie können freiwillige TN die Szene auch selbst vorspielen lassen (→ **Auswendig lernen**).
       Lösung 1f, 2f, 3w, 4f, 5w, 6f, 7f, 8w, 9f; Regel: *v spricht man meistens als f wie in „finden".*
       Hinweis Weisen Sie darauf hin, dass der Buchstabe *v* (wenn auch weniger häufig und meist in Fremdwörtern) auch als der Laut *w* realisiert werden kann, z. B. in *Vokabel*, *Vitamin* oder *Vase*.

10 b   In PA vorgehen wie beschrieben, danach sprechen die TN im Chor nach.   2.61
       Variante Verteilen Sie Wein- oder Sektkorken an die TN. Die TN versuchen nun zu zweit, die Sätze so klar wie möglich einige Male mit dem Korken im Mund zu sprechen. Der Korken als Hindernis zwingt die TN zu einer übertrieben deutlichen Artikulation. Danach hören sie zur Kontrolle und sprechen ohne Korken nach.

10 c   Je 2 TN bilden ähnliche Sätze wie in KB10b, auch mit Hilfe der Wortliste im Anhang. Die TN üben die Sätze wieder erst mit dem Korken im Mund, dann ohne. Schreiben Sie den Lieblingssatz jeder Gruppe an die Tafel. Lesen Sie die Sätze vor, die TN wiederholen im Chor. Danach können die TN noch den lustigsten Satz wählen.   *Wortliste*

ÜB 10   Zur weiteren Vertiefung der Phonetik.

12 Ab in den Urlaub!

Immer dieses Wetter!
Sprachhandlungen Das Wetter beschreiben
Lerninhalte WS: Himmelsrichtungen; Wetter

11 a Zeichnen Sie ein Kreuz an die Tafel und schreiben Sie *im Norden*, *im Süden*, *im Westen* und *im Osten* dazu. Ggf. können Sie noch *Nordosten*, *Südwesten* usw. ergänzen. Hängen Sie eine Deutschlandkarte auf oder betrachten Sie gemeinsam die Karte vorne im Buch. Fragen Sie, welche deutschen Städte die TN kennen und wo in Deutschland sich diese befinden. Lassen Sie sich die Stadt auf der Karte zeigen. Dann suchen die TN in GA die im Buch genannten Städte auf der Karte und notieren wie im Beispiel, wo sie sich befinden. Die erste Gruppe, die alle Städte lokalisiert hat, gewinnt einen kleinen Preis.
Deutschlandkarte
Erweiterung Die TN fragen sich in PA *Wo liegt …?* Der/Die Partner/-in sucht die Stadt auf der Karte und antwortet: *… liegt im Süden von Deutschland*. Sie können die Suche auch auf die anderen D-A-CH-Länder ausweiten.

11 b Lesen Sie mit den TN die 4 Städte und das dazugehörige Wetter. Suchen Sie die Städte auf der Karte vorne im KB. Die TN lesen die Urlaubsberichte und ordnen anhand des Wetters die Städtenamen zu.
Lösung *Anna: Salzburg, Leo: Zürich, Sebastian: Freiburg, Barbara: Rostock*

11 c Vorgehen wie beschrieben. Die TN ergänzen die fehlenden Ausdrücke
Lösung *1 Wolke, 2 regnet, 3 Sonne, 4 schneit, 5 Grad, minus, 6 Wind*
Erweiterung Die TN machen GA (3–4 TN). Sie stellen Kärtchen für → **Paare finden** her. Dabei bilden z. B. *Die Wolke* und *es ist bewölkt* ein Karten-Paar.

11 d Schreiben Sie die vier europäischen Jahreszeiten an die Tafel. Fragen Sie die TN ggf., aus welchen Ländern sie kommen und welche Jahreszeiten es dort gibt. Die TN berichten im PL, dazu verwenden sie die Redemittel aus dem Kasten. Hören Sie auch die Sätze aus *Gut gesagt: Wetter*. Fragen Sie die TN, ob es in ihren Sprachen auch typische Kommentare für besonders gutes oder schlechtes Wetter gibt.
2.62
Erweiterung Die TN machen GA. Sie überlegen, wohin sie am nächsten Wochenende gerne gemeinsam reisen möchten (Geld spielt keine Rolle!) und schreiben ihr Reiseziel auf ein Kärtchen. Sammeln Sie die Kärtchen ein und teilen Sie sie vermischt wieder aus. Die Gruppen suchen im Internet (Computer oder Handy), wie das Wetter am Wochenende am Ort ihres Kärtchens sein wird, und stellen es der Gruppe, die dahin reisen möchte, vor. Die Gruppe entscheidet anhand des Wetters, ob sie fahren möchte oder die Reise besser noch einmal verschiebt.

Reiseziele in Deutschland
Sprachhandlungen über Reiseziele sprechen und schreiben
Lerninhalte Landeskunde: beliebte Reiseziele in Deutschland | Strategie: Über einen Text berichten

12 a Hängen oder projizieren Sie eine Deutschlandkarte an die Wand, z. B. die Karte auf der vorderen Umschlaginnenseite. Fragen Sie die TN, ob sie schon einmal in Deutschland Urlaub gemacht haben, und wenn ja, wo. Markieren Sie die genannten Ziele auf der Karte. Fragen Sie die TN, die noch nicht in Deutschland waren, wohin sie dort gern reisen würden, und markieren Sie auch das.
Deutschlandkarte
Erweiterung Bringen Sie Postkarten und Prospekte von deutschen Urlaubsregionen mit. Erklären Sie, dass diese Urlaubsziele auch bei Deutschen sehr beliebt sind. Die TN suchen auch diese Reiseziele auf der Karte.

12 b+c Je 3 TN arbeiten zusammen. Jede/-r TN liest einen der Abschnitte und macht Notizen zu den beiden Fragen. Anschließend fasst jede/-r TN seinen/ihren Abschnitt mithilfe der beiden Fragen für die anderen beiden TN zusammen. Thematisieren Sie anschließend den Strategie-Kasten: Was hat den TN geholfen? Wie sind sie vorgegangen?

Ab in den Urlaub! 12

	Lösung A 1. in den Norden, an Nord- oder Ostsee ans Meer oder auf eine Insel 2. schwimmen, Sport, Landschaft und Strände genießen; B 1. in Städe wie Berlin, Hamburg, München, Dresden oder Köln 2. Kulturangebote, Natur, Parks; C in die Berge, z. B. nach Garmisch-Partenkirchen oder Berchtesgaden 2. wandern, Ski fahren, die Natur genießen, gut essen
ÜB 13 a	Im Kurs. Die TN suchen weitere Informationen zu den Städten, die Lena in ihrem Blog beschreibt, und erzählen einer/-m Partner/-in, was sie herausgefunden haben.
13 a+b	Die TN sprechen in KG (ggf. nach Herkunftsland) darüber, wohin Menschen in ihrem Land besonders gern fahren, und schreiben einen Text darüber. Ggf. → **Schreibaufgaben auswerten**. Sie kleben den Text/die Texte auf Plakate und kleben passende Fotos dazu. Die TN machen zum Schluss mit den Plakaten eine Ausstellung.

Plakate

Die Netzwerk-WG
Endlich Ferien! | Auf dem Bauernhof

14 a	Betrachten Sie mit den TN die beiden Fotos und lassen Sie sie kurz beschreiben. Lesen Sie die Fragen. Zeigen Sie den TN dann Filmszene 27 und bitten Sie sie, die Fragen zu beantworten. **Variante** für sprachlich schwächere TN: Geben Sie jeder/-m TN eine Nummer zwischen 1 und 4. Die TN versuchen nur auf diese Frage die Antwort herauszufinden. **Lösung** *1 Sie fährt nach Bremen, 2 Viel Spaß! Gute Reise! 3 Sie recherchieren im Internet. Sie wählen Ferien auf dem Bauernhof. 4 300 Euro*	▶ 27
14 b	Die TN bilden zwei Gruppen. Eine sammelt auf einem DIN-A3-Blatt, was sie für einen Stadturlaub in den Koffer packen würde, die zweite, was sie auf den Bauernhof mitnehmen würde. Zeigen Sie dann Filmszene 27 noch einmal. Die TN notieren, was sie sehen. Zeigen Sie den Teilausschnitt mehrere Male, damit die TN Zeit haben, mitzuschreiben. Vergleich im PL. **Variante** Machen Sie die Aufgabe als → **Kimspiel** (→ **Wortschatzspiele**) als Wettbewerb. **Lösung** *Handtücher, Sonnencreme, Duschgel, Regenschirm, Sonnenbrille, Sportschuhe, 2 Rucksäcke, Regenjacke, Mütze*	
15 a	Fragen Sie die TN, ob sie schon einmal Urlaub auf dem Bauernhof gemacht haben oder ob sie das gerne einmal ausprobieren würden. Was kann positiv bei so einem Urlaub sein, was negativ? Die TN sehen dann die Filmszene 28 und ordnen die zwei Dialoge. **Lösung** *Dialog A: A, C; Dialog B: E, D, B* **Variante** Zeigen Sie den TN die Filmszene zuerst ohne Ton. Die TN ordnen die Dialoge und kontrollieren dann, indem sie die Szene noch einmal mit Ton sehen.	▶ 28
15 b	Die TN sehen die Filmszene 28 noch einmal und ordnen die Bilder chronologisch. Lesen Sie gemeinsam Beas Aktivitäten. Die TN schreiben in PA die Aktivitäten in der Vergangenheitsform. Vergleich im PL Danach beschreiben die Partner/-innen sich gegenseitig, was Bea in Bremen gemacht hat. **Lösung** *D1 Sie war im Museum, C2 Sie war im Stadtviertel Schoor und hat ein Eis gegessen. B3 Sie hat das Rathaus besucht. A4 Sie hat an der Weser gesessen.*	
16 a	Vorgehen wie beschrieben. **Lösung** *Bea fährt nach Bremen. Anna und Max wollen Ferien auf einem Bauernhof machen. Am Anfang finden Anna und Max den Urlaub langweilig. Bea schickt ein Video aus Bremen und zeigt ihren Tag / die Sehenswürdigkeiten / ihr Programm. Am Ende finden Anna und Max ihren Urlaub richtig schön.*	▶ 27–28
16 b	Vorgehen wie beschrieben. Machen Sie eine Kursstatistik.	

4 Plattform

Wiederholungsspiel

KV Zur Wiederholung von Wortschatz quer durch KB und ÜB können Sie mit den TN *Outburst* spielen. Auf den Karten der **Kopiervorlage** finden Sie Wortfelder aus Kapitel 1–12; dabei wird auch der im ÜB erweiterte Lernwortschatz mit einbezogen. Sie können diese Wiederholung zu Beginn oder am Ende der Plattform 4 einsetzen. Ggf. erstellen Sie selbst weitere Karten.
Schneiden Sie die Karten der Kopiervorlage aus. Legen Sie sie verdeckt auf den Tisch. Die TN spielen in 2 Teams. Team 1 nimmt die erste Karte und nennt Team 2 den Oberbegriff. Team 2 hat nun eine Minute Zeit, alle Wörter (einer Wortart) zu nennen, die den Mitspielern zu diesem Oberbegriff einfallen (z. B. Farben: *braun, lila, rot* … oder Krankheiten: *Fieber, Halsschmerzen* …). Messen Sie die Zeit mit einer Stoppuhr (oder mit einer Uhr mit Sekundenzeiger). Jedes Wort, das auf der Karte steht und erraten wird, gibt einen Punkt. Danach kommt Team 1 mit Raten an die Reihe. Wenn alle Karten gespielt sind (oder nach einer vorgegebenen Zeit), werden die Punkte gezählt. Das Team mit den meisten Punkten hat gewonnen.

KV

Stoppuhr

1 a–b Projizieren Sie die 4 Fotos ohne Erklärsatz an die Wand. Die TN beschreiben, was sie auf den Fotos sehen und welche Art von Reise das Paar macht. Lesen Sie gemeinsam die 4 vorgegebenen Situationen und besprechen Sie die Zeichnungen; klären Sie ggf. Vokabular. Je 2 TN spielen zusammen das Wiederholungsspiel. Jedes Paar wählt nun zuerst eines der 4 vorgeschlagenen Reiseteams (die TN können dabei auch einen konkreten Ort vereinbaren, z. B. Strandurlaub auf Mallorca) und dann 2 der 4 möglichen Situationen. Die TN machen Notizen und bereiten passende Rollenspiele vor. Danach spielen sie sie im Kurs vor. Geben Sie → **Tipps zum freien Sprechen**. Erarbeiten Sie ggf. im Kurs verschiedene Punkte, die das „Publikum" beim Rollenspiel beobachten soll, z. B. *Sprechen die TN flüssig? Beherrschen Sie Strategien, um nachzufragen, wenn sie etwas nicht verstanden haben? Setzen sie Mimik und Gestik ein und wirkt das Rollenspiel natürlich?* Anschließend geben die TN → **Feedback**.
Variante für sprachlich schwächere Gruppen: Die TN schreiben die Dialoge auf. Korrigieren Sie anschließend. Die TN lernen die Dialoge auswendig und spielen sie im Kurs vor. Die anderen TN geben → **Feedback**. Am Ende kann das beste Rollenspiel gewählt werden.

Wortspiele

2 Gehen Sie vor wie beschrieben. Geben Sie → **Tipps zum freien Sprechen**.
Variante für sprachlich schwächere TN: Die TN markieren zuerst die Partizipien, die mit *haben* und die, die mit *sein* gebildet werden, in zwei verschiedenen Farben.

3 a Schreiben Sie die Antworten einzeln auf Karten. Hängen Sie diese an die Wand. Je 2 TN gehen gemeinsam herum, lesen eine Antwort und formulieren gemeinsam passende Fragen. Beide TN notieren die Fragen (für 3b). Dann gehen sie weiter zur nächsten Frage usw.

3 b Die TN machen einen → **Klassenspaziergang** zu Musik. Sprachlich schwächere TN können ihre Fragenliste aus 3a zu Hilfe nehmen. Wenn die Musik stoppt, stellen sie sich jeweils gegenseitig eine Frage und der/die andere antwortet darauf. Wenn die Musik wieder losgeht, gehen sie weiter durch den Raum. Stoppen Sie die Musik 6–8 Mal.

deutsches Lied im Internet oder auf CD

4 Gehen Sie vor wie beschrieben.

1 Würfel für je 4 TN

Die Kollegen helfen

5 a Die TN lesen die Mail von Andrea in EA und markieren, was Anna und Daniel machen sollen.
Variante Je 4 TN arbeiten zusammen. Sie lesen die Mail gemeinsam, abschnittsweise → **Kooperatives Lesen**.
Lösung *Präsentation fertig machen und mit dem Chef besprechen; Frau Peschl anrufen; ein Geschenk für den Chef finden und kaufen; Infomaterial bei Miguel abholen*

98

Plattform 4

5 b Je 2 TN arbeiten zusammen. A liest die Mail von Anna, B die Mail von Daniel. Sie markieren in ihrem Text, welche Aufgaben von Andrea sie schon gemacht haben, und notieren sie auf einem Extrazettel, dann schließen sie das Buch und informieren sich gegenseitig.
Lösung Anna: *Präsentation fertig gemacht und mit dem Chef besprochen*
Daniel: *Präsentation mit dem Chef besprochen; Frau Peschl angerufen, ein Geschenk für den Chef gesucht und gekauft*

5 c Vorgehen wie beschrieben.
Lösung Am *Montag muss Andrea noch das Infomaterial bei Miguel abholen. (Am Dienstag muss Andrea noch Blumen für den Chef kaufen.)*

Eine Reise durch DACH

6 a Bilden Sie 3 Gruppen. Sie können die Gruppen mit Fotos bekannter Sehenswürdigkeiten von Deutschland, Österreich und der Schweiz bilden: Alle TN mit Fotos des gleichen Landes arbeiten zusammen. Geben Sie jeder Gruppe ein DIN-A3-Blatt, auf dem entweder *Deutschland*, *Österreich* oder *die Schweiz* in der Mitte steht. Jede Gruppe hat 5 Minuten Zeit, um alles zu notieren, was ihr zu diesem Land einfällt. Geben Sie die Blätter dann jeweils an die nächste Gruppe weiter, die neue Informationen dazuschreibt. Nach weiteren 5 Minuten rotieren die Blätter noch einmal. Hängen Sie die 3 Blätter im Kursraum aus. Lesen Sie sie vor und lassen Sie sie ggf. von den TN kommentieren. Je 3 TN lesen dann die Fragen im KB und einigen sich auf eine Antwort. — DIN-A3-Blatt

6 b Jede Gruppe vergleicht ihre Antworten mit den Lösungen auf der letzten Seite im KB und gibt sich für jede richtige Anwort einen Punkt. Das Team mit den meisten Punkten hat gewonnen. Wenn Sie die Möglichkeit haben, verteilen Sie an die Gewinner kleine Preise, die mit den 3 deutschsprachigen Ländern zu tun haben, z. B. eine Süßigkeit, die es nur dort gibt. — Preise

6 c Je 2–3 TN recherchieren im Internet oder im KB Kap. 1–12 und schreiben 3 eigene Quizfragen zu Deutschland, Österreich oder der Schweiz, zu denen sie jeweils 3 mögliche Antworten anbieten. Die TN tauschen ihre Fragen mit einer anderen Gruppe aus und beantworten sie gegenseitig. Die TN verteilen Punkte für jede richtige Antwort.
Variante für sprachlich stärkere Gruppen: Je 2–3 TN suchen sich eines der 3 Länder aus und entwickeln ein Quiz mit 10 Fragen. Die verschiedenen Versionen werden eingesammelt und neu ausgeteilt. Jede Gruppe versucht nun das erhaltene Quiz in 20 Minuten zu lösen, dabei darf sie auch im Internet recherchieren. Die Gruppe, die nach dieser Zeit die meisten korrekten Antworten gefunden hat, erhält einen Preis. — Preise
Info Helfen können z. B. folgende Links: https://www.deutschland.de/de, https://www.tatsachen-ueber-deutschland.de/de, www.oesterreich.com, https://www.eda.admin.ch/aboutswitzerland/de/home.html/de/

ÜB Plattform 4 In den Plattformen im Übungsteil bereiten sich die TN auf A1-Prüfungen vor. Sie machen das am Beispiel der Prüfung *Start Deutsch A1*. Zu Beginn von Plattform 1 finden die TN eine Übersicht über alle Prüfungsteile und darüber, wo sie diese im ÜB finden.
Hier in Plattform 3 bekommen die TN Tipps und trainieren die Prüfungsteile *Hören*: Teil 2, *Lesen*: Teil 3 und *Schreiben*: Teil 2.

Kopiervorlage zu Kapitel 1, Aufgabe 1a–b

1 Was gehört zusammen? Ordnen Sie zu.

2 Wie heißen die Wörter in Ihrer Sprache? Notieren Sie unter den deutschen Wörtern.

1 F

бутерброд (~ buterbrod)
(Russisch)

A

die Flasche

F

das Butterbrot

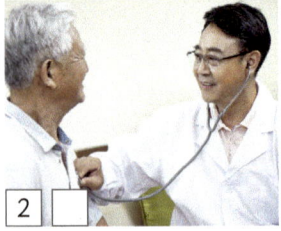

2

クランケ (~ kuranke)
(Japanisch)

6

nudli
(Ungarisch)

B

der Kindergarten

G

die Autobahn

3

otoban
(Türkisch)

7

kindergarten
(Englisch)

C

der Kranke

4

handuk
(Indonesisch)

8

куфар (~ kufar)
(Bulgarisch)

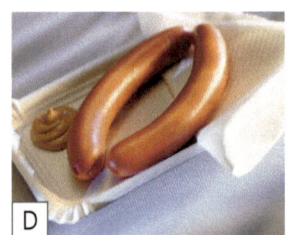

D

das Würstchen / das Würstel

H

das Handtuch

5

wurstel
(Italienisch)

9

flaša
(Serbisch)

E

der Koffer

die Nudeln

Lösung für 1: 2C, 3G, 4H, 5D, 6I, 7B, 8E, 9A

Kopiervorlage zu Kapitel 1, Aufgabe 5a–b

Eva Grünke *Freie Journalistin* Am Kiel-Kanal 3, 24106 Kiel Telefon: +49 431/980819 Grünke@gmail.com	**Susanne Braun** *Übersetzerin Deutsch – Englisch – Französisch* Mannheimer Straße 7, 60329 Frankfurt Telefon: +49 69/27495 s.braun@uebersetzungen.de	**Katrin Schulz** *Architektin* Zimmerstraße 4, 10117 Berlin Telefon: +49 30/20246 schulz@dasarchitekturbuero.de
Isabel Wirth *Kinderärztin* Eppendorfer Landstraße 47, 20249 Hamburg Telefon: +49 40/46764574 Wirth@kinderarztpraxis-sonne.de	**Anne Ross** *Eventmanagerin* Wilhelm-Heinrich-Weg 1, 40231 Düsseldorf Telefon: +49 211/93195 Rossevents@rossevents.de	**Miriam Precht** *Grafikdesignerin* Dammweg 17, 01097 Dresden Telefon: +49 351/88479 prechtdesign@designstudio.de
Nicole Schuster *Floristin* Sibeliusstraße 5, 23556 Lübeck Telefon: +49 451/4045890 blumennicole@hotmail.com	**Vera Sonntag** *Psychologin* Seestraße 405, 8038 Zürich Telefon: +41 44/487 43 44 sonntag@therapiezentrum.ch	**Markus Schwarz** *Architekt* Heilbronner Straße 306, 70469 Stuttgart Telefon: +49 711/82008 schwarz@gmail.com
Jochen Kaufmann *Psychotherapeut* Maximilianallee 22, 04129 Leipzig Telefon: +49 34297/142306 jochkauf@gmx.net	**Leon Sommer** *Regisseur* Frank-Zappa-Straße 11, 12681 Berlin Telefon: +49 30/54684 leon.sommer@filmen.de	**Fabio Egger** *Finanzberater* Jungfraustrasse 36, 3005 Bern Telefon +41 31/940 34 34 finanzeder@finanzen.ch
Luca Bullari *Bergführer* Am Bach 10, 39200 Zermatt Telefon: 41 27/967 14 14 bullari@berge.ch	**Wolfgang Haas** *Zahnarzt* Lagergasse 17, 8020 Graz Telefon: +43 316/8870 wolf.haas@aol.com	**Jörg Wimmer** *Dirigent* Schwedenplatz 3, 1010 Wien Telefon: +43 1/5332170 joergwimmer@musikistleben.at

Kopiervorlage zu Kapitel 2, Aufgabe 3b

Verben und Personalpronomen

1 Sehen Sie die Bilder an und lesen Sie die Sätze. Markieren Sie Personalpronomen und Verben.

1. Ich koche gut.
   Ich arbeite in Berlin.
   Ich spreche Englisch, Französisch und Spanisch.

3. Arbeiten Sie auch in Berlin?

5. Arbeitet sie auch in Berlin?

7. Wir sprechen ein bisschen Deutsch.

9. Arbeiten Sie beide in Berlin?

2. Und du? Wo arbeitest du?
   Und du? Welche Sprachen sprichst du?
   Liest du gern?

4. Spricht er auch Deutsch?

6. Liest es gern?

8. Lest ihr auch gern?

10. Kochen sie gut?

2 Ergänzen Sie die fehlenden Buchstaben und Verb-Endungen. Die Sätze aus 1a helfen.

ich	du	er/es/sie	wir	ihr	sie	Sie
koch__	koch _st_	koch__	koch _en_	koch _t_	koch__	koch__
arbeit__	arbeit__	arbeit__	arbeit _en_	arbeit _et_	arbeit__	arbeit _en_
les _e_	l__es__	l__es__	les _en_	les__	les _en_	les__
sprech__	spr__ch__	spr__ch__	sprech__	sprech _t_	sprech__	sprech _en_

Kopiervorlage zu Kapitel 2, Übung 7d

Zahlen von 20 bis 99

1 a Schreiben Sie die Zahlen in die Tabelle.

einundzwanzig | zweiundzwanzig | einunddreißig | vierundvierzig | fünfundfünfzig | sechsundsechzig | siebenundsiebzig | einundachtzig | neunundneunzig

Zahlen ab zwanzig

b Ergänzen Sie die Infobox. Was passiert? Vergleichen Sie mit Ihrer Muttersprache.

c Ergänzen Sie die noch fehlenden Zahlen. Orientieren Sie sich an den Zahlen aus 1a.

20	_____	51	_____
21	_____	55	_____
22	_____	60	_____
23	_____	61	_____
24	_____	66	_____
26	_____	70	_____
30	_____	71	_____
31	_____	77	_____
32	_____	80	_____
40	_____	81	_____
41	_____	90	_____
44	_____	91	_____
50	_____	99	_____

d Markieren Sie bei 21, 31, 41, 51, 61, 71, 81, 91 die erste Silbe. Lesen Sie die Zahlen laut. Was ist besonders?

Zahlen ab 100

2 a Verbinden Sie die Zahlen und die Wörter. Lesen Sie die Zahlen laut. Vergleichen Sie dann mit Ihrer Muttersprache.

100	zweitausend
200	zweihundert
301	eine Million
412	fünfhundertdreiundzwanzig
523	(ein)tausend
745	fünfzig Millionen
1 000	(ein)tausendeinhundert
1 100	(ein)hunderttausend
2 000	siebenhundertfünfundvierzig
10 000	vierhundertzwölf
11 000	(ein)hundert
100 000	elftausend
1 000 000	zehntausend
50 000 000	dreihunderteins

b Arbeiten Sie zu zweit. Sie schreiben eine Zahl über 100. Ihr Partner / Ihre Partnerin liest die Zahl laut. Sie kontrollieren.

Unregelmäßige Verben mit Vokalwechsel

1 Ergänzen Sie die fehlenden Verbformen. Die vorgegeben Formen helfen.

	fahren	geben	sprechen	lesen	sehen
ich	fahre	gebe	_____	_____	sehe
du	fährst	gibst	_____	_____	siehst
er/es/sie	_____	_____	spricht	liest	_____
wir	fahren	geben	_____	lesen	_____
ihr	_____	gebt	sprecht	_____	seht
Sie/sie	_____	geben	sprechen	_____	_____
Imperativ	_____ Sie!	Geben Sie!	Sprechen Sie!	_____ Sie!	Sehen Sie!

2 Konjugationsspiel zu den unregelmäßigen Verben aus Kapitel 1–3

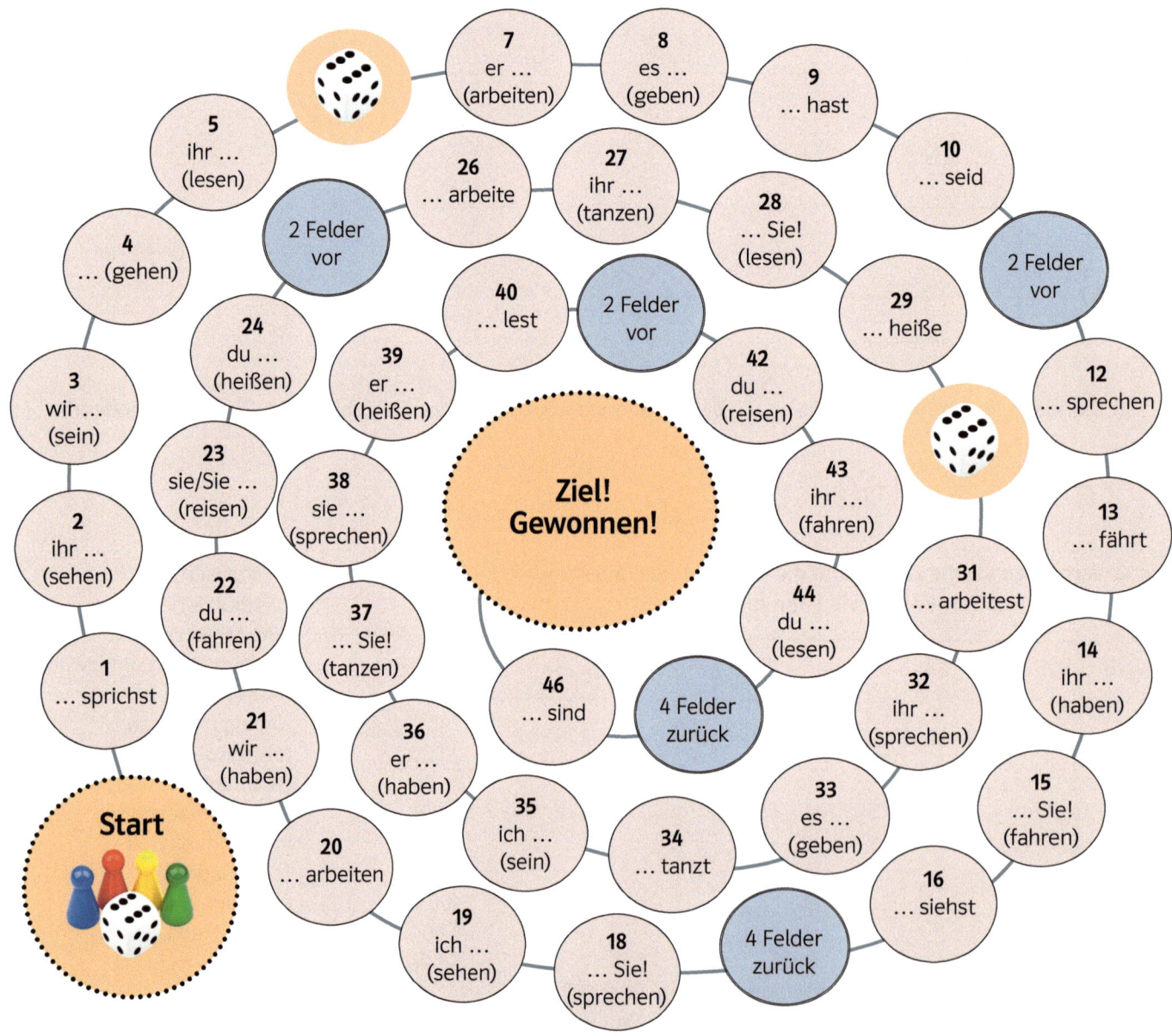

Kopiervorlage zu Kapitel 3, Übung 8e

Wechselspiel: Wegbeschreibung

A Entschuldigung, wo ist bitte …?

Ihr Partner / Ihre Partnerin fragt Sie nach dem Weg. Er/Sie steht am Parkplatz in der Domstraße ○. Sie finden die Straßen und Plätze hier auf Ihrem Stadtplan: „➡"
Erklären Sie ihm/ihr den Weg.

Jetzt fragen Sie Ihren Partner / Ihre Partnerin. Er/Sie erklärt Ihnen den Weg. Sie stehen am U- und S-Bahnhof Jungfernstieg ✴.

1. Sie möchten zur Europapassage.
2. Sie möchten zum Hopfenmarkt.
3. Sie möchten in den Großen Burstah.

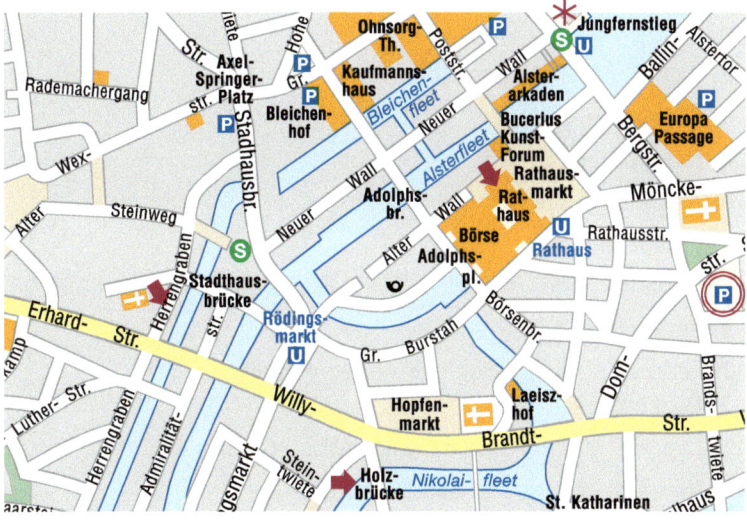

Entschuldigung, wo ist bitte …?
Also hier rechts/links/geradeaus und dann …?
Vielen Dank!

Das ist ganz einfach. Gehen Sie rechts/ links/geradeaus und dann … Da ist …
Ja. / Ja, genau.
Bitte, gern!

B Entschuldigung, wo ist bitte …?

Fragen Sie Ihren Partner / Ihre Partnerin nach dem Weg. Er/Sie erklärt Ihnen den Weg. Sie stehen am Parkplatz in der Domstraße ○.

1. Sie möchten zum Rathaus.
2. Sie möchten in den Herrengraben.
3. Sie möchten zur Holzbrücke.

Ihr Partner / Ihre Partnerin fragt Sie danach nach dem Weg. Er/ Sie steht am U- und S-Bahnhof Jungfernstieg ✴. Erklären Sie ihm/ihr den Weg. Sie finden die Straßen und Plätze hier auf Ihrem Stadtplan: „➡"

Entschuldigung, wo ist bitte …?
Also hier rechts/links/geradeaus und dann …?
Vielen Dank!

Das ist ganz einfach. Gehen Sie rechts/ links/geradeaus und dann … Da ist …
Ja. / Ja, genau.
Bitte, gern!

Kopiervorlage zu Plattform 1, Aufgabe 1

**Expertenblatt: Beraten Sie die anderen Teilnehmerinnen und Teilnehmer beim Wiederholungsspiel.
Die Lösungen helfen Ihnen.**

2: Tschüs. / Auf Wiedersehen.

3: liest; lesen; Liest

4: fährt; arbeitet; frei

6: Ärzte; Tage; Bücher

7: geradeaus, rechts, rechts

8: Bahnhof; Züge

9: ein Fluss; Schiffe

10: Februar; April; Juli; September; November; Dezember

11: Meine E-Mail-Adresse ist … @ (ät) … .(Punkt) …

12: fünfundzwanzig; sechsundzwanzig;
27: siebenundzwanzig; achtundzwanzig; neunundzwanzig;
30: dreißig; einunddreißig; zweiunddreißig;
33: dreiunddreißig; vierunddreißig; fünfunddreißig;
36: sechsunddreißig

13: Am Montag? (↗) Am Montag. (↘)

16: Niklas hört gern Musik. Niklas schwimmt nicht gern.

17: der See; die Stadt; das Rathaus

18: Autos

19: Nein, das ist kein Theater, das ist ein Restaurant.

21: z. B.: Englisch; Französisch; Spanisch; Portugiesisch; Italienisch; Russisch; Arabisch; Chinesisch; …

22: z. B.: Journalist/-in; Taxifahrer/-in; Arzt/Ärztin; Architekt/-in; Ingenieur/-in; Student/-in; …

23: du sprichst; ich heiße; er/es/sie ist; wir/sie/Sie kommen

24: Deutsch; Polnisch; Spanisch; Portugiesisch

25: singt

26: Lara joggt.

27: Die Person heißt / Er heißt Felix Giehse.
Er wohnt in Hamburg, Kieler Str. 29.
Er ist Taxifahrer von Beruf

28: Kochen Sie gern?/Kochst du gern? –
Ja/Nein. ich koche (nicht) gern.

29: lang: H<u>a</u>fen, w<u>o</u>hnen; s<u>ie</u>ben
kurz: Hallo, kommen, Schiff

30: Montag; Dienstag; Mittwoch; Donnerstag; Freitag; Samstag; Sonntag

31: der Bus; das Flugzeug; die S-Bahn; das Fahrrad

32: Das ist ein Bahnhof und (da ist) eine Brücke. Das sind Häuser.

33: Gehen wir am Mittwoch ins Schwimmbad?
Gehen wir am Donnerstag ins Café?

Kopiervorlage zu Kapitel 4, Aufgabe 3d

brauchen	haben	(der) Apfelsaft	(der) Keks
machen	trinken	(der) Schinken	(der) Kuchen
kochen	essen	(die) Suppe	(das) Wasser
nehmen	kaufen	(der) Bus	(das) Fahrrad
lesen	suchen	(die) U-Bahn	(der) Plan
(der) Apfel	(der) Salat	(das) Buch	(die) Fahrkarte
(das) Brot	(die) Wurst	(die) Schokolade	(die) Milch

Kopiervorlage zu Kapitel 4, Aufgabe 7b

Rund ums … Was sagt man wo? Ordnen Sie zu.

Ist das alles? | … sind sehr lecker. | Nein, danke. Ich bin satt. | Was möchten Sie? | Haben Sie …? | Sonst noch etwas? | Guten Appetit! | Wo finde ich …? | Was kosten …? | Können Sie wechseln? | Danke, gleichfalls! | Möchtest du (noch) …? | Wie viel kostet …? | … schmeckt sehr gut. | Ich brauche noch … | Ich mag keinen / kein / keine … | Das macht dann … Euro. | Ich möchte …, bitte. | Wer kommt dran?

Rund ums Einkaufen

Rund ums Geld

Rund ums Essen

Kopiervorlage zu Kapitel 5, Aufgabe 5

1 Wie viel Uhr ist es? Ergänzen Sie und ordnen Sie die Uhrzeiten zu.

zehn | nach | fünf | vor | halb | Viertel | vor | zwanzig | Viertel | ~~kurz~~

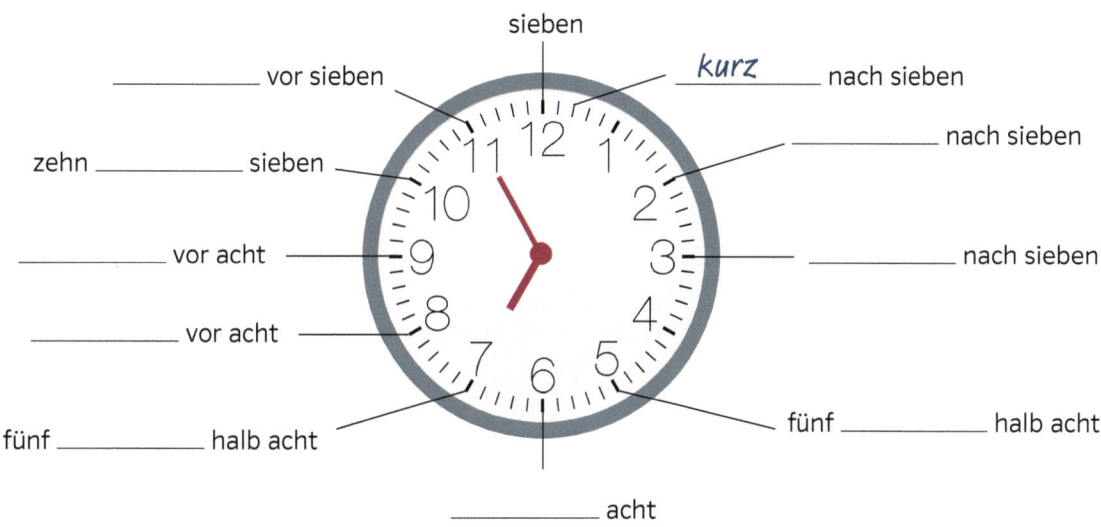

sieben

_____ vor sieben   *kurz* _____ nach sieben

zehn _____ sieben   _____ nach sieben

_____ vor acht   _____ nach sieben

_____ vor acht

fünf _____ halb acht   fünf _____ halb acht

_____ acht

2 Spielen Sie Memory.

halb sechs	(Uhr ~6:30)	halb zwölf	(Uhr ~11:30)	neun Uhr fünfundfünfzig	09:55
vierzehn Uhr dreißig	14:30	fünf vor halb fünf	(Uhr ~4:25)	zehn nach zehn	(Uhr ~10:10)
fünf nach drei	(Uhr ~3:05)	fünf vor zehn	(Uhr ~9:55)	dreiundzwanzig Uhr dreiundzwanzig	23:23
fünf nach halb vier	(Uhr ~3:35)	neunzehn Uhr fünfundvierzig	19:45	kurz nach neun	(Uhr ~9:01)

 Klett

Netzwerk neu A1
Lehrerhandbuch
ISBN 978-3-12-607160-4

Kopiervorlage zu Kapitel 5, Aufgabe 7a

Wechselspiel: Familie und Termine

A Fragen Sie Ihren Partner / Ihre Partnerin wie im Beispiel. Ihr Partner / Ihre Partnerin antwortet. Notieren Sie die Antworten in Ihrem Kalender.

A: Was macht Finn am Samstag? – B: Er trifft Jonas um halb vier.

	Finn	Matthias	Anja
9 Fr	Grillparty bei Tobias	Arbeit 7–14	
10 Sa			10 Uhr Café mit Matthias ♥
11 So	Fußballspiel 12.00	Frankfurt	15.00 Museum
12 Mo	16.15 Training		
13 Di		19.30 Christoph	Arbeit 9–17
14 Mi	16.00 Trompete		
15 Do		20.00 Theater	

B Fragen Sie Ihren Partner / Ihre Partnerin wie im Beispiel. Ihr Partner / Ihre Partnerin antwortet. Notieren Sie die Antworten in Ihrem Kalender.

B: Was macht Finn am Freitag? – A: Er grillt am Freitag bei Tobias.

	Finn	Matthias	Anja
9 Fr			Arbeit 17–22
10 Sa	15.30 Jonas	10 Uhr Café mit Anja!	
11 So			
12 Mo		Frankfurt	11.00 Schwimmen
13 Di	Deutsch-Test!!!		
14 Mi		frei!	17.15 zum Friseur
15 Do	Trompete fällt aus!		20.00 Theater

Kopiervorlage zu Kapitel 6, Aufgabe 4a

1 Feiertage und Feste in D-A-CH. Ordnen Sie den Feiertagen die Daten zu.

1. _____ 1.1.   **A** Tag der deutschen Einheit
2. _____ 6.1.   **B** Dreikönigstag
3. _____ 14.2. **C** Neujahr
4. _____ 1.8.   **D** Silvester
5. _____ 3.10. **E** Nationalfeiertag der Schweiz
6. _____ 26.10. **F** Valentinstag
7. _____ 11.11. **G** Nikolaus
8. _____ 6.12. **H** Nationalfeiertag von Österreich
9. _____ 24.12. **I** Sankt Martin
10. _____ 31.12. **J** Heiligabend

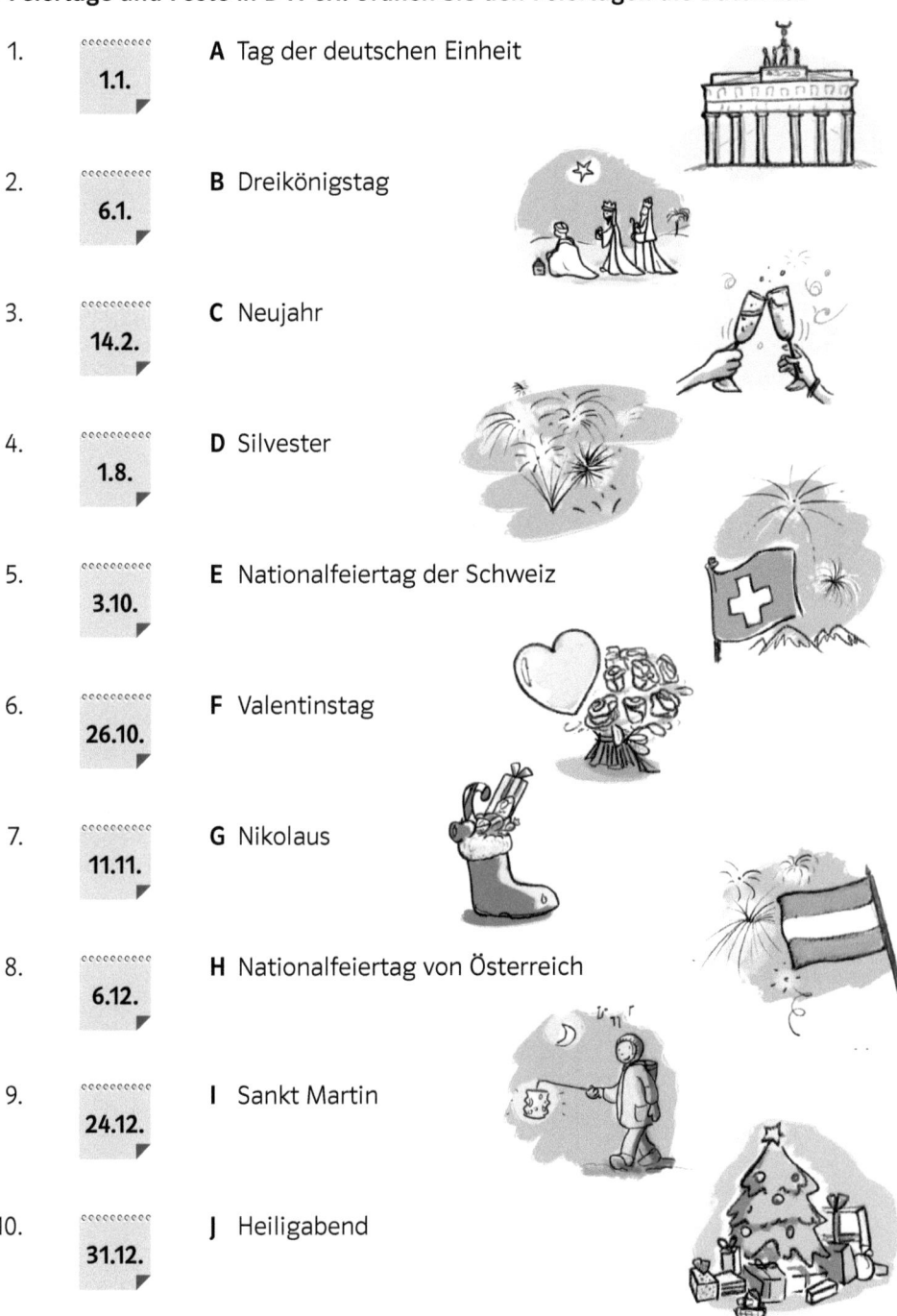

2 Fragen Sie sich gegenseitig.

Wann feiert man den Tag der deutschen Einheit?

Am dritten Oktober.

3 Welche Feiertage kennen Sie?

Lösung der Aufgabe 1: 1c, 2b, 3f, 4e, 5a, 6h, 7i, 8g, 9i, 10d

Kopiervorlage zu Kapitel 6, Aufgabe 14a

1 Kneipen & Co in D-A-CH. Lesen Sie die Texte und finden Sie das passende Foto.

1

Text _____

3

Text _____

C
Kneipen gibt es überall. Sie haben meistens ab Nachmittag bis spät nachts geöffnet. Am Abend ist es oft sehr voll und viele Leute stehen. Es gibt kleine Gerichte, z. B. Sandwiches, manchmal auch eine große Speisekarte.
In Wien heißen die Kneipen „Beisl", in der Schweiz „Beiz".

2

Text _____

4

Text _____

A
Biergärten sind typisch für Bayern. Sie haben nur im Sommer geöffnet. Man sitzt draußen an langen Tischen und Bänken. Oft gibt es einen Spielplatz für Kinder. Getränke muss man dort kaufen, aber das Essen kann man auch selbst mitbringen. Im Biergarten ist Selbstbedienung, es gibt keine Kellner.

B
In vielen Städten in D-A-CH gibt es im Sommer Strandbars. Sie sind meistens an einem Fluss oder an einem See. Man kann dort etwas trinken und auch essen. Strandbars haben nur bei Sonne und gutem Wetter geöffnet.

D
In Wien gibt es viele Kaffeehäuser, sie sind typisch für Wien. Dort trinkt man Kaffee, aber natürlich auch andere Getränke. Man kann auch richtig essen oder nur einen Kuchen bestellen. Viele Menschen lesen im Kaffeehaus Zeitung oder treffen Freunde. Die Kaffeehäuser haben meistens bis 23 Uhr geöffnet.

2 Lesen Sie die Texte noch einmal und ergänzen Sie die Tabelle.

	Wo gibt es das?	Wann geöffnet?	Essen und Trinken?
Strandbar			
Kaffeehaus			
Biergarten			
Kneipe			

Lösung für 1a: 1B, 2D, 3A, 4C

Kopiervorlage zu Plattform 2, Aufgabe 1

**Expertenblatt: Beraten Sie die anderen Teilnehmerinnen und Teilnehmer beim Wiederholungsspiel.
Die Lösungen helfen Ihnen.**

Team A

1. *Einkaufen im Supermarkt (KB, Kapitel 4, Aufgabe 6a, Nr. 3):* ● Wer kommt dran? …
   <u>Milchprodukte</u>: die Milch, der Käse, der Joghurt, die Butter, die Sahne; <u>Obst</u>: der Apfel, die Banane, die Birne, die Kiwi, die Orange; <u>Gemüse</u>: die Kartoffel, die Tomate, die Gurke, die Zwiebel, der Salat

2. *Im Restaurant bestellen (KB, Kapitel 6, Aufgabe 11):* ● Was möchten Sie …? …
   Ich habe am … Geburtstag.

3. *Sich verabreden (KB, Kapitel 5, Aufgabe 12):* ● Hallo Gabi? Was machst du am Freitag / am 5. Mai? Hast du Zeit? …
   meine Mutter; meinen Vater

4. *Uhrzeit (KB, Kapitel 5, ab Aufgabe 4a):* ● Wie spät ist es? …
   kannst, kann, können, könnt, können

5. *Gespräche beim Essen führen (KB, Kapitel 4, Aufgabe 7):* ● Was essen Sie gern? …
   das Brot, die Brote; die Banane, die Bananen; der Keks, die Kekse

6. *Im Restaurant bezahlen (KB, Kapitel 6, Aufgabe 12b):* ● Kann ich bitte zahlen? …
   z. B. Ich lade meine Freunde ein.

**Expertenblatt: Beraten Sie die anderen Teilnehmerinnen und Teilnehmer beim Wiederholungsspiel.
Die Lösungen helfen Ihnen.**

Team B

1. *Gespräch beim Einkauf führen (KB, Kapitel 4, Aufgabe 6):* ● Bitte? Was möchten Sie? …
   <u>in der Metzgerei</u>: Wurst, Fleisch, Salami, Schinken, Hähnchen; <u>im Supermarkt</u>: Milch, Schokolade, Mineralwasser, Reis, Öl; <u>auf dem Markt</u>: Gemüse, Obst, Käse

2. *Im Restaurant: Der Kellner bringt die Getränke (ÜB, Kapitel 6, Übung 10c):* ● Für wen ist …? …
   Mein Freund / Meine Freundin hat am … Geburtstag.

3. *Uhrzeit (KB, Kapitel 5, ab Aufgabe 4a):* ● Wie viel Uhr ist es? …
   meine; meinen Sohn

4. *Einen Termin telefonisch vereinbaren (KB, Kapitel 5, Aufgabe 13 und 14):* ● Guten Tag, Praxis Dr. Adam, Tina Busch. Was kann ich für Sie tun? …
   willst; will; wollen; wollt; wollen

5. *Einen Einkauf planen (KB, Kapitel 4, Aufgabe 3b):* ● Was brauchen wir denn noch für die Tomatensuppe und den Salat? …
   die Tomate, die Tomaten; das Ei, die Eier; der Apfel, die Äpfel

6. *Im Restaurant bezahlen (Kapitel 6, Aufgabe 12b):* ● Können wir bitte zahlen? …
   z. B. Ich rufe meine Oma an.

Kopiervorlage zu Kapitel 7, Aufgabe 2d

Sie arbeiten zu dritt:
- Eine Person liest ihren Text langsam vor. Die anderen machen Notizen zu Inhalt, Kreativität und Originalität (1. bis 3.).
- Lesen Sie nun gemeinsam den Text Ergänzen Sie Ihre Notizen und machen Sie auch Notizen zur Sprache. (4.)
- Welche Tipps haben Sie für die Person? Was kann man an dem Text besser machen? Notieren Sie Ihre Tipps. (5.)
- Geben Sie dem Autor oder der Autorin vom Text mündlich ein Feedback mit Hilfe der Checkliste.
- Nun ist die nächste Person mit ihrem Text an der Reihe.
- Am Ende bekommt jede/-r die Checklisten zu seinen Texten. Jede/-r schreibt den Text zu Hause noch einmal.

Checkliste für die Schreibkonferenz

Autor/-in vom Text: _____ Thema/Titel _____

Inhalt

1. Verstehen Sie den Text? Welche Informationen bekommen Sie?

   – Wer? _____ – Warum? _____

   – Wo? _____ – … _____

   – Was? _____ – … _____

   – Wann? _____ – … _____

2. Was ist nicht klar? Was möchten Sie fragen?

   _____

   _____

Kreativität und Originalität

3. Das finde ich sehr gut: _____

   _____

   Der Text ist ☐ witzig ☐ spannend ☐ informativ ☐ interessant ☐ originell ☐ _____

Sprache

4. Ist alles richtig? Kontrollieren Sie. Machen Sie bei allen richtigen Themen einen Haken (✓).

☐ Steht das Verb im Hauptsatz auf Position 2?
☐ Steht bei Fragen das Verb oder ein W-Wort auf Position 1?
☐ Hat das Verb die richtige Konjugation?
☐ Stimmt bei trennbaren Verben die Position im Satz (Satzklammer)?
☐ Stimmen die Formen von den Modalverben *müssen*, *können* und *wollen*?
☐ Stimmt bei den Modalverben im Satz die Position (Satzklammer)?
☐ Stehen die Personalpronomen korrekt im Nominativ (*ich*, *du*, …) oder Akkusativ (*mich*, *dich*, …)?
☐ Sind alle Artikel richtig (Nominativ/Akkusativ)?

☐ Sind alle Possessivartikel (*mein*, *dein*, …) richtig (Nominativ/Akkusativ)?
☐ Haben die Nomen die richtige Singular- oder Pluralform?
☐ Steht bei Akkusativ-Verben der Akkusativ?
☐ Sind die Zeitangaben und Datumsangaben richtig (*am*, *um*, *von … bis*)?
☐ Steht nach der Präposition *für* der Akkusativ?
☐ Sind die Verbformen von *haben* und *sein* richtig (auch im Präteritum)?
☐ Gibt es Sätze mit *und*, *oder* oder *aber*?
☐ Steht vor *aber* ein Komma?

Tipps

5. Diese Tipps kann ich geben: _____

_____

Kopiervorlage zu Kapitel 7, Aufgabe 6b

A Mittags im Büro: Erklären Sie sich gegenseitig, wie man das Essen in der Mikrowelle aufwärmen kann. Machen Sie sich Notizen.
Tragen Sie dann die Zahlen in die Zeichnungen ein und vergleichen Sie am Ende mit Ihrem Partner oder Ihrer Partnerin: Ist die Reihenfolge 1–11 richtig?

Beispiel: Ihr Partner B fragt: *Was muss ich zuerst machen?*
Sie antworten: *Sie müssen die Tür öffnen. / Öffnen Sie die Tür.*

1. Die Tür öffnen.
2. Den … _____
3. Die Dose in die Mikrowelle stellen.
4. _____
5. Die Uhr stellen.
6. _____
7. Die Tür öffnen.
8. _____
9. Probieren (Ist das Essen schon warm?).
10. _____
11. Das Essen genießen.

B Mittags im Büro: Erklären Sie sich gegenseitig, wie man das Essen in der Mikrowelle aufwärmen kann. Machen Sie sich Notizen.
Tragen Sie dann die Zahlen in die Zeichnungen ein und vergleichen Sie am Ende mit Ihrem Partner oder Ihrer Partnerin: Ist die Reihenfolge 1–11 richtig?

Beispiel: Sie fragen: *Was muss ich zuerst machen?*
Ihr Partner A antwortet: *Sie müssen die Tür öffnen. / Öffnen Sie die Tür.*

1. Die Tür öffnen.
2. Den Deckel abmachen.
3. _____
4. Die Tür schließen.
5. _____
6. Start drücken
7. _____
8. Das Essen herausnehmen.
9. _____
10. Das Essen auf den Teller geben.
11. _____

Kopiervorlage zu Kapitel 8, Aufgabe 5c–d

Die Sportübung

1 Ordnen Sie die Beschreibungen den Zeichnungen zu.

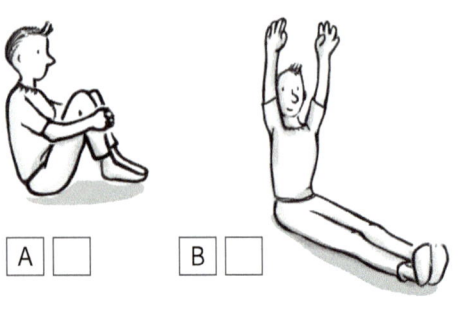
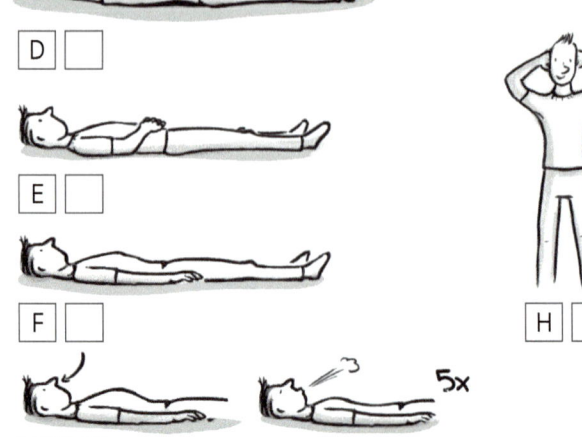

1. Die Hände hinter den Kopf legen

_____

2. Fünfmal langsam ein- und ausatmen

_____

3. Die Füße mit den Händen berühren. Dabei die Beine strecken.

_____

4. Die Hände auf den Bauch legen

_____

5. Die Knie zum Bauch ziehen

_____

6. Auf dem Boden liegen

_____

7. Die Beine auf dem Boden ausstrecken. Die Arme über den Kopf halten.

_____

8. Die Arme und Beine lang ausstrecken.

_____

2 Schreiben Sie alle Übungsteile aus Aufgabe 1 als Anweisungen im Imperativ.

3 Schreiben Sie eine Sportübung mit fünf Teilen. Nennen Sie auch die Position. Die Zeichnungen helfen.

im Stehen   im Sitzen   im Liegen

Lösung für 1: A5, B7, C3, D8, E4, F6, G2, H1

Am Wochenende waren Sie am Strand.
Sie hatten keine Sonnencreme.
Heute haben Sie Kopfschmerzen und
die Haut ist rot und tut sehr weh.

Ihr Knie rechts ist dick und tut schon
seit einer Woche weh. Sie haben auch
Rückenschmerzen.
Letzte Woche waren Sie mit Freunden
Fahrrad fahren, aber normalerweise
treiben Sie keinen Sport.

Sie sind Student/-in und arbeiten viel
am Computer.
Seit 3 Tagen tun Ihre Augen und der
Kopf weh. Sie schlafen schlecht und sind
nervös. Sie haben viele Prüfungen.

Gestern war die Geburtstagsparty von
Ihrer Freundin. Die Cocktails waren
sehr lecker.
Heute haben Sie Kopfschmerzen und
Bauchschmerzen und können sich nicht
konzentrieren.

Gestern war es sehr heiß. Sie waren mit
Freunden in einem Gartenlokal und hatten
ein Sandwich mit Ei.
Seit heute Nacht geht es Ihnen sehr
schlecht. Sie haben immer noch starke
Bauchschmerzen.

Ihre Hand tut sehr weh. Seit 2 Tagen
können Sie die Hand kaum bewegen.
Sie sind Sekretär/-in und müssen jeden
Tag viel schreiben und am Computer mit
der Tastatur arbeiten.

Kopiervorlage zu Kapitel 9, Aufgabe 3d

Sie suchen eine Wohnung:	Sie möchten eine Wohnung vermieten:
Sie sind Student und suchen mit einem Freund eine 2–3-Zimmer-Wohnung, am besten in der Nähe der Uni. Sie möchten maximal 500 Euro bezahlen.	Kleine Wohnung in einem Altbau: 2 Zimmer, nicht renoviert; 4. Stock ohne Aufzug. 5 Minuten zur Uni. 450 Euro.
Sie sind eine junge Familie mit 3 kleinen Kindern und suchen eine 4-Zimmer-Wohnung, ca. 100 Quadratmeter. Ein Garten wäre schön. Maximal 1500 Euro.	Große Wohnung auf dem Land, nicht renoviert, 5 Zimmer mit kleinem Garten. Ideal für Familien. 110 Quadratmeter, 1400 Euro.
Sie sind eine 70-jährige Dame und suchen eine ruhige, kleine Wohnung im Erdgeschoss. Maximale Miete 700 Euro.	Kleine 1-Zimmer-Wohnung im Zentrum. Hell und ruhig mit kleinem Balkon. 40 Quadratmeter, im Erdgeschoss. 680 Euro.
Sie sind ein junger Künstler und suchen eine kleine 1–2-Zimmer-Wohnung. Sie brauchen eine gute Atmosphäre und viel Licht zum Malen. Maximal 1100 Euro.	Modernes Loft, 45 Quadratmeter, sehr hell, große Fenster. Mitten im Zentrum. 3. Stock mit Aufzug. 1000 Euro.
Sie sind ein junges Paar mit Katze und suchen eine 2-Zimmer-Wohnung mit Balkon. Ungefähr 60 Quadratmeter für maximal 700 Euro.	3-Zimmer-Wohnung im 2. Stock, mit kleinem Balkon. Sehr ruhig gelegen. Mit der S-Bahn nur 15 Minuten ins Zentrum. 690 Euro.
Sie sind Erasmus-Student und suchen mit 4 Mitstudenten eine große Wohnung. Maximal 750 Euro.	5-Zimmer-Wohnung, 2 Badezimmer, in Uni-Nähe. 6. Stock ohne Aufzug. 720 Euro.
Sie sind Bankdirektorin und suchen mit Ihrem Mann und ihrer Tochter eine schöne, große Wohnung. Mindestens 150 Quadratmeter für maximal 2000 Euro.	Luxuriöse Wohnung im Bankenviertel: 4-Zimmer-Wohnung mit großer Terrasse, 2 Bäder. Sehr hell und ruhig. 1900 Euro.
Sie möchten mit Ihren 2 Freundinnen zusammenziehen. Sie brauchen mindestens 3 Zimmer und können maximal 900 Euro bezahlen. Sie gehen gerne aus und haben kein Auto.	Schöne Wohnung, im Zentrum. 3 Zimmer, Küche, Bad mit kleinem Balkon. 2. Stock ohne Aufzug. 850 Euro.

Kopiervorlage zu Kapitel 9, Aufgabe 6 (nach ÜB6d)

in den Zoo?	Ich bin müde, ich gehe jetzt	ins Bett.	Wartest du
vor dem Kino?	Der Clown arbeitet	im Zirkus.	Die Studenten sind
in der Universität.	Elisa legt das Buch	auf den Tisch.	Die Lehrerin schreibt das Wort
an die Tafel.	Das Bild hängt	an der Wand.	Stellen Sie bitte die Gläser
in die Küche.	Daniel arbeitet	am Schreibtisch.	Nico hängt das Poster
zwischen die Uhr und das Regal.	Gehen wir heute Abend	ins Kino?	Morgen fliege ich
in die Türkei.	Arbeitest du	über dem Supermarkt?	Wir fahren mit dem Taxi
ins Hotel.	Heute sehen wir einen interessanten Film	im Kino.	Sind meine Schuhe
unter dem Bett?	Er stellt die Flaschen	hinter die Tür.	Die Lampe hängt
über dem Tisch.	Urs lebt	in der Schweiz.	Der Schrank steht
neben dem Sofa.	Die Kinder gehen	in die Schule.	Mein Gemüse kaufe ich
auf dem Markt.	Arbeitest du viel	am Computer?	Gehen wir heute

… Kopiervorlage zu Plattform 3, Aufgabe 1

Expertenblatt

Beraten Sie die anderen Teilnehmerinnen und Teilnehmer beim Wiederholungsspiel. Die Lösungen helfen Ihnen.

1: *Beispiellösung:* Ich öffne die Datei. – Ich speichere die Daten. – Ich kopiere den Text.
2: Aua, mein Fuß / mein Rücken / meine Hand tut weh.
3: *Beispiellösung:* Möchtest du Milch? – Möchtest du Zucker?
4: Steh auf! – Mach mit! – Sei aktiv! – Trink Wasser!
5: *Beispiellösung:* Ich finde das Sofa und den Sessel total schön. – Das Regal gefällt mir nicht so gut. – Ich finde die Stühle echt hässlich.
6: Ich arbeite mit zwei Kollegen. – Ich lerne mit einer Freundin. – Ich telefoniere mit einer Kundin.
7: *von links oben nach rechts unten:* der Altbau – das Reihenhaus – das Hochhaus
8: laut – hell – teuer
9: *langes e:* steht, Weg, leer; *kurzes e:* Person, schnell, der Termin
10: Guten Tag, ich bin krank. Mein Kopf tut weh und ich habe Fieber.
11: im Büro – zur Bank – bei der Chefin
12: *Beispiele:* die Küche – das Badezimmer – das Wohnzimmer – das Schlafzimmer – den Flur – das Kinderzimmer
13: **st**: das Obst, der Samstag, das Fest – **scht**: der Stuhl, die Straße
14: *Beispiele:* Der Herd ist in der Küche. – Das Bett ist im Schlafzimmer. – Die Waschmaschine ist in der Küche / im Badezimmer. – Der Fernseher ist im Wohnzimmer / im Schlafzimmer.
15: *Beispiele:* Wie viel kostet das Zimmer? – Wie groß ist das Zimmer? – Ist das Zimmer hell/ruhig? – Wo ist die Wohnung? – Ist die Wohnung im Zentrum? – Wie viele Leute wohnen in der WG? …
16: *Beispiele:* Tom geht zur Bank. – Er überweist Geld. – Er wartet in der Bank.
17: Wann ist die Besprechung? – Wo ist die Besprechung? – Wie lange dauert die Besprechung?
18: Das Sofa kommt ins Wohnzimmer. – Das Regal kommt in den Flur. – Der Herd kommt in die Küche.
19: Sie steht früh auf und fährt ins Büro. – Sie arbeitet am Computer oder ist in Besprechungen.
20: *von oben links nach unten rechts:* blau – rot – grau – schwarz – braun – grün
21: Zuerst fahre ich den Computer hoch, dann öffne ich ein neues Dokument, dann schreibe ich den Text, danach speichere ich den Text und zum Schluss drucke ich den Text aus.
22: *Beispiellösung:* Ich höre oft deutsche Musik. – Ich sehe manchmal deutsche Filme. – Ich lerne mit Reimwörtern. – …
23: Sie darf nicht Fahrrad fahren. – Sie darf nicht baden. – Sie muss im Bett bleiben und Tee trinken.
24: der Tisch – die Stehlampe – der Stuhl
25: *Beispiellösung:* Das finde ich toll. – Das gefällt mir richtig gut. – Das ist einfach super!
26: *p, t, k:* Patient – Tablette – krank
   b, d, g: Bauch – dann – gehen (auf die richtige Aussprache achten!)
27: Herr Schneider kommt aus dem Büro / vom Chef / aus der Kantine.
28: *Beispiele:* Im Wohnzimmer ist ein Fernseher / ein Sofa / ein Tisch / ein Sessel / ein Regal / ein Schrank / …
29: *Beispiele:* Nimm eine Tablette. – Trink einen Tee. – Mach Atemübungen. – Ruh dich aus. – Schlaf ein bisschen. – …
30: *Beispiele:* Wann beginnt das Fest? – Wo findet das Fest statt? – Soll ich etwas mitbringen? – …
31: *Anrede:* Sehr geehrte/-r Frau/Herr …; Liebe/-r Frau/Herr …; Liebe/-r Katja/Peter
   Gruß: Mit freundlichen Grüßen / Viele Grüße
32: *Beispiellösung:* Mein Lieblingsort ist der Strand, ich bin dort im Sommer. Ich liege gern in der Sonne und gehe baden.
33: Ich soll viel Tee trinken. – Ich soll den Arm wenig bewegen und viel schlafen.
34: Wann fängt das Essen an? – Kann ich etwas mitbringen?
35: *Beispiele:* Schreib den Satz / einen Text / das Wort / …! – Sprich! / Antworte! / Erzähl! – Hör den Text / das Gespräch / das Lied / …! / Hör (gut) zu!

Kopiervorlage zu Kapitel 10, Aufgabe 8b

Knicken Sie die Liste in der Mitte. Arbeiten Sie zu zweit. Sie setzen sich einander gegenüber und nennen abwechselnd zu dem Infinitiv auf Ihrer Seite das Partizip bzw. umgekehrt. Sagen Sie auch, ob das Verb im Perfekt mit *haben* oder *sein* gebildet wird. Der Partner / Die Partnerin kontrolliert jeweils.

Das Partizip II von „reden" ist „geredet" – mit „haben", richtig?

Ja, richtig! Super! Und der Infinitiv von „gefunden haben" ist „finden". Stimmt das?

1. reden	1. geredet (haben)
2. finden	2. gefunden (haben)
3. lernen	3. gelernt (haben)
4. zeigen	4. gezeigt (haben)
5. (sich) treffen	5. (sich) getroffen (haben)
6. bleiben	6. geblieben (sein)
7. trainieren	7. trainiert (haben)
8. geben	8. gegeben (haben)
9. malen	9. gemalt (haben)
10. fahren	10. gefahren (sein)
11. gereist (sein)	11. reisen
12. gelesen (haben)	12. lesen
13. gearbeitet (haben)	13. arbeiten
14. geflogen (sein)	14. fliegen
15. gespielt (haben)	15. spielen
16. gewesen (sein)	16. sein
17. gegangen (sein)	17. gehen
18. geholt (haben)	18. holen
19. passiert (sein)	19. passieren
20. gemacht (haben)	20. machen

Kopiervorlage zu Kapitel 10, Aufgabe 9b

Spielen Sie das Perfektspiel. Würfeln Sie und formulieren Sie eine Frage im Perfekt an einen (du/Sie) oder mehrere Mitspielerinnen und Mitspieler (ihr/Sie). Der/Die Mitspieler/-in antwortet im Perfekt. Korrigieren Sie sich gegenseitig.

Wann bist du / sind Sie zum letzten Mal ins Kino gegangen? – Ich bin gestern ins Kino gegangen. Ich habe „Avengers" gesehen.
Wann seid ihr / sind Sie zum letzten Mal ins Kino gegangen? – Ich bin … – Und ich bin … – Und ich …

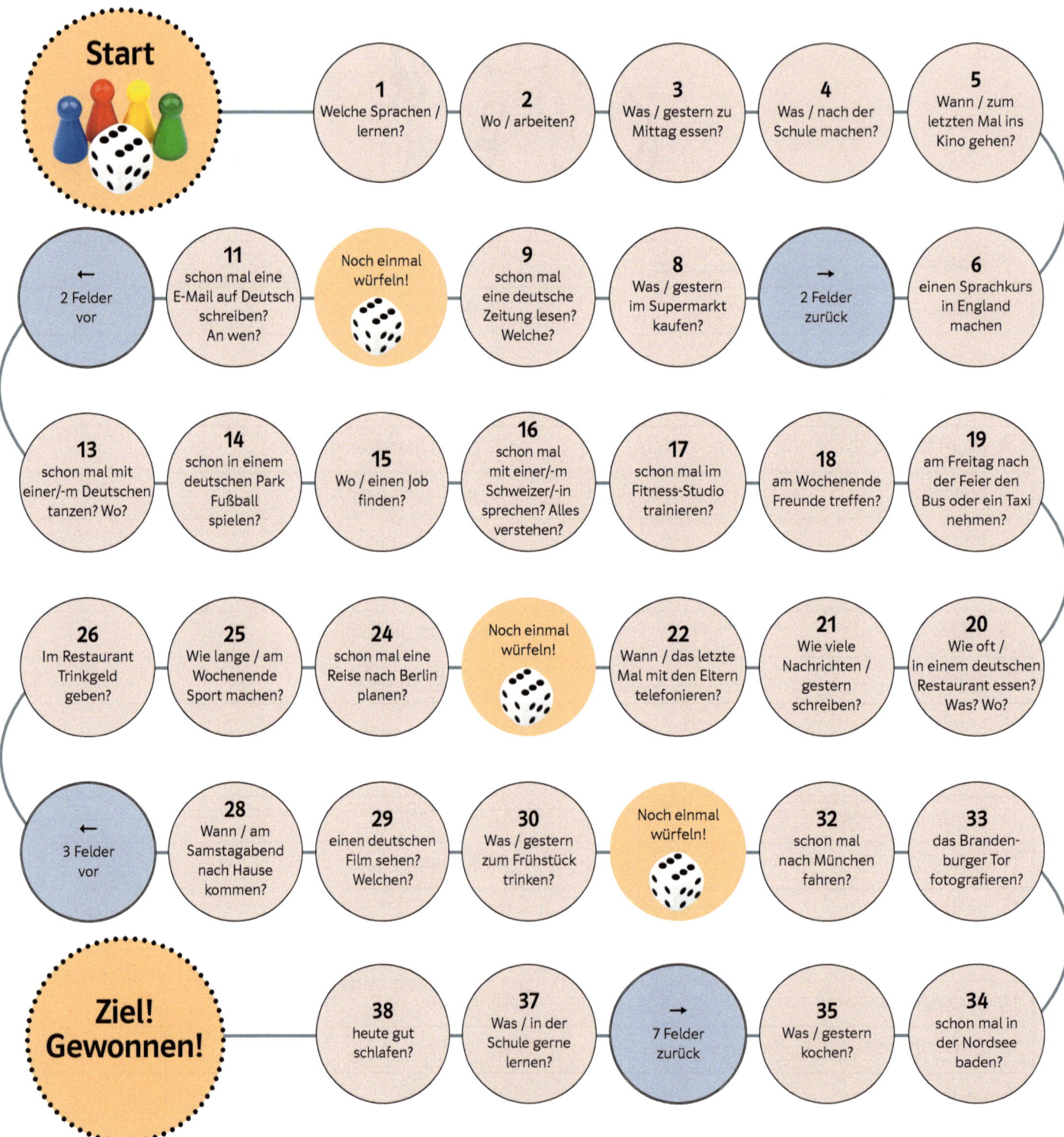

Wörter versenken

„Verstecken" Sie 10 Wörter zum Thema Kleidung horizontal und vertikal in Plan A. Schreiben Sie in jedes Feld einen Buchstaben. Die Wörter dürfen sich auch überschneiden. Versuchen Sie dann die Vokabeln von Ihrem Partner oder Ihrer Partnerin zu finden. Fragen Sie zum Beispiel: *A4?* Hat Ihr Partner oder Ihre Partnerin in diesem Feld keinen Buchstaben, sagt er/sie *Wasser* und darf nun Sie fragen. Hat er/sie einen Buchstaben, muss er/sie diesen nennen und Sie dürfen weiter fragen. Tragen Sie die gefundenen Buchstaben in Plan B ein, bei *Wasser* machen Sie ein Kreuz. Haben Sie oder Ihr Partner/Ihre Partnerin ein Wort komplett gefunden, sagen Sie das Wort und *versenkt*.

Plan A

	A	B	C	D	E	F	G	H	I
1									
2									
3									
4									
5									
6									
7									
8									
9									
10									

Plan B

	A	B	C	D	E	F	G	H	I
1									
2									
3									
4									
5									
6									
7									
8									
9									
10									

Kopiervorlage zu Kapitel 11, Aufgabe 5b

aus	sehen	be	zahlen
um	tauschen	be	stellen
zurück	schicken	emp	fehlen
an	rufen	ver	kaufen
ein	laden	be	suchen
mit	bringen	ge	fallen
weiter	suchen	ver	stehen
ab	holen	er	zählen
vor	stellen	er	klären

Paare finden

Kopiervorlage zu Kapitel 12, Aufgabe 1b

der Regenschirm	die Kamera	die Badehose	die Sonnencreme	die Regenjacke
das Handy	der Reiseführer	das Zelt	die Seife	das Geschirr
der Rucksack	der Badeanzug	die Sonnenbrille	die Tabletten	die Sportschuhe
das Handtuch	die Mütze			

Kopiervorlage zu Kapitel 12, Aufgabe 6a und b

Projekt: Eine Postkarte aus dem Urlaub schreiben

1 Arbeiten Sie in Gruppen. Überlegen Sie gemeinsam: In welcher Stadt möchten Sie gerne ein Wochenende verbringen?

EIN WOCHENENDE IN : _____

2 Recherchieren Sie Informationen zu dieser Stadt. Notieren Sie:

Sehenswürdigkeiten:	typische Restaurants:
Museen:	Aktivitäten für den Abend (Club, Theater, Kino …):

3 Schreiben Sie Ihrem Kursleiter / Ihrer Kursleiterin oder den anderen Kursteilnehmern eine Postkarte aus Ihrer Urlaubsstadt. Verwenden Sie die Redemittel.

Liebe/-r … / Hallo … | Hier ist es (sehr) schön/super/toll, denn … | Gestern haben/sind wir … | Heute haben/sind wir … | Dann/danach/später haben/sind wir … | Am Vormittag/Nachmittag/Abend haben/sind wir … | Morgen … | Viele/Liebe/Herzliche Grüße aus … / Tschüs/Bis bald! Dein(e) …

Kopiervorlage zu Plattform 4

Länder	**Sprachen**	**Hobbys**
• Deutschland • Frankreich • Griechenland • Großbritannien • Österreich • die Schweiz • Schweden	• Arabisch • Chinesisch • Englisch • Japanisch • Polnisch • Russisch • Spanisch	• ins Kino gehen • joggen • kochen • reisen • schwimmen • singen • telefonieren

Wohin geht man am Wochenende?	**Berufe**	**Was ist in der Stadt?**
• ins Café • ins Kino • ins Museum • in den Park • ins Restaurant • ins Schwimmbad • ins Theater	• Arzt/Ärztin • Friseur/-in • Journalist/-in • Kellner/-in • Koch/Köchin • Krankenschwester/-pfleger • Lehrer/-in	• der Bahnhof • der Hafen • das Hotel • die Kirche • der Park • das Rathaus • die Schule

Verkehrsmittel	**Getränke**	**Lebensmittel**
• das Auto • der Bus • das Fahrrad • das Flugzeug • das Schiff • die U-Bahn • der Zug	• der Apfelsaft • das Bier • die Cola • die Milch • der Tee • das Wasser • der Wein	• das Brot • der Fisch • das Fleisch • die Kartoffeln • der Kuchen • das Obst • der Salat

Im Restaurant	**Familie**	**Was ist im Zimmer?**
• die Gabel • der Gast • der/die Kellner/-in • das Messer • die Rechnung • die Speisekarte • das Trinkgeld	• das Baby • die Geschwister • die Großeltern • die Mutter • der Sohn • die Tochter • der Vater	• das Bett • der Fernseher • die Lampe • der Schrank • der Stuhl • der Teppich • der Tisch

Kleidung	**Körperpflege**	**Beim Arzt**
• der Anzug • das Hemd • die Hose • die Jacke • das Kleid • der Rock • der Schal	• die Creme • das Duschgel • der Föhn • die Haarbürste • das Handtuch • der Kamm • die Seife	• das Pflaster • der Saft • die Salbe • die Spritze • die Tablette • die Tropfen • der Verband

Glossar

Hier finden Sie eine alphabetische Zusammenstellung aller → **Verweise** aus den *Erläuterungen zum Unterricht*. Die einzelnen Begriffe werden erklärt und mit praktischen Beispielen für den Einsatz im Unterricht ergänzt.

ABC Das ABC ist eine gute Möglichkeit, um Wortschatz zu sammeln und zu wiederholen. Geben Sie immer ein Thema vor, z. B. *Freizeit, Essen und Trinken, Arbeit* usw. Je 4 TN bekommen ein DIN-A3-Papier und dicke Stifte. Sie schreiben alle Buchstaben des Alphabets untereinander. Zu jedem Buchstaben schreiben sie alle Wörter (Nomen mit Artikel, Verben, Adjektive), die ihnen zum Thema einfallen. Lassen Sie schwierige Wörter illustrieren, damit sich die TN die Wörter besser merken können. Sie können das Alphabet auch in Teilbereiche aufteilen, von jeder Gruppe einen anderen Teilbereich bearbeiten lassen und nach einer bestimmten Zeit die Gruppen rotieren lassen, sodass jede Gruppe einmal etwas zu jedem Teilbereich geschrieben hat.

Artikelspiele

Artikelspiel Je 4–6 TN erstellen eine Liste mit 15–20 Nomen zum aktuellen Kapitelthema. Zu jedem Nomen notieren sie den Artikel. Die gleichen Nomen schreiben sie ohne Artikel auf Kärtchen. Pro Gruppe gibt es einen Experten oder eine Expertin, der/die die Liste mit den Nomen zur Kontrolle bekommt. Die anderen TN ziehen nach und nach je ein Kärtchen, lesen das Nomen vor und nennen den passenden Artikel. Wenn der Artikel richtig war, behält der/die TN das Kärtchen. War er falsch, korrigiert der Experte oder die Expertin mit Hilfe der Liste, das Nomen kommt wieder unter den Stapel. Gewonnen hat, wer am Ende die meisten Nomen hat.

Artikelgymnastik Die TN bilden 3 Gruppen, jede Gruppe bekommt ein Artikelschild. Nennen Sie Nomen ohne Artikel, die jeweilige Gruppe, die den passenden Artikel hat, muss aufstehen. TN, die falsch reagieren, scheiden aus. Welche Gruppe hat am Ende (nach 5 Minuten oder 20 Nomen usw.) noch die meisten Mitspieler? Diese Gruppe hat gewonnen. In sprachlich stärkeren Kursen können Sie auch einen Lückentext (Text ohne Artikel) vorlesen bzw. den unbestimmten Artikel mit einbeziehen.

Aufgaben selbst erstellen Die TN erstellen eine Aufgabe zu einem Text für eine andere Gruppe, sie können wählen zwischen
- einer Richtig-/Falsch-Aufgabe pro Abschnitt
- einer W-Frage pro Abschnitt
- einer Antwort pro Abschnitt, die andere Gruppe muss dazu dann die passende Frage formulieren.

Jede Gruppe schreibt ihre Aufgaben auf je ein Blankokärtchen und die Lösung auf die Rückseite. Dann tauschen die Gruppen ihre erstellten Aufgaben untereinander und bearbeiten sie. Sie kontrollieren selbstständig mit Hilfe der Lösung auf der Rückseite.

Ausstellung Die TN hängen ihre Produkte (Ergebnisse) im Kursraum auf. Alle sehen sich die Produkte der anderen TN an. Verteilen Sie für die Auswertung z. B. 3 farbige Klebepunkte an jede/-n TN. Die TN vergeben ihre 3 Punkte an die Produkte, die ihnen am besten gefallen. Der/Die TN oder die Gruppe mit den meisten Punkten wird mit einem Preis prämiert.
Wenn die TN neben Plakaten auch gegenständliche Ergebnisse einer Gruppenarbeit präsentieren wollen, bieten sich Ausstellungstische an. Jede Gruppe arrangiert ihre Ergebnisse auf einem Tisch, evtl. mit Erklärungen. Während die TN die Ausstellung besuchen, bleibt an jedem Tisch ein Experte oder eine Expertin, der/die kurz die wichtigsten Punkte erklärt und auf Fragen der Besucher antwortet. Der Experte bzw. die Expertin wird immer wieder ausgewechselt, damit alle TN alle Tische ansehen können. Wenn jeweils ein Experte/eine Expertin am Plakat oder Tisch ihr Projekt erläutert, wird diese Methode auch oft als → **Marktplatz** bezeichnet (→ **Präsentation von Ergebnissen**).

Auswendig lernen Der zu memorierende Text (Redemittel, Gedichtzeilen eines kurzen Gedichts, Dialogteile eines kurzen Dialogs) wird für je 4–5 TN in großer Schrift auf 4–5 DIN-A3-Blätter geschrieben, auf jedem Blatt steht z. B. ein anderer Dialogteil, zusammen ergeben sie den gesamten zu memorierenden Text. Die Blätter liegen auf dem Boden im Kreis. Jede/-r TN stellt sich vor ein Blatt. Sie lesen reihum, was auf dem Blatt vor ihnen steht, dann gehen sie ein Blatt weiter und lesen wieder vor, was auf dem Blatt vor ihnen steht, bis alle alles einmal gelesen haben. Dann nehmen die TN das Blatt vor sich, falten es einmal in der Mitte, legen es wieder auf den Boden und gehen einen Schritt weiter. Dann wird wieder vorgelesen, was vor einem auf dem Blatt steht. Dann falten die TN noch einmal das Blatt, das vor ihnen liegt, und machen eine weitere Runde. Je öfter das Blatt gefaltet wird, umso weniger kann man vom Text lesen. Am Ende stellen sich alle auf die Blätter, so dass sie gar nicht mehr sehen, was darauf steht, und sagen auswendig, was auf dem jeweiligen Blatt steht.

Autogrammjagd Dafür schreiben Sie eine Information von jeder/-m TN auf ein DIN-A4-Papier und ziehen dahinter jeweils einen Strich für eine Unterschrift. Kopieren Sie dieses Arbeitsblatt für jede/-n TN. Die TN gehen durch den Raum und fragen die anderen TN, auf wen welche Information zutrifft, und lassen die Person, auf die sie zutrifft, unterschreiben. Wer zuerst zu allen Informationen eine Unterschrift hat, hat gewonnen.

Glossar

Ballrunde Die Ballrunde ist eine Variante der → **Kettenübung**. Während bei der Kettenübung die TN der Reihe nach Sätze bilden / Fragen stellen/beantworten o. Ä., wird bei der Ballrunde der/die nächste TN durch das Zuwerfen eines Balls bestimmt. Die Übung wird dadurch dynamischer, aber auch schwieriger als die Kettenübung, weil die TN nicht wissen, wann sie mit ihrem Beitrag an der Reihe sind.

Begrüßungsrunde Die TN bewegen sich in verschiedenen „Energiestufen" durch den Raum (1 = langsam, Zeitlupe; 10 = sehr schnell). Die TN begrüßen und verabschieden sich in verschiedenen Situationen mit 2–3 Sätzen. Dann sagen Sie eine neue „Energiestufe" an, die TN bewegen sich weiter. Usw. (→ **Lernen mit Bewegung**)

Beruferaten Schreiben Sie verschiedene Berufe auf Kärtchen. Ein TN kommt an die Tafel, zieht einen Beruf und zeichnet diesen. Die anderen raten. Wer richtig geraten hat, bekommt das Kärtchen und ist als Nächste/-r an der Reihe. Der/Die TN, der/die die meisten Berufe erraten hat, gewinnt. Statt mit Zeichnen kann man dieses Spiel auch mit Pantomime spielen.
Auf fortgeschrittenerem Niveau können die TN die Berufe durch Ja-/Nein-Fragen erraten: Wenn sie die Frage einer/-s TN mit *Ja* beantworten, darf er/sie weiterfragen; bei *Nein* ist ein/-e andere/-r TN an der Reihe. Wer den Beruf errät, bekommt das Kärtchen. Die TN können auch unter sich (oder in Gruppen) spielen. Dann denkt sich derjenige, der den letzten Beruf erraten hat, den nächsten aus und antwortet auf die Fragen mit *Ja* oder *Nein*.

Collage Das Erstellen von Collagen ist eine motivierende, kreative Möglichkeit, Informationen zu einem Thema zu sammeln und darzustellen. Eine Collage eignet sich aber auch zur Visualisierung grammatischer Strukturen oder für Wortschatztraining.
Sie brauchen dafür deutschsprachige Zeitschriften und Zeitungen, Scheren, DIN-A3-Papier, Kleber, dicke, bunte Stifte. Die TN arbeiten in KG. Je nach Arbeitsauftrag schneiden sie bestimmte Wörter, Sätze und/oder Fotos aus den Zeitschriften und Zeitungen aus. Dann arrangieren sie alles auf dem Papier und kleben es auf. Ggf. schreiben sie Erklärungen bzw. Kommentare dazu. Danach bietet sich eine → **Ausstellung** bzw. → **Präsentation** im Kurs an.

Diktate Das allseits bekannte Diktat kann durch verschiedene Varianten abwechslungsreicher gemacht werden.

Partnerdiktat Schneiden Sie das Diktat horizontal (als lustige Variante auch mal vertikal) in zwei ungefähr gleich lange Teile. Die TN diktieren sich gegenseitig ihre Hälfte und korrigieren dann gemeinsam.

Rückendiktat Wie das Partnerdiktat, die TN sitzen allerdings Rücken an Rücken. Da der Text so schwerer zu verstehen ist, müssen sich die TN besonders bemühen, klar und deutlich zu sprechen.

Laufdiktat Wie das Partnerdiktat, das Diktat wird aber an einem Ort im Klassenraum befestigt, zu dem die TN einige Schritte laufen müssen. Dadurch können die TN den Text nicht einfach ablesen, sondern müssen sich einzelne (Teil-)Sätze bis zum Diktieren merken.

Domino Je 2–4 TN bekommen ca. 20 Domino-Kärtchen. Jede/-r TN bekommt 3 Kärtchen, die restlichen werden auf einen Stapel in die Mitte gelegt, ein Kärtchen wird aufgedeckt. Ein/-e TN beginnt und versucht eines der eigenen Kärtchen anzulegen. Wer nicht anlegen kann, zieht eines vom Stapel und der/die nächste TN ist dran. Usw. Wer zuerst keine Kärtchen mehr auf der Hand hat, hat gewonnen. Domino eignet sich für das Einüben von Wortschatz (z. B. Wort–Bild, Wort–Definition), Verbformen (z. B. Personalpronomen–Verbform, Infinitiv–Partizip), Sätzen (z. B. Fragen–Antworten) usw. Sprachlich stärkere TN können selbst ein Dominoset erstellen und mit einer anderen Gruppe tauschen. Sie schreiben z. B. auf die eine Seite ein Wort und malen auf die andere Seite ein anderes Wort. Für jedes Wort muss in diesem Fall ein passendes Bild auf einem anderen Kärtchen sein, damit sich der Kreis schließen kann.

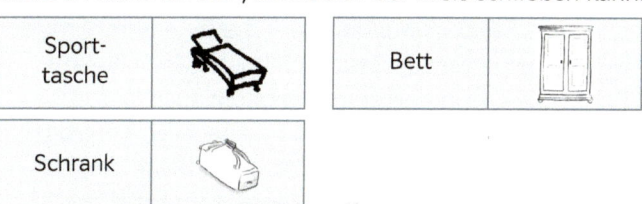

Dreieck der Gemeinsamkeiten Je 3 TN arbeiten gemeinsam. Sie sprechen über ihre Hobbys. Dann zeichnen sie ein Dreieck auf ein DIN-A3-Papier. Jede/-r TN bekommt eine Kante des Dreiecks, er/sie schreibt dort seinen/ihren Namen und Hobbys, die er/sie nur allein hat. In die Mitte schreiben die TN die Hobbys, die sie gemeinsam haben. Anschließend können die Dreiecke im Kurs ausgestellt werden oder jeweils 2 Gruppen stellen sich ihre Dreiecke gegenseitig vor. Diese Aktivität eignet sich für viele verschiedene Themenbereiche, z. B. auch für Essensgewohnheiten, Tagesablauf, Wohnen usw.

Elfchen Ein Elfchen ist ein literarisches „Spiel", ein kurzes Gedicht aus nur 11 Wörtern, die sich über 5 Zeilen verteilen. Für die Lernenden ist es eine kreative Aktivität, bei der sie schnell und einfach zu zahlreichen Themen ein Gedicht schreiben können:

1. Zeile: 1 Wort	*Arbeit*
2. Zeile: 2 Wörter	*Im Büro*
3. Zeile: 3 Wörter	*Spaß mit Kollegen*
4. Zeile: 4 Wörter	*Am Computer sitzen, telefonieren*
5. Zeile: 1 Wort	*Alltag*

Glossar

Feedback Es ist sinnvoll, im Kurs schon früh eine Feedbackkultur zu entwickeln. Das kann gelingen, indem man den TN bei Präsentationen unterschiedliche Beobachtungsaufgaben gibt. Diese können sich auf die Präsentation im Allgemeinen beziehen, z. B.: *Was war gut an dieser Präsentation, was nicht? Was kann man daraus lernen? Was kann man verbessern?* Konkretere Kriterien zur Qualität einer Präsentation können z. B. sein: *Klares Thema? Klare Gliederung und Struktur? Neue, interessante Ergebnisse? Auf Publikum geachtet? Blickkontakt? Abgewartet und in Ruhe eröffnet? Klar, deutlich, frei, angemessenes Tempo? Atmosphäre während der Präsentation: motivierend, entspannt, …?*
Sprachliche Beobachtungsaufgaben können z. B. folgende Bereiche beinhalten: Aussprache, Wortschatz (Fachbegriffe, treffende Wortwahl, …), Grammatik (Verbposition, Korrektheit eines bestimmten Grammatikphänomens, das gerade behandelt wurde, Satzbau, …), Verständlichkeit usw. Sie können die Art der Beobachtungsaufgaben mischen oder den Schwerpunkt auf einen Bereich (inhaltliche Gestaltung der Präsentation, Vortrag, sprachliche Korrektheit o. Ä.) setzen.
Mehrere TN sollten zusammen eine Beobachtungsaufgabe übernehmen. Nach der Präsentation machen Sie eine kurze Feedbackrunde, in der die TN zu ihrer Fragestellung berichten. In sprachlich homogenen Kursen können Sie das in den ersten Kapiteln auch in der Muttersprache machen lassen. In sprachlich heterogenen Kursen sollten die Fragen so einfach wie möglich formuliert werden und ggf. anfangs auch mögliche Antworten vorgegeben werden.

Fliegende Wörter Legen Sie ein DIN-A4-Papier quer und schneiden Sie es einmal längs in der Mitte durch. Sie oder die TN schreiben Wörter mit sehr großen Buchstaben darauf, lassen aber zum Beispiel alle Vokale oder einige Konsonanten weg. Je 4 TN spielen zusammen. Ein/-e TN beginnt und lässt seine/ihre einzelne Wortkarte fliegen, d. h. er/sie nimmt sie in beide Hände und schwenkt sie vor den anderen TN hin- und her. Diese raten nun, um welches Wort es sich handelt. Dann ist der/die nächste TN dran. (→ **Wortschatzspiele**)

Heißer Stuhl Diese Aktivität eignet sich ab Kapitel 7. Geben Sie allen TN einen Ausgangstext, ein Ausgangsfoto oder eine Ausgangssituation, die zu Ihrem aktuellen Kapitel passt. Wählen Sie 1–2 TN, die von den anderen auf dem *heißen Stuhl* befragt werden. Erstellen Sie für die TN, die befragt werden, passend zum Ausgangsmaterial ein Arbeitsblatt mit Fragen zu ihrer Rolle (*Wie alt bin ich? Wo wohne ich? Was bin ich von Beruf? Wie fühle ich mich gerade? …*). Die TN bereiten sich anhand des Fragebogens auf ihre Rolle vor. (In sprachlich stärkeren Gruppen können die TN sich auch selbst auf die Rolle vorbereiten.) Die anderen TN arbeiten in Gruppen von 3–4 TN und bereiten Fragen an die zu befragende Person vor. (Sie können die Gruppen auch beauftragen, ihrerseits eine Rolle zu übernehmen und die Fragen z. B. als Freunde, als Eltern, als Chef, als Journalist usw. zu stellen.) Dann beginnt *Der heiße Stuhl*. Die TN setzen sich in einen Halbkreis, der/die TN, der/die sich in die Rolle eingefühlt hat, setzt sich auf den *heißen Stuhl* vor die Gruppe. Die anderen dürfen ihn/sie mit Fragen bombardieren. Er/Sie antwortet.

Kettenübung Diese Übungsform eignet sich besonders für das Automatisieren fester Strukturen. Die TN stellen sich im Kreis auf und fragen/antworten der Reihe nach. Beispiel: TN 1: *Was hast du gestern gemacht?* – TN 2: *Ich habe gearbeitet und du, was hast du gestern gemacht?* – TN 3: *Ich habe ein Buch gelesen und du, …*

Kooperatives Lesen Beim kooperativen Lesen bearbeiten die TN in KG einen Text. Je 2–3 TN lesen ihren Text oder Textteil, erarbeiten gemeinsam den Inhalt und fassen ihn in der Gruppe zusammen. Dann werden neue Gruppen gebildet, in denen aus jeder vorigen Gruppe mindestens ein/-e TN ist. Jede/-r TN erzählt nun der neuen Gruppe den Inhalt seines/ihres Textes oder Textteils, damit alle über alles informiert sind. Ermitteln Sie am Ende z. B. mit einem Quiz zu allen Texten (oder dem gesamten Text), inwieweit alle wichtigen Informationen vermittelt und verstanden wurden. Oder die TN lösen jetzt die KB-Aufgaben zum Text. Bei längeren Texten können Sie verschiedene Aufgaben in die Gruppen geben. Unterteilen Sie den Text in ähnlich lange Abschnitte. Der/Die erste TN fasst z. B. den Inhalt des Abschnitts zusammen, der/die zweite erarbeitet die grammatischen Strukturen, der/die dritte klärt neuen Wortschatz o. Ä. Nach jedem Abschnitt geben die TN ihre Aufgabe innerhalb ihrer Gruppe weiter. Nachdem sie so den gesamten Text bearbeitet haben, lösen sie die KB-Aufgaben zum Text.

Kursspaziergang Beim Kursspaziergang geht es darum, mit wechselnden Partner/-innen kurze Gespräche zu führen oder gemeinsam eine Aufgabe zu lösen. Jede/-r TN bekommt anfangs ein Kärtchen, z. B. mit einer Frage. Dann gehen alle TN durch den Kursraum und treffen sich mit einer Person. Mit dieser Person sprechen sie über ihre eigene Frage und die ihres Gegenübers. Wenn sie fertig sind, tauschen sie die Karten und gehen zur nächsten Person. Das kann man beliebig oft wiederholen. Statt mit Fragen können Sie auch Kärtchen mit einzelnen Aufgaben oder Lückensätzen erstellen. Die Lösung sollte auf der Rückseite der Kärtchen stehen, damit die TN sich selbst korrigieren können.

Glossar

Lebendige Sätze Diese Aktivität eignet sich gut zur Bewusstmachung von Satzstrukturen wie Verbposition, Satzklammer und Nebensätze. Sie brauchen so viele Karten, wie es Satzteile und Satzzeichen gibt. Schreiben Sie die Satzteile und Satzzeichen auf einzelne Karten. Bei den Sätzen *Woher kommst du? Ich komme aus Helsinki.* sieht es folgendermaßen aus:

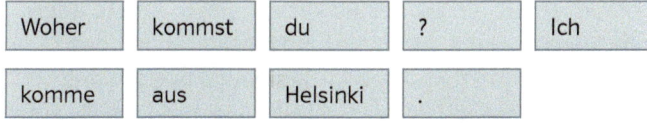

Dann bitten Sie (hier:) 9 TN nach vorne zu kommen und geben jeder/-m eine Karte. Die anderen TN positionieren die 9 TN so, dass es einen grammatikalisch richtigen Satz ergibt. Dann thematisieren Sie, was von besonderem Interesse ist (hier: die Position 2 des Verbs). Alternativ können sich auch zuerst die TN mit Kärtchen positionieren. Die anderen TN sagen, ob es so richtig ist. Sie können die Sätze, wenn es passt, auch auf verschiedene Weise umstellen lassen, um den TN bestimmte Gesetzmäßigkeiten klarzumachen (z. B. dass auf Position 1 vieles stehen kann, das Verb aber auf Position 2 bleibt).

Lernen mit Bewegung Erfolgreiches Lernen heißt, Wissen so zu verknüpfen, dass es im Gehirn verankert wird. Das kann bei Wortschatz z. B. über klanglich ähnliche Wörter oder „Eselsbrücken" geschehen. Eine besondere Art der Verknüpfung erfolgt über (körperliche) Bewegung. Sie kann auch auf dem Prinzip der Ähnlichkeit beruhen; beim Luftballonspiel steht z. B. die langsame Flugkurve des Luftballons für die langen Vokale, der schnelle kleine Ball hingegen für die kurzen Vokale. Oder die Bewegung steht für sich und rhythmisiert das Lernen. In beiden Fällen entsteht ein zusätzlicher Anknüpfungspunkt für (neues) Wissen.

- → Begrüßungsrunde
- → Lebendiger Satz
- → Luftballonspiel
- → Sprechmühle
- → Wortschatz in (zwei) Kreisläufen

Lernplakat Nach der Erarbeitung von grammatischen Regeln oder dem Erstellen einer Wortfamilie / eines Wortfeldes können die TN Lernplakate gestalten, die im Kursraum aufgehängt und immer wieder als „Spickzettel" verwendet werden können.
Ein Lernplakat sollte klar und übersichtlich gestaltet werden und nicht zu viele Informationen auf einmal enthalten (nur das Wesentliche). Es geht um eine Visualisierung von Inhalten mit Hilfe von eindeutigen Symbolen, Zeichnungen und/oder farbiger Gestaltung; Erklärtext sollte nur sparsam eingesetzt werden.
Sie brauchen dafür DIN-A3-Papier und dicke, bunte Stifte. Die TN arbeiten in KG. Anfangs sollten Sie ggf. zuvor grob den Inhalt des Lernplakates besprechen (was ist der wichtigste Punkt, was gehört unbedingt dazu?), um den Blick der TN für das Wesentliche zu schärfen.

Luftballonspiel Die TN sammeln Wörter mit langen und kurzen Vokalen und schreiben sie in 2 Gruppen sortiert an die Tafel. Alle TN stellen sich im Kreis auf. Sie werfen sich einen Luftballon oder einen Ball zu und sagen dabei gleichzeitig ein Wort. Mit dem Luftballon, der langsam fliegt, sagen die TN Wörter mit einem langen Vokal. Mit dem Ball, der schnell fliegt, sagen sie Wörter mit kurzem Vokal. So bekommen sie die Länge der Vokale auf andere Weise verdeutlicht.

Memo-Wortschatztraining Schreiben Sie 15–20 Nomen auf einzelne blaue, grüne und rote Karten (je nach Artikel). Erklären Sie den TN, dass es darum geht, so viele Wörter wie möglich im Gedächtnis zu behalten. Je 2 TN arbeiten zusammen. Sie schätzen zu zweit, wie viel sie im Gedächtnis behalten können. Zeigen Sie dann nach und nach die einzelnen Wortkarten. Die TN lesen die Wörter und versuchen sie sich zu merken. Wenn alle Wörter einmal gezeigt wurden, schreibt jede/-r TN die Wörter auf, an die er/sie sich erinnert. Dann vergleichen die Paare, wie viele Wörter sie gemeinsam notiert haben. Das Paar mit den meisten Wörtern liest seine Wörter zur Kontrolle vor. Die anderen kontrollieren. Am Ende zeigen Sie noch einmal alle Karten. Das Paar, das am nächsten an sein gestecktes Ziel gekommen ist, gewinnt. Dieses Wortschatztraining eignet sich besonders für in sich geschlossene Themenbereiche wie *Essen und Trinken*, *Freizeit*, *Berufe* usw.

Montagsmaler Bereiten Sie kleine Zettel mit Begriffen vor. Als Ratebegriffe eignen sich besonders Gegenstände oder Personen, aber auch einfache Verben oder feste Wendungen. Die TN bilden 2 Gruppen. Ein/-e TN aus Gruppe A zieht einen Begriff und malt ihn an die Tafel. Gruppe B hat jetzt eine Minute Zeit, um den Begriff zu erraten, indem die TN Wörter laut hinausrufen. Wenn Gruppe B den Begriff (innerhalb der Zeit) errät, bekommt sie einen Punkt und ein/-e TN der Gruppe B darf den nächsten Begriff zeichnen. Andernfalls nennt Gruppe A die Lösung und zeichnet einen weiteren Begriff. Die Gruppe mit den meisten Punkten hat am Ende gewonnen. (→ **Wortschatzspiele**)

Paare finden Je 2–4 TN spielen mit ca. 20 Kärtchen. Immer 2 Kärtchen bilden ein Paar. Die TN mischen und legen alle Kärtchen verdeckt auf den Tisch. Ein/-e TN beginnt und deckt nacheinander 2 Kärtchen auf. Passen sie zusammen, behält er/sie sie und darf noch einmal spielen. Passen sie nicht, dreht er/sie sie wieder um und der/die nächste TN ist dran. Wer am Ende die meisten Paare hat, gewinnt.
„Paare finden" eignet sich für das Einüben von Wortschatz (z. B. Wort–Bild, Land–Sprache, Gegensatzpaare),

Glossar

Verbformen (z. B. Infinitiv-Verbform), Sätzen (z. B. Fragen-Antworten) usw.

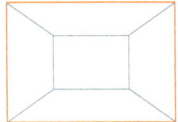

Platzdeckchen Alle S notieren in Vierer-KG auf einem in der Mitte liegenden, segmentierten Papier ca. 5 bis 7 Minuten lang gleichzeitig in ihr jeweiliges Segment die Sätze oder einen kleinen Text zum genannten Thema. Danach wird das „Platzdeckchen" dreimal gedreht und alle Sätze/Texte werden von den anderen gelesen (und hier noch einmal laut formuliert). Alle Gemeinsamkeiten werden in der Mitte notiert. Im Anschluss daran tauschen sich zwei Gruppen miteinander über die gemeinsamen Informationen ihrer Gruppe in der Mitte aus.

Präsentation von Ergebnissen

→ **Ausstellung**

Folie Wenn Ihnen ein Tageslichtprojektor zur Verfügung steht, können Sie bei Gruppenarbeiten den TN Folien geben, damit sie dort ihre Ergebnisse in Stichpunkten notieren und dann mit Hilfe der Folie im Kurs vorstellen.

Marktplatz Gehen Sie vor wie bei der → **Ausstellung** mit Ausstellungstischen, auf denen jede Gruppe ihre Ergebnisse wie an einem Marktstand darbietet. Hinter jedem Tisch steht ein Mitglied der Gruppe, um das Produkt vorzustellen und ggf. auf Fragen der Marktbesucher zu antworten. Dabei wechseln sich die Mitglieder der Gruppe ab. Wer gerade nicht den eigenen Marktstand betreut, besucht die anderen Stände auf dem „Markt".

Poster/Plakat Ein Poster/Plakat ist ein kreatives Medium, das die Lernenden besonders gut zur Präsentation von Gruppenarbeiten, aber auch zur Unterstützung von Vorträgen einsetzen können. Poster/Plakate sollten möglichst groß, DIN-A3 oder größer, sein. Sie stellen im Allgemeinen ein klar umrissenes Thema dar (Überschrift des Posters/Plakats), der Schwerpunkt liegt auf visuellen Elementen (Bilder, Fotos) → **Collage**.

Power-Point Wenn Ihre TN diese Präsentationsform wünschen, legen Sie vorab die Anzahl der Folien (und die Dauer der Präsentation) fest. Überlegen Sie gemeinsam, wie eine „gute" Folie aussieht (Textmenge, Schriftgröße).

Wandzeitung Die Wandzeitung ist eine informative, detailliert gestaltete Präsentationsform von Arbeitsergebnissen. Legen Sie gemeinsam mit den TN das Thema und die Ziele der Wandzeitung fest: *Was soll die Wandzeitung zeigen? Wollen wir informieren, Meinungen darstellen oder ein Projekt vorstellen?* Die TN sammeln zum Thema aussagekräftige Fotos, Zeitungsausschnitte, Zeichnungen und andere Visualisierungen (Grafiken) und schreiben kurze eigene Texte dazu (auch Bildunterschriften oder Überschriften zu Unterthemen). Wichtig ist, dass die Textmenge nicht zu umfangreich und die Schriftgröße ausreichend ist, damit die Wandzeitung auch aus einer gewissen Entfernung lesbar ist. Die Struktur der Zeitung sollte zuerst auf einem DIN-A4-Blatt geplant werden, auch eine passende klare Überschrift müssen die TN finden. Für die Gestaltung brauchen Sie ein großes Plakat, ein Stück Tapete oder Packpapier. Dann legen die TN ihr Material auf das Papier auf und testen, ob ihr Plan auch optisch gut zusammenpasst. Bei der Gestaltung sollten die TN auf Schriftgröße, Schriftfarbe, ein ausgewogenes Verhältnis von Text und Bildern sowie auf eine logische Gliederung achten. Danach kleben sie die Materialien auf und hängen sie im Raum auf.

→ **Wirbelgruppen**

Rechts-Links-Dialog Die TN schreiben den ersten Satz eines Dialogs auf ein Blatt Papier und geben das Blatt dann an die rechts von ihnen sitzende oder stehende Person weiter. Diese/-r TN reagiert auf den ersten Satz mit einer Antwort und gibt das Blatt zurück. Auf diese Weise entstehen gleichzeitig 2 Dialoge, in denen jede/-r TN sowohl in Rolle A als auch in Rolle B schlüpft.

Schreiben in Gruppen Die TN arbeiten in Gruppen mit 3–4 Personen. Zuerst macht sich jede/-r TN individuell Gedanken und Notizen zur Aufgabenstellung. Sie befüllen ein → **Platzdeckchen**. Dann tauschen sich die TN über ihre Notizen aus. Nun schreiben die TN gemeinsam mit Hilfe ihrer Notizen einen Text. Am Ende können sie eine → **Schreibkonferenz** machen und/oder den Text mit Hilfe der Checkliste auf der Kopiervorlage zu Kapitel 7, Aufgabe 2d, überarbeiten.

Schreibaufgaben auswerten

Fehlerauktion: Sie erstellen ein Arbeitsblatt, auf dem Sie sprachlich korrekte und falsche Sätze aus den Texten der S mischen. Es darf dabei äußerlich nicht erkennbar sein, welche Sätze richtig bzw. falsch sind. Erstellen Sie Spielgeld, indem sie auf so viele Zettel immer je *100 Euro* schreiben, dass alle TN/KG 1000 Euro bekommen können. Die TN versuchen nun in EA oder in KG, die richtigen Sätze zu „ersteigern", indem sie das Spielgeld bieten. Geboten wird immer in 100er-Schritten. Erst wenn alle Sätze versteigert wurden, klären Sie im PL, welche Sätze falsch waren. Diese Sätze werden im PL korrigiert. Es gewinnt die Gruppe, die die meisten richtigen Sätze ersteigert hat. Für eine Fehlerauktion können auch die TN selbst die Sätze schreiben.

Findet den Fehler Suchen Sie aus den Schreibtexten der TN 10 Sätze mit a) typischen Fehlern (z. B. Verbposition im Haupt- und Nebensatz, Konjugation) oder b)

Glossar

Fehlern im Bereich des aktuellen Grammatik- und/oder Wortschatzschwerpunkts heraus. Schreiben Sie diese als Sammlung zusammen. Geben Sie je 2–3 TN eine Kopie dieser Fehlersammlung. Sagen Sie den TN, wie viele Fehler in diesen Sätzen insgesamt zu finden sind und ob es einen Fehlerschwerpunkt gibt. Dann korrigieren die TN die Fehler zunächst in Gruppen. Anschließend vergleichen Sie die korrigierten Sätze im Plenum.
Sie können auch so vorgehen: Je 3–4 TN arbeiten zusammen. Projizieren Sie den ersten Satz an die Wand. Die Gruppen korrigieren den Fehler und melden sich, wenn sie fertig sind. Die Gruppe, die zuerst fertig ist, liest den korrigierten Satz vor. Die anderen Gruppen vergleichen, ob dieser richtig korrigiert wurde.
Die Gruppe, die den Satz zuerst richtig korrigiert hat, bekommt einen Punkt. Dann projizieren Sie den nächsten Satz usw. Die Gruppe mit den meisten Punkten gewinnt und bekommt am Ende einen kleinen Preis.

Individuelle Fehlerkorrektur Markieren Sie in den Schreibtexten der TN die Fehler, korrigieren Sie sie aber nicht. Schreiben Sie an den Rand, was für ein Fehler (Verbposition, Numerus, Kasus, Konjugation, etc.) es ist. Geben Sie den TN ihre Texte zuück. Die TN schreiben ihren Text noch einmal, korrigieren dabei ihre Fehler und geben dann ihren korrigierten Text noch einmal ab. Eine Variante wäre hier, dass je zwei TN ihre Texte gemeinsam im Kurs korrigieren und dann noch einmal abgeben.

Schreibkonferenz In einer Schreibkonferenz überarbeiten Lernende ihre Texte kooperativ und verbessern diese. Je drei TN arbeiten zusammen. Jede/-r TN bekommt zwei Kopien der KV Kapitel 7, 2d. Gehen Sie mit den TN die Checkliste (Inhalt, Kreativität und Originalität, Sprache und Tipps) auf der KV durch, um das Verständnis zu sichern. Nun analysieren die TN nach und nach ihre Texte. Ein/-e TN beginnt und liest langsam seinen/ihren Text vor, die anderen beiden TN machen Notizen auf der KV zu den Aspekten Inhalt, Kreativität und Originalität. Sie geben dem/der Autor/-in anschließend direkt Rückmeldung. Danach lesen die TN den Text noch einmal gemeinsam und ergänzen die Checkliste zur Sprache. Dann überlegt jede/-r welche Tipps er/sie dem/der Autor/-in geben möchte, um den Text zu verbessern. Am Ende bekommt jede/-r Autor/-in die Notizen zu seinem/ihrem Text und überarbeitet ihn zu Hause mit Hilfe der Checkliste. Geben Sie den TN den Tipp, dass sie die Checkliste in Zukunft zu Rate ziehen, wenn sie einen Text schreiben, und sie auch beim Korrekturlesen benutzen, um systematisch eigene Fehler zu finden und zu korrigieren.

Sprechmühle Teilen Sie den Kurs in 2 Gruppen. Gruppe 1 bildet einen Kreis und schaut nach außen. Gruppe 2 bildet um Gruppe 1 herum einen Kreis und blickt nach innen, so dass sich immer 2 Personen gegenüberstehen. Spielen Sie Musik ab, der Außenkreis bewegt sich im Uhrzeigersinn, der Innenkreis bleibt stehen. Wenn die Musik stoppt, geben Sie eine Frage oder einen Arbeitsauftrag in die Sprechmühle. Je 2 gegenüberstehende TN sprechen über die Frage oder den Arbeitsauftrag. Wenn sie fertig sind, geht der Außenkreis im Uhrzeigersinn um 1, 2 oder 3 Personen weiter. Sie stellen nun eine neue Frage / einen neuen Arbeitsauftrag. Usw.

Tipps zum freien Sprechen

Dialoge

Freies Sprechen von KB-Dialogen üben Gehen Sie schrittweise vor: Lesen Sie die einzelnen Rollen zuerst einmal langsam vor. Betonen Sie besonders den Satzakzent und die Satzmelodie, unterstreichen Sie sie auch gestisch mit der Hand. Dann lassen Sie verschiedene TN nachsprechen und dabei Gestik und Mimik einsetzen und Blickkontakt miteinander aufnehmen. Übernehmen Sie dann eine Rolle, ein/-e TN übernimmt die andere. Spielen Sie den Dialog exemplarisch vor. Achten Sie dabei unbedingt immer auf Gestik, Mimik, Blickkontakt sowie klare, deutliche Aussprache und Intonation. Danach üben die TN die Dialoge zu zweit oder in Gruppen. Ermuntern Sie sie zu übertreiben, ein bisschen Theater zu spielen. Die einzelnen Gruppen stellen dann ihre Dialoge im Kurs vor. Die anderen TN geben → **Feedback** zu Gestik, Mimik, Blickkontakt, Aussprache und Intonation.

Rollenspiel mit Souffleur Zu viert erarbeiten die TN einen Dialog / ein Rollenspiel. Beim Vorspielen stehen immer 2 TN hintereinander. Der/Die hintere TN liest dem/der vorderen den Satz ins Ohr. Dieser sagt ihn laut mit der entsprechenden Betonung.

Sprechen wie ein … Die TN bekommen ein Kärtchen mit einem einfachen Satz aus dem aktuellen Kapitel. Sie lernen diesen Satz auswendig. Dann geben Sie ihnen vor, wie sie diesen Satz sprechen sollen, z. B. wie ein Pfarrer, ein Opa, ein Lehrer, ein Arzt, ein General, ein Baby, eine Sängerin … Der Fantasie sind hier keine Grenzen gesetzt. Wichtig ist, dass die TN so viele verschiedene Rollen wie möglich einnehmen und mit ihrer Stimme und ihrem Körper die Rolle ausfüllen. Wichtig ist auch hier, dass die TN sich gegenseitig → **Feedback** geben. Sie können diese Aktivität auch mit ganzen KB-Dialogen einsetzen.

Zick-Zack-Dialog Diese Aktivität dient als Vorbereitung für das freie Sprechen von Dialogen. Der Ausgangspunkt für diese Aktivität ist ein Konfliktfoto oder ein Konflikttext mit 2 Personen. Außerdem bietet sie sich zu ausgewählten Szenen des Films an. Teilen Sie den Kurs in 2 Gruppen, jede Gruppe schreibt Sätze zu „ihrer"

Glossar

Person auf, die diese sagen könnte. Die beiden Gruppen stellen sich in 2 Reihen gegenüber und lesen im Zick-Zack die Sätze, so wie sie sie aufgeschrieben haben, ohne zu überlegen, ob es passt. Dabei entstehen oft sehr komische Dialoge, die Sätze passen aber auch oft zueinander durch das gemeinsame Thema. Die TN können durch das Ablesen auf die Intonation achten.

Präsentationen
5 Regeln für eine gute Präsentation
1. Bereiten Sie sich inhaltlich gut vor. Das gibt Ihnen Sicherheit.
2. Machen Sie sich Notizen in Stichpunkten für den Vortrag. Auch wenn Sie die Präsentation einmal ganz ausformulieren (und aufschreiben), sollten Sie beim Vortrag nur auf Stichpunkte zurückgreifen.
3. Versuchen Sie, möglichst frei zu sprechen. Dann stimmt die Sprechgeschwindigkeit (eher langsam) und Sie achten mehr auf Aussprache und Intonation.
4. Sorgen Sie für Aufmerksamkeit. Sprechen Sie Ihre Zuhörer direkt an oder beziehen Sie sie durch Fragen ein.
5. Machen Sie deutlich, was die wichtigen Infos sind, die die Zuhörer ggf. mitnotieren sollten.

Präsentationstraining Richtiges Stehen, Blickkontakt, Gestik und Mimik sind wichtige Faktoren, die TN bewusst einsetzen sollten, um die Angst vor dem freien Sprechen zu verlieren.

Richtiges Stehen Sensibilisieren Sie Ihre TN für Stand, Körperhaltung, Gewichtsverlagerung und die Haltung der Hände und des Kopfes. Stellen Sie sich gemeinsam mit den TN in einem Kreis auf. Alle haben die Beine durchgestreckt und leicht geöffnet; die Füße stehen parallel und fest auf dem Boden. Der Rücken ist durchgestreckt, die Arme sind angewinkelt, die Hände – so sie nicht auf etwas zeigen oder etwas halten – liegen ineinander, Handflächen nach oben (das signalisiert Offenheit und Ehrlichkeit). Nehmen Sie als Kontrast gegensätzliche Haltungen ein, Sie können auch die TN eine Haltung vorgeben lassen. Wichtig dabei ist, dass sie abwechselnd die „richtige" Haltung und dann wieder eine „falsche" Haltung einnehmen, um sich des Unterschieds bewusst zu werden.

Aufmerksamkeit – Blickkontakt Jede/-r TN bekommt ein leeres Kärtchen. Einzeln treten die TN vor die Gruppe. Sie blicken konzentriert einmal von links nach rechts durch die ganze Gruppe, sagen dann zum Abschluss *Vielen Dank* oder *Danke schön* o. Ä. Dann applaudiert die Gruppe und der/die TN nimmt wieder Platz. Die anderen TN geben → Feedback im Kurs.

„Ich kann reden" Jede/-r TN bekommt ein Kärtchen mit einem einfachen, sehr kurzen Text, in dem kein neuer Wortschatz vorkommen darf. Jede/-r TN tritt mit der Karte vor den Kurs. Er/Sie trägt den Text laut, deutlich und ohne Eile vor. Die Pausen nimmt er/sie bewusst war, er/sie schaut zwischendurch die Zuhörer an, hält die Karte mit einer Hand, nicht zu hoch. Er probiert das richtige Stehen und den Blickkontakt aus den vorherigen Übungen aus.

3-A-Technik: Aufnehmen – Aufschauen – Aussprechen Bereiten Sie für jede/-n TN eine Karte mit einem Satz vor (z. B. *Ich spreche langsam.; Ich mache kurze Sätze.; Ich mache Pausen.* usw. oder Sie nehmen einfachere, bekannte Sätze aus dem Kursbuch). Je 4–6 TN arbeiten in Gruppen. Geben Sie jeder/-m TN ein Kärtchen. Zuerst lesen die TN ihren Satz. Dann macht jede/-r TN die Übung: Zuerst stellt er/sie sich vor die Gruppe, dann stellt er/sie sich bewusst richtig hin, schaut auf und nimmt so Blickkontakt auf, danach spricht er/sie ganz bewusst den Satz aus, der auf dem Kärtchen steht. Ein/-e TN der Gruppe wird damit beauftragt, sofort *Stopp* zu sagen, sobald der/die Vortragende den Blickkontakt zum Publikum nicht hält, sondern auf das Kärtchen oder an die Wand sieht. Der/Die Vortragende bedankt sich bei der Gruppe und bekommt Applaus. Danach bekommt er/sie → Feedback zu seiner/ihrer Haltung, zum Blickkontakt, zur Gestik und Mimik und Aussprache.

Tipps zum Vorlesen
5 Regeln zum guten Vorlesen
1. Beginnen Sie nicht sofort mit dem Lesen. Warten Sie ab, bis das Publikum aufmerksam ist.
2. Versuchen Sie, laut, deutlich und mit klarer, fester Stimme zu lesen. Sprechen Sie eher zu langsam als zu schnell.
3. Variieren Sie Ihre Stimme, planen Sie Redepausen ein.
4. Suchen Sie immer wieder Blickkontakt.
5. Sehen Sie die Zuhörer an und versuchen Sie festzustellen, wie Ihr Vorlesen auf die Zuhörer gewirkt hat.

Korkensprechen mit Aufnehmen Sie brauchen für jede/-n TN einen Korken und ein Aufnahmegerät oder ein Handy mit Aufnahmefunktion für je 2–3 TN. Die TN wählen einen kurzen Text, z. B. aus dem aktuellen Kapitel. Eine Person beginnt, liest den Text einmal normal vor und nimmt den Text auf. Dann hört sie sich die Aufnahme an und überlegt mit den anderen, wo sie sich noch verbessern kann. Dann nimmt sie einen Korken zwischen die Zähne und liest ihren Text vor, sie wird wieder aufgenommen. Danach liest sie ihn noch einmal ohne Korken vor und wird ebenfalls aufgenommen. Dann hören die TN sich die 3 Aufnahmen an und vergleichen sie. Danach ist der/die nächste TN an der Reihe.

Szenisches Lesen Je 3 TN arbeiten zusammen. Ein/-e TN jeder Gruppe ist der/die Regisseur/-in. Sagen Sie den

Glossar

TN, welchen Dialog/Text aus dem Kursbuch sie lesen können, lassen Sie einen Dialog/Text auswählen oder bringen Sie eigene kurze Texte mit. Die TN lesen ihren Text mit unterschiedlicher Sprechhaltung. Der Regisseur gibt seine Ideen und Verbesserungsvorschläge in die Gruppe. Die anderen reagieren darauf. Dann wird rotiert, damit jede/-r einmal liest und einmal Regisseur/-in ist.

Lesen wie ein ... Die TN bekommen einen einfachen Lesetext oder wählen sich einen Lesetext aus. Sie lesen den Text einmal und markieren im Text, wo sie Pausen machen, wo sie die Stimme heben bzw. senken wollen, wo der Satzakzent ist und bei schwierigen Wörtern der Wortakzent. Dann üben je 2 TN gemeinsam und geben sich gegenseitig → **Feedback**. Danach geben Sie Ihnen vor, wie sie diesen Text vorlesen sollen, wie bei → **Tipps zum freien Sprechen** unter → **Sprechen wie ein ...** beschrieben.

Wirbelgruppen Diese Sozialform eignet sich sowohl für die Gruppenarbeit als auch die → **Präsentation von Ergebnissen**. Bilden Sie 3 Gruppen A, B und C. Jede Gruppe arbeitet an 3 verschiedenen Themen und bereiten eine Präsentation vor (oder lesen einen Text zu einem Thema, erarbeiten eine grammatische Struktur usw.). Dann bilden Sie neue Gruppen, in denen aus jeder Gruppe A, B, C mindestens jeweils eine Person vertreten ist (AAA, BBB und CCC werden zu ABC, ABC und ABC). Die TN stellen sich gegenseitig die Ergebnisse aus der Gruppenarbeit vor. Dann gehen die TN zurück in Ihre Ausgangsgruppe A, B oder C zurück und tauschen sich darüber aus, was sie gehört und gesehen haben. Danach können Sie noch einmal eine kurze Auswertung im Kurs machen oder Sie bereiten ein Quiz zum Thema vor, in dem Sie „überprüfen" können, wie gut die Erarbeitung des Themas funktioniert hat.

Wortschatz in (zwei) Kreisläufen Die TN stellen sich in einem Kreis auf. Werfen Sie einer/-m TN den Ball zu und sagen Sie einen Buchstaben des Alphabets. Die/Der TN wirft den Ball zur/zum nächsten TN und sagt einen anderen Buchstaben des Alphabets usw., bis alle TN einmal dran waren. Der/Die letzte TN wirft den Ball wieder Ihnen zu. So entsteht ein geschlossener Kreis. Wichtig ist, dass die TN sich merken, von wem sie den Ball bekommen haben und zu wem sie ihn geworfen haben. Nun wiederholen Sie die gleiche Reihenfolge mit denselben Buchstaben (bei einer Gruppe von 10 Personen also 10 Buchstaben) immer wieder und werden immer schneller. In sprachlich stärkeren Gruppen können Sie auch einen zweiten Kreislauf mit einem zweiten Ball einbauen, dabei ist es wichtig, dass die TN den Ball nicht zu den gleichen Personen wie in der ersten Ballrunde werfen und auch nicht die gleichen Buchstaben nennen.

Wortschatzspiele
→ **Fliegende Wörter**

Kimspiel Kimspiele spielt man mit Realien (oder Bildern davon), z. B. mit Lebensmitteln. Bringen Sie passende Gegenstände mit. Legen Sie einige auf einen Tisch. Alle TN sehen die Gegenstände an, 2 TN gehen aus dem Kursraum. Die anderen TN nehmen Gegenstände weg bzw. verändern etwas. Die beiden TN kommen wieder herein und versuchen herauszufinden, was fehlt bzw. verändert ist.
Eine Variante für den ganzen Kurs ist, dass alle sich die Gegenstände für ca. 3 Minuten einprägen, kurz etwas anderes machen und dann alle Gegenstände korrekt (z. B. auch mit Artikel und Plural) nennen.

→ **Memo-Wortschatztraining**
→ **Montagsmaler**

Supermarkt Die TN bilden einen Stuhlkreis mit einem Stuhl weniger als TN. Schreiben Sie eine Liste mit Lebensmitteln an die Tafel, es müssen weniger sein, als es TN gibt. Jede/-r TN wählt ein Lebensmittel aus. Es ist in Ordnung, wenn einige TN das gleiche Lebensmittel nehmen, aber alle müssen am Ende vergeben sein. Die TN setzen sich, ein/-e TN bleibt stehen. Er/Sie nennt 2 Lebensmittel von der Liste. Alle, die diese Lebensmittel gewählt haben, tauschen die Plätze. Wer keinen Stuhl findet, nennt das nächste Lebensmittel usw. Wenn der/die stehende TN *Supermarkt* ruft, dann tauschen alle TN die Plätze. Dieses Spiel funktioniert auch als *Obstsalat* mit Obstsorten, *Gemüsesuppe* mit Gemüsesorten oder *Möbelhaus, Kaufhaus, Bekleidungsgeschäft* usw.

Wörterbuch Die TN sollten schon möglichst frühzeitig in der Lage sein, selbstständig mit dem Wörterbuch umzugehen. Dazu können Sie mit den TN Übungen machen, bei denen sie erkennen, welche Informationen sie an welcher Stelle des Wörterbuches finden können (z. B. wo der Artikel steht, der Plural usw.). Kopieren Sie dazu aus verschiedenen Wörterbüchern Worteinträge und lassen Sie die TN herausfinden, was die einzelnen Abkürzungen bedeuten. Oder nennen Sie ein neues Wort, die TN suchen schnell und rufen Zusatzinformationen zu dem Wort heraus (Artikel, Plural, Perfekt, Komparativ o. Ä.). Machen Sie auch deutlich, an welchen Stellen der Einsatz des Wörterbuches sinnvoll ist. Leiten Sie die TN dazu an, zuerst Lesestrategien anzuwenden (z. B. *Kenne ich das Wort aus einer anderen Sprache? Kenne ich ein ähnliches deutsches Wort? Kann ich es aus der Umgebung / aus dem Satz erschließen?*) und das Wörterbuch v. a. zum Suchen von Schlüsselwörtern zu verwenden. Üben Sie auch bald den Umgang mit dem einsprachigen Wörterbuch, da die TN damit lernen, Wörter aus dem Kontext zu verstehen. Kopieren Sie z. B. 10 Erklärungen

Glossar

zu unbekannten Wörtern und eine Liste der 10 Wörter für die TN; die TN versuchen, Wort und Erklärung einander zuzuordnen. Wenn die Wörter alle aus einem Text sind, kann der Text auch noch eine Hilfestellung dazu sein.

Wörterraten Wörterraten ist ein Spiel zur Wortschatzwiederholung oder zum Einstieg in ein Thema. Sie beginnen und wählen ein Wort, z. B. *Hamburg*. Sie zeichnen nun 7 horizontale Striche an die Tafel, für jeden Buchstaben des Wortes einen Strich. Die TN nennen Buchstaben. Kommt ein genannter Buchstabe im Wort vor, dann schreiben Sie den Buchstaben auf den passenden Strich. Kommt der genannte Buchstabe nicht im Wort vor, dann schreiben Sie ihn separat an die Tafel und beginnen, nach und nach ein Haus zu zeichnen. Sie zeichnen die Unterseite eines Hauses, dann (einzeln) 2 Wände, dann die Decke, danach das Dach (aus 2 Strichen), dann den Schornstein, danach ein Fenster und zum Schluss die Tür. Ggf. beginnen Sie mit einem Hügel, auf dem Sie das Haus erbauen. Wenn das Haus fertig ist, haben die TN verloren. Sie können das Spiel auch mit 2 Gruppen gegeneinander spielen. Wer das Wort errät, bekommt einen Punkt.

Zahlenspiele

Bingo Die TN zeichnen ein Gitter mit 9 Feldern, jeweils 3 Reihen neben- und untereinander, auf ein DIN-A4-Papier. Je nachdem welche Zahlen Sie mit den TN üben wollen, tragen die TN Zahlen von 0–20 oder von 0–99 usw. in die 9 Felder ein. Notieren Sie sich Zahlen auf einer Liste. Dann nennen Sie die Zahlen ungeordnet. Die TN kreuzen die Zahlen, die sie hören, auf ihrem Blatt an. Wer zuerst eine Reihe hat, ruft *Reihe*. Er/Sie liest die Zahlen dieser Reihe vor. Wer zuerst das komplette Feld hat, ruft *Bingo*. Er/Sie liest ebenfalls die Zahlen vor. Sie und die anderen TN kontrollieren, ob der/die TN alle Zahlen richtig gehört und gelesen hat. Hat er/sie alles richtig gemacht, hat er/sie gewonnen; wenn nicht, geht das Spiel weiter.

Eckenrechnen Alle TN stellen sich in eine Ecke des Klassenraums. Stellen Sie nun eine Rechenaufgabe. Der/Die TN, der/die meint, das Ergebnis zu kennen, meldet sich und sagt das Ergebnis laut. Wenn das Ergebnis richtig ist, dann darf er/sie eine Ecke weiter gehen. Wer zuerst wieder bei der Ausgangsecke angekommen ist, gewinnt.

Schätzspiel Suchen Sie im Internet verschiedene Fotos mit unterschiedlich vielen Gegenständen, z. B. eine offene Streichholzschachtel, eine Taschentuchpackung, Steine, eine Blumenwiese, Bäume im Wald, Menschen auf einem Platz, Kühe auf einer Wiese, ein Markstand mit Obst und Gemüse u. a. Drucken Sie die Fotos aus. Zählen Sie die einzelnen Dinge auf den Fotos und schreiben Sie auf die Rückseite von jedem Foto, wie viele Dinge es wovon sind. Verteilen Sie die Fotos im Kursraum. Je 2–3 TN gehen durch den Kursraum von Foto zu Foto und schätzen, wie viele Dinge auf den Fotos sind. Jede/-r TN gibt einen Tipp ab, dann vergleichen sie mit der Lösung auf der Rückseite des Fotos.

Rechenspiel mit 3 Würfeln Je 3–4 TN bekommen 3 Würfel. Ein/-e TN würfelt mit dem ersten Würfel, nennt die Augenzahl, würfelt dann mit dem zweiten Würfel, nennt wieder die Augenzahl und addiert sie zur ersten Zahl hinzu. Dann würfelt er/sie mit dem dritten Würfel, nennt die Augenzahl, addiert sie zur Summe der ersten beiden Würfel hinzu und nennt das Endergebnis. Die anderen TN korrigieren ggf. Dann ist der/die nächste TN dran.

Zahlendomino Je 4 TN bekommen 20 Kärtchen. Sie schreiben immer ein Zahlwort und eine Zahl als Ziffer auf das Kärtchen. Zu jeder Ziffer muss es auf einem anderen Kärtchen das passende Zahlwort geben.

| 21 | dreiund-sechzig | 63 | vierzehn |
| 14 | einund-zwanzig | | |

Dann tauschen jeweils 2 Gruppen ihr Zahlendomino und spielen → **Domino**.

Zahlenpaare finden Je 4 TN bekommen 20 Kärtchen. Auf 10 Kärtchen notieren sie 10 Zahlen als Ziffern, auf die anderen notieren sie die 10 Zahlen als Zahlwörter. Dann tauschen jeweils 2 Gruppen ihre Karten und spielen → **Paare finden**.